Printed in the United States
By Bookmasters

الحياة مع لغتين

الثنائية اللغوية

الدكتور محمد علي الخولي

الناشر

دار الفلاح للنشر والتوزيع

ص. ب ٨١٨

صويلح ١١٩١٠

الأردن

هاتف وفاكس ٥٤١١٥٤٧ -٠٠٩٦٢٦

طبعة ٢٠٠٢م

الناشر
دار الفلاح للنشر والتوزيع
ص. ب ٨١٨
صويلح ١١٩١٠
الأردن
هاتف وفاكس ٠٥٤١١٥٤٧- ٠٠٩٦٢٦

رقم الإيداع لدى دائرة المكتبة الوطنية
(١٢٤٧/ ٥/ ٢٠٠٢)

٤٠٠،١
الخولي، محمد علي
الحياة مع لغتين: الثنائية اللغوية/ محمد علي الخولي
عمان: دار الفلاح، ٢٠٠٢
(٢٥٠) ص
ر. أ.: ٢٠٠٢/٥/١٢٤٧
الواصفات: اللغات الحديثة
تم إعداد بيانات الفهرسة والتصنيف الأولية من قبل دائرة المكتبة الوطنية

رقم الإجازة المتسلسل لدى دائرة المطبوعات والنشر ٢٠٠٢/٥/١١٧٠

(ردمك) ٩- ٤٥- ٤٠١- ISBN ٩٩٥٧

بسم الله الرحمن الرحيم

تقديم

إن موضوع الثنائية اللغوية موضوع ممتع من ناحية ولم يؤلف فيه الكثير باللغة العربية من ناحية أخرى. ولهذا اتجهت إلى تأليف هذا الكتاب آملاً أن تكون فيه إضافة إلى المكتبة العربية وأن يكون ذا نفع للمهتمين بشؤون اللغات. والثنائية اللغوية ابتداءً هي تواجد لغتين في مجتمع واحد أو لدى فرد واحد.

وفي هذا الكتاب يجد القارئ الكريم إجابات عن عدة مجموعات من الأسئلة. تتناول المجموعة الأولى من الأسئلة أسئلة من هذا النوع: ما تعريف الثنائية اللغوية؟ وما أنواع الثنائية من حيث التوازن والمكان والاستعمال والزمان وطريقة التعلم والدرجة والمهارات اللغوية؟

والمجموعة الثانية من الأسئلة التي يجيب عنها هذا الكتاب هي: ما وضع الثنائية اللغوية في العالم؟ ما البلدان الأحادية اللغة والثنائية والمتعددة اللغة؟ كيف تعيش الأقليات اللغوية؟ ما هو التسامح وما هو القمع اللغوي؟ وكيف نشأت الثنائية اللغوية في العالم؟

والمجموعة الثالثة من الأسئلة التي يجيب عنها هذا الكتاب هي: كيف نكتسب اللغة الثانية؟ ما الفرق بين البيئة اللغوية الطبيعية والبيئة الاصطناعية؟ ما العوامل المؤثرة في اكتساب اللغة الثانية؟ ما تأثير اللغة الأولى على اكتساب اللغة الثانية؟ وما الفرق بين اكتساب اللغة الأولى واكتساب اللغة الثانية؟

والمجموعة الرابعة من الأسئلة التي يجيب عنها هذا الكتاب هي: ما هو التدخل اللغوي؟ وكيف تتدخل لغة في أخرى؟ وما اتجاه التدخل؟ وما الفرق بين التدخل

والتداخل، وبين التدخل والتحول، وبين التدخل والانتقال؟ وما هي أنواع التدخل؟ وما هو التدخل السلبي والتدخل الإيجابي؟ وما عوامل التدخل؟

والمجموعة الخامسة من الأسئلة التي يجيب عنها هذا الكتاب هي: ما هو الاختيار اللغوي؟ ما الفرق بينه وبين التحول؟ بماذا يتأثر الموقف من اللغة وفيم يؤثر؟ وكيف يتم الاختيار اللغوي؟ وما عوامل هذا الاختيار؟ وكيف يتم التحول وما أسبابه وأنواعه؟

والمجموعة السادسة من الأسئلة التي يجيب عنها هذا الكتاب هي: كيف نقيس الثنائية اللغوية الفردية؟ وكيف نقيس الثنائية اللغوية المجتمعية؟ كيف تستعمل الاستبيانات لقياس الثنائية اللغوية؟ وما الاختبارات الموازية وما الاختبارات الخاصة لقياس الثنائية؟ وكيف تستعمل التقديرات الذاتية والمقابلات للقياس؟

والمجموعة السابعة من الأسئلة التي يجيب عنها هذا الكتاب هي: ما موقف الدول من التعليم بلغتين؟ ما حجج المعارضين للتعليم الثنائي اللغة؟ وما حجج المؤيدين للتعليم الثنائي اللغة؟ وما هي أهداف التعليم الثنائي اللغة؟ وما مشكلاته وقضاياه؟ وما أنواع البرامج التعليمية الثنائية اللغة؟ وكيف نقيم هذه البرامج؟

والمجموعة الثامنة من الأسئلة تتعلق بدماغ الشخص الثنائي اللغة. هل يختلف دماغه عن دماغ الأحادي اللغة؟ كيف تترتب كلمات اللغتين في الدماغ؟ كيف تنفصل اللغتان في الدماغ وكيف تتفاعلان؟ وأين تتخزن اللغة الأولى واللغة الثانية في الدماغ وفي أي جانب منه؟

والمجموعة التاسعة من الأسئلة تتعلق بالمشكلات التي قد يعاني منها الشخص الثنائي اللغة. هل يشعر بالقلق، بالتوتر، بالغربة؟ ولماذا؟ وهل يعاني من صراع الولاء وصراع ثقافي؟ وهل يصادف مشكلات في التعليم ومشكلات في الاتصال؟ وكيف يواجه هذه المشكلات؟ وكيف يتم التغلب عليها أو تقليل حدتها؟

والمجموعة العاشرة من الأسئلة تتعلق بتأثيرات الثنائية اللغوية على الفرد الثنائي اللغة. هل تؤثر على الذكاء تأثيراً سالباً أم موجباً أم ليس لها تأثير؟ وما تأثير الثنائية اللغوية على إتقان اللغة الأولى وإتقان اللغة الثانية؟ وما تأثيرها على التحصيل الدراسي؟ وما تأثيرها على

الشخصية والاستقرار الانفعالي؟ وما تأثيرها على العمليات العقلية المعرفية عموماً؟ وما هي الدراسات التي أجرت في هذا المجال؟

ولقد وضعت كل مجموعة من هذه الأسئلة في فصل مستقل. فجاءت المجموعات العشر في فصول عشرة. وآمل أن يكون هذا الكتاب ذا نفع للباحثين عن المعرفة من الطلاب وللمهتمين بالقضايا اللغوية بشكل عام.

وأسأل الله العون والتوفيق.

مؤلف الكتاب		الرياض في ١٤٠٨/١/٢٩هـ
دكتور محمد علي عبد الكريم الخولي		١٩٨٧/٩/٢٢م
جامعة الملك سعود		
الرياض		
المملكة العربية السعودية		

المحتويات

الجداول

الأشكال

الفصل الأول

أنواع الثنائية اللغوية

الفصل الأول
أنواع الثنائية اللغوية

مصطلح الثنائية اللغوية:

إن مصطلح الثنائية اللغوية يرادفه في اللغة الإنجليزية مصطلح billingualism. ولقد خطر ببالي أن أترجم هذا المصطلح الأجنبي بعدة وجوه منها:

١- **ازدواجية اللغة:** غير أنني عدلت عن هذا المصطلح، لأنه قد يوحي أن اللغة ذاتها مزدوجة كما أن لهذا المصطلح مدلولاً خاصاً مختلفاً.

٢- **ثنائية اللغة:** ولقد عدلت عن هذا المصطلح أيضاً للسبب ذاته، حيث أنه قد يدل على أن اللغة ذاتها ثنائية.

٣- **الازدواجية اللغوية:** فضلت عليه مصطلح "الثنائية اللغوية" لأنه أقصر وأسهل.

٤- **الثنلغوية:** ملت كثيراً إلى هذا المصطلح المنحوت من كلمتين، وحسبته أقصر وأيسر من مصطلح "الثنائية اللغوية" ولكنني خشيت أن يكون غير مفهوم. فلو جاء عنوان الكتاب على هذا النحو، أي الثنلغوية، لكان هناك احتمال باستغراب العنوان. ولهذا آثرت مصطلح الثنائية اللغوية، آملاً أن يكون أقصر وأيسر وأوضح.

تعريف الثنائية اللغوية:

وردت في مراجع هذا الموضوع عدة تعريفات للثنائية اللغوية، منها:

١- أن يتكلم الناس في مجتمع ما لغتين.

٢- أن يعرف الفرد لغتين.

٣- أن يتقن الفرد لغتين.

٤- أن يستعمل الفرد لغتين.

ويلاحظ المرء أن هذه التعريفات تتسم بالنقص أو الغموض للأسباب الآتية:

١- تكون هناك ثنائية لغوية في فرد ما دون أن تكون هذه الثنائية ظاهرة عامة هي مجتمع ما. وبعبارة أخرى، إن ما أشار إليه التعريف الأول هو نوع واحد من أنواع الثنائية، وهو الثنائية المجتمعية. وبذلك فإن التعريف ناقص، حيث إنه لا يشير إلى الثنائية الفردية، أي الثنائية المقصورة على الفرد.

٢- التعريف الثاني يشير إلى مفهوم "يعرف". ولكن "يعرف" هذه غامضة وواسعة بحيث تعني أشياء غير محددة. فما هي درجة هذه المعرفة؟ وأي المهارات اللغوية تشمل؟ وأي المهارات اللغوية لا تشمل؟ وهل مهارات الاستماع والكلام والقراءة والكتابة معاً يجب أن تقع تحت مفهوم "يعرف"؟ وهل معرفة بعض هذه المهارات دون سواها تكفي لمفهوم الثنائية اللغوية؟

٣- التعريف الثالث يشترط درجة الاتقان في مفهوم الثنائية اللغوية. ولكن ما حكم الملايين من الناس الذين يعرفون لغتين بدرجات متفاوتة من الاتقان؟ هل نسميهم أحاديي اللغة؟

٤- التعريف الرابع يستخدم كلمة "يستعمل". ولكن ما معنى الاستعمال؟ هل هو الكلام أم القراءة أم الكتابة أم الاستماع؟ هل هو المهارات الأربع معاً أم واحدة منها أم اثنتان معاً أم ثلاث معاً؟ أم ماذا؟

ولهذا يرى البعض أن تعريف الثنائية اللغوية قد يكون عاجزاً عن جمع كل أنواعها تحت مظلمة واحدة. وما يبرر هذه الرؤية أيضاً هو تنوع حالات الثنائية وظروفها ودرجاتها وأنواعها إلى درجة يصعب معها العثور على تعريف يفي بكل الأغراض والأنواع. ولكن دعونا نجرب هذا التعريف: الثنائية اللغوية هي استعمال الفرد أو الجماعة للغتين بأية درجة من درجات الاتقان ولأية مهارة من مهارات اللغة ولأي هدف من الأهداف. ولنأمل أن يكون هذا التعريف شاملاً، أو على الأقل أكثر شمولاً من التعريفات الأربعة السابقة.

الثنائية اللغوية مع الفرد والمجتمع:

إذا كنا نتحدث عن الفرد ولغتيه، فإننا نكون نتحدث عن الثنائية اللغوية الفردية. وهنا تدرس الثنائية كظاهرة فردية، كما تدرس الظواهر الفردية الأخرى، مثل الذكاء والقدرة اللغوية والتحصيل.

ولكن يمكن أن تدرس الثنائية اللغوية كظاهرة في مجتمع ما. وتدعى حينئذ الثنائية اللغوية المجتمعية societal bilingualism. وفي هذه الحالة تدرس العوامل اللغوية المتصارعة في ذلك المجتمع وتفاعل هذه العوامل وتأثيراتها السياسية والسكانية (٣:٤). ويستدعي ذلك دراسة اللغة المهيمنة dominant language ولغة الأكثرية ولغة الأقلية ولغة التعليم. ويدرس كل هذا للتوصل إلى قرارات سياسية وإدارية بشأن وضع سياسة التعليم ووضع الحدود الإدارية الداخلية. وتقرير اللغة الرسمية للدولة وتقرير لغة التعليم أو لغاته وتقرير اللغة في وسائل الإعلام من صحافة وإذاعة وتلفزيون.

وهكذا يمكن أن تنسب الثنائية اللغوية إلى الفرد وتدعى حينئذ الثنائية اللغوية الفردية individual bilingualism. ويمكن أن تنسب إلى الجماعة أو المجتمع وتدعى حينئذ الثنائية اللغوية المجتمعية societal or group bilingualism.

ويجب الانتباه إلى فرق هام بين الثنائية الفردية والثنائية المجتمعية. ألا وهو أن الثنائية الفردية تشير إلى أن الفرد نفسه يستعمل لغتين. ولكن الثنائية المجتمعية لا تعني أن كل فرد في المجتمع يستعمل لغتين أو يعرف لغتين، بل كل ما تعنيه هو أن هناك لغتين مستعملتين في المجتمع. وفي الأغلب تكون الحال على هذا النحو:

١- بعض أفراد المجتمع يتقن ل₁ فقط (ل₁ تعني اللغة الأولى).
٢- بعض أفراد المجتمع يتقن ل₂ فقط (ل₂ تعني اللغة الثانية).
٣- بعض أفراد المجتمع يتقن ل₁ ويعرف ل₂ معرفة محدودة.
٤- بعض أفراد المجتمع يتقن ل₂ ويعرف ل₁ معرفة محدودة.
٥- بعض أفراد المجتمع يتقن ل₁ ويتقن ل₂.

وهكذا يظهر لنا بوضوح أن الثنائية المجتمعية لا تعني شمول الثنائية الفردية في المجتمع. ولكن بالتأكيد إن الثنائية المجتمعية تستدعي تواجد عدد لا بأس به من الأفراد ثنائيي اللغة. ولو لم يكن الأمر كذلك، لاستحال التفاهم بين أفراد ذلك المجتمع. وبعبارة أخرى لو كان نصف أفراد المجتمع يعرف ل₁ فقط والنصف الآخر يعرف ل₂ فقط، لما أمكن التفاهم بين الجماعة ١ والجماعة ٢، ولاقتصر التفاهم داخل كل جماعة على حدة.

الثنائية اللغوية والعلاقة بين اللغتين:

إذا كان مجتمع ما يستعمل أفراده لغتين متساويتين في المكانة على المستوى الرسمي والثقافي والأسري، فتدعى هذه الثنائية ثنائية لغوية أفقية horizontal bilingualism. وجاء مفهوم الأفقية من مفهوم التكافؤ والتناظر في المكانة اللغوية. ومثال ذلك سكان مقاطعة كويبك مع الإنجليزية والفرنسية.

أما إذا كانت اللغتان لهجتين للغة واحدة، كأن تكون لهجة عالية فصيحة ولهجة عامية محلية، فتدعى هذه الثنائية ثنائية رأسيةvertical bilingualism (٣:٥). وجاء مفهوم الرأسية من وجود لهجة عالية هي اللهجة الفصيحة وأخرى أقل شأناً أو علواً هي اللهجة العامية أو المحلية. مثال ذلك حال العرب مع اللهجة الفصيحة واللهجات العامية أو المحلية. وتدعى هذه الحالة أيضاً الثنائية اللهجية.

وقد يكون الحال من نوع ثالث يدعى الثنائية القطرية. وهي ثنائية تجمع بين لغة فصيحة ولهجة غير فصيحة من لغة أخرى. مثال ذلك سكان لويزيانا في الولايات المتحدة الأمريكية مع الفرنسية المحلية واللغة الإنجليزية. وهذه الثنائية القطرية يدعونها بالإنجليزية diagonal billingualism.

ويمكن تلخيص هذه الأنواع الثلاثة من الثنائية بالشكل ١/١، الذي يلاحظ فيه ما يلي:

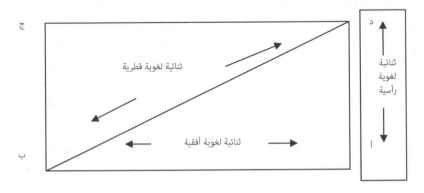

شكل ١/١: العلاقة بين اللغتين

١- العلاقة بين لغة أ ولغة ب علاقة أفقية، فهما يشكلان ثنائية لغوية أفقية، أي على المستوى ذاته من المكانة، أي تتمتع اللغتان بمكانة من ذات المستوى.

٢- العلاقة بين لغة أ ولغة د علاقة رأسية، فهما يشكلان ثنائية رأسية، فيها لغة د لهجة فصيحة ولغة لهجة عامية واللهجتان تتبعان لغة واحدة.

٣- العلاقة بين لغة د ولغة ب علاقة قطرية، ولكن د لغة فصيحة و ب لهجة غير فصيحة في لغة أخرى. والنمط هو ثنائية قطرية.

الثنائية اللغوية ودرجة الاتقان:

لا شك أنه حينما نتكلم عن اللغة لابد أن تدخل درجة الاتقان في الاعتبار كعامل مؤثر. فمعرفة اللغة تبدأ من لحظة معرفة جملة فيها وتتدرج حتى الوصول إلى درجة الاتقان. ويمكن النظر إلى الأمر على أنه خط يبدأ من درجة الصفر إذا شئت ويتدرج حتى يصل إلى درجة مئة إذا شئت. فالمرء الذي لا يعرف شيئاً من لغة ما يكون على درجة الصفر. ولكن ما أن يبدأ في تعلم بضع كلمات أو بضع جمل حتى يتزحزح عن الصفر إلى أعلى، حتى يصل إلى

درجة ١ مثلاً وكأنه حينئذ يعرف $\frac{١}{١٠٠}$ من اللغة. وإذا استمر التعلم والتحسن يستمر التحرك على سلم

من اللغة. وإذا استمر التعلم والتحسن يستمر التحرك على سلم الاتقان حتى الوصول إلى نهاية السلم، إلى درجة ١٠٠، وهي درجة مثالية افتراضية.

وإذا فترضنا أن شخصاً أتقن لغة ١ وأتقن لغة ٢ إتقاناً تاماً، فيكون مثل هذا الشخص الشخص الثنائي اللغة المثالي **ideal bilingual** أو الثنائي الحق **true bilingual** أو الثنائي التام **perfect bilingual.** وتدعى ثنائيته الثنائية اللغوية المثالية **ideal bilingualism** أو الثنائية الحقة **true bilingualism** أو الثنائية التامة **perfect bilingualism.**

ومن مزايا الثنائية المثالية ما يلي:

١- إذا تكلم الثنائي المثالي ل$_{١}$ أو كتبها فإنك لا تلمح أثراً للغة ٢ في كلامه أو كتابته. وكذلك إذا تكلم ل$_{٢}$ أو كتبها، فإنك لا تلمح أثراً للغة١. وبعبارة أخرى، إنه يتكلم ويكتب ل$_{١}$ كما لو كان من الناطقين الأصليين بها. ويتكلم ل$_{٢}$ ويكتبها كما لو كان من الناطقين الأصليين بها.

٢- إذا الثنائي المثالي يتقن جميع المهارات اللغوية للغة$_{١}$ ولغة $_{٢}$، أي الاستماع والكلام والقراءة والكتابة.

٣- إن الثنائي المثالي يستطيع أن يستخدم ل$_{١}$ أو ل$_{٢}$ في جميع الظروف ولجميع الأغراض.

إن الثنائية المثالية أو الحقة مثالية افتراضية ممكنة الوقوع، ولكنها نادرة لعدة أسباب منها:

١- في العادة لا تتساوى مهارة الشخص في لغتين، إذ يغلب أن تتفوق عنده لغة على أخرى بسبب تفوقها في المكانة أو زمن التعرض أو نوعيته.

٢- قد تتساوى لغتان لدى فرد ما في مهارة الكلام مثلاً أو سواها من المهارات، ولكن يندر أن يكون التساوي في الاتقان للمهارات الأربع معاً.

٣- قد تتساوى لغتان لدى فرد ما من حيث الاتقان في ظرف ما لغرض ما، لكن يندر أن يتحقق هذه التساوي في جميع الظروف وجميع الأهداف وجميع الموضوعات.

ومن ناحية أخرى، قد يكون هناك تساوٍ في اللغتين لدى فرد ما ولكنه تساوٍ في الضعف، أي أنه لا يتقن ل$_{١}$ ولا ل$_{٢}$ لسبب من الأسباب. مثال ذلك الشخص الذي هاجر إلى بلد ما وأخذ يتعلم ل$_{٢}$ وفيما هو يتعلم ل$_{٢}$ على مر السنين أخذ ينسى ل$_{١}$ شيئاً فشيئاً. وهو في منتصف الطريق إلى اتقان ل$_{٢}$ قد يكون بدأ يضعف في ل$_{١}$ وخاصة إذا توقف عن استعمالها مدة طويلة، وفي هذه الحالة، يكون غير متقن للغة $_{٢}$ وغير متقن للغة ١. وهي حالة يمكن وصفها رمزياً بـ ٢ ل$_{٢}$. وهذا يعني أن الفرد لغوياً كأنه ذو لغتين ثانيتين وكأنه بلا لغة أولى. وهو مخالف للثنائي المثالي الذي يمكن أن يعبر عنه رمزياً بـ ٢ ل$_{١}$ ، أي كأنه فرد له لغتان أوليان نظراً لشدة اتقانه لهما، مما يجعله يبدو كأنه ناطق أصلي في حالة ل$_{١}$ وفي حالة ل$_{٢}$ على حد سواء. وتدعى حالة الضعيف في لغتيه النصف لغوية semilingualism ويدعى الضعيف في لغتيه نصف لغوي semilingual. وتدعى الحالة أيضاً النصف لغوية المزدوجة double semilingualism.

وإذا عدنا إلى حالة أبكر من حالة النصف لغوية، يمكن أن نعود إلى حالة اللالغوية alingualism أو حالة اللغوية الصفرية zero- lingualism. وهي حالة الطفل الذي لا ينطق ل$_١$ ولا ل$_٢$ لأنه لم يصل مرحلة النطق اللغوي. وعندما يبدأ الطفل في تعلم لغته الأولى (ل$_١$)، يبدأ يصعد على سلم أحادية اللغة أو الأحادية اللغوية monolingualism أو unilingualism. وإذا تعرض للغتين معاً وهو دون الثالثة من عمره، فإنه يبدأ يصعد على سلم الثنائية اللغوية ويكون في مرحلة الثنائية الابتدائية incipient bilingualism. وتطلق هذه الثنائية أيضاً على حالة من يتقن ل$_١$ ويبدأ في تعلم ل$_٢$ وبالطبع فإن الطفل الرضيع الذي لم ينطق ل$_١$ ولا ل$_٢$، يكون في مرحلة الثنائية الصفرية abilingualism أو zero-bilingualism إضافة إلى كونه في حالة اللغوية الصفرية.

وإذا تقدم الفرد في تعلم ل$_١$ و ل$_٢$ إلى درجة عالية من الاتقان المتساوي دون الوصول إلى مرحلة الثنائية المثالية، فإنه مثال على الثنائية اللغوية المتوازنة balanced bilingualism أو الثنائية المتساوية equilingualism أو الثنائية المتماثلة symmetrical bilingualism. ويقصد بها جميعاً حالة اتقان جيد للغتين بمستوى واحد لأهداف متناظرة. ولكن هذه الثنائية المتوازنة تختلف تماماً عن الثنائية المثالية من حيث إن:

١- الثنائية المثالية اتقان كامل وأما الثنائية المتوازنة فهي اتقان محدود.

٢- الثنائية المثالية تظهر الفرد كأنه أحادي اللغة حين يتكلم ل$_١$ أو ل$_٢$، وأما الثنائية المتوازنة فكثيراً ما تدل على أن الفرد يتأثر بـ ل$_١$ وهو يتكلم ل$_٢$ أو يتأثر بـ ل$_٢$ وهو يتكلم ل$_١$.

٣- الثنائية المثالية تعم جميع ظروف استخدام اللغة، في حين أن الثنائية المتوازنة قد تقتصر على بعض الموضوعات وبعض الظروف.

٤- الثنائية المثالية تعم جميع المهارات اللغوية، في حين أن الثنائية المتوازنة قد تقتصر على بعض هذه المهارات.

ومن الممكن أن نلخص درجات الثنائية اللغوية في الشكل ١/٢، الذي يمثل سلم الثنائية اللغوية من حيث درجة الاتقان. ويدل الشكل على الحالات الآتية:

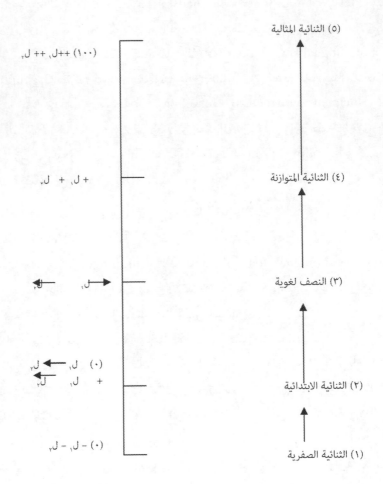

(٥) الثنائية المثالية
(٤) الثنائية المتوازنة
(٣) النصف لغوية
(٢) الثنائية الابتدائية
(١) الثنائية الصفرية

شكل ١/٢، سلم الثنائية اللغوية

١ –**الثنائية الصفرية:** وهي حالة عدم معرفة ل١ أو ل٢. وهي حالة الطفل الرضيع الذي لم يبدأ نطق أية لغة. ويمكن أن نرمز لهذه الحالة بـ (- ل١ - ل٢).

٢ –**الثنائية الابتدائية:** وهي حالة اتقان ل١ مع الابتداء في تعلم ل٢. مثال ذلك الطفل الذي يذهب إلى المدرسة في سن السادسة، حيث يعرف ل١ ويبدأ في تعلم ل٢. ويمكن أن تشمل حالة الطفل الذي يتعلم. ل١ و ل٢ معاً، أي أنه تعرض للغتين معاً وهو دون سن الثالثة من العمر. ويمكن أن نرمز للحالة الأولى بـ (+ ل١ ـــ ل٢)، حيث يرمز + إلى الاتقان ويرمز ـــ إلى حالة استمرار عملية التعلم. ونرمز للحالة الثانية بـ (ـــ ل١ ـــ ل٢).

٣– **النصف لغوية:** وهي حالة الضعف في ل١ و ل٢ بسبب نسيان جزء كبير من ل١ ومحاولة تعلم ل٢. ويمكن أن نرمز لهذه الحالة بـ (ـ ل١ ـــ ل٢)، حيث يدل السهم إلى اليمين إلى حالة تناقص معرفة ل١.

٤ – **الثنائية المتوازنة:** وهي حالة اتقان متساوٍ ل ل١ و ل٢. ويرمز لها بـ (+ ل١ + ل٢).

٥ – **الثنائية المثالية:** وهي حالة اتقان تام لجميع مهارات ل١ و ل٢ في جميع الظروف والأهداف. وهي حالة افتراضية نادرة. ويرمز لها ـ (++ ل١ ++ ل٢)، حيث تدل ++ على حالة الاتقان التام.

ويمكن أن نلخص الحالات الخمس السابقة في الجدول (١/ ١) الذي نلاحظ فيه ما يلي:

١- الثنائية الصفرية هي أدنى درجات سلم الثنائية اللغوية، إذ تدل على الجهل التام بـ ل١، ل٢.

٢- الثنائية المثالية هي أعلى درجات السلم، وهي تدل على الاتقان التام ل ل١ و ل٢.

٣- الإشارات المستعملة في الجدول تدل على ما يلي:

- عدم المعرفة إطلاقاً

+ اتقان اللغة إلى حد ما

← مرحلة تعلم اللغة

جدول ١/١: درجات الثنائية اللغوية

الدرجة	الوصف الرمزي
الثنائية الصفرية	- ل١ - ل٢
الثنائية الابتدائية	+ ل١ - ل٢
	ل١ — ل٢
النصف لغوية	← ل١ — ل٢
الثنائية المتوازنة	→ + ل١ + ل٢
الثنائية المثالية	++ ل١ ++ ل٢

→ نسيان جزئي للغة

++ إتقان تام أو مثالي

ويمكن أن نفكر في أنواع أخرى من الثنائية اللغوية من حيث درجة الاتقان. فلقد قلنا إن هناك ثنائية ابتدائية تخص حالة من يبتدئ في تعلم ل١ و ل٢. وبالمقابل فإن المرء يمكن أن يتصور وجود ثنائية متوسطة intermediate bilingualism, وهي حالة أرقى من الثنائية الابتدائية على سلم الثنائية. وإذا استمر الثنائي، أي الشخص ثنائي اللغة، في التعلم والتقدم، فإنه يكون في مرحلة يمكن أن نطلق عليها اسم الثنائية المتقدمة advanced bilingualism. وتختلف الثنائية المتقدمة عن الثنائية المتوازنة من حيث إن الأولى تشير عادة إلى تقدم في اتقان ل٢ ولكنها لا تشير إلى تحقيق التوازن مع ل١، ذلك التوازن الذي هو شرط في حالة الثنائية المتوازنة.

أما الثنائية المتوازنة فتقابلها حالة الثنائية غير المتوازنة nonbalanced bilingualism وهي أية حالة ثنائية لغوية لا يتوفر فيها التوازن والتساوي في درجة اتقان ل١ و ل٢. وفي العادة نجد أن الثنائية غير المتوازنة هي الأشيع بين الأفراد من الثنائية المتوازنة. فأغلب ثنائيي اللغة هم في حالة من عدم التوازن اللغوي، إذ تراهم يتقنون إحدى اللغتين بدرجة أكبر. وتجد إحدى اللغتين مهيمنة والأخرى أقل هيمنة لدى الفرد في أغلب الحالات.

ويمكن أن ينظر المرء إلى الثنائية اللغوية بمنظار أكثر شمولاً وأقل تعقيداً. ألا وهو منظار الطلاقة fluency. فإذا كان الفرد طلقاً في ل١ و ل٢، دعوناه ثنائياً طلقاً ودعونا حالته حالة الثنائية الطلقة fluent bilingualism. أما إذا كان طلقاً في ل١ وغير طلق في ل٢ (كما هي العادة)، دعوناه ثنائياً غير طلق ودعونا حالته ثنائية غير طلقة nonfluent .bilingualism ولا شك أن الثنائية المتوازنة (أو المتساوية أو المتناظرة) والثنائية المثالية يقعان تحت مظلة الثنائية الطلقة. أما الثنائية الابتدائية والنصف لغوية فإنهما تقعان تحت مظلة الثنائية غير الطلقة.

الثنائية اللغوية وطريقة التعلم:

في العادة يتساوى الناس في طريقة تعلمهم للغة ١، إذ يتعلمونها عادة بطريقة طبيعية من والديهم، وأفراد أسرهم وأقرانهم في البيت والشارع. وهو اكتساب طبيعي للغة.

أما اللغة الثانية فيختلف الناس في طريقة اكتسابها. فبعضهم يكتسبها من البيت والشارع دون تعليم رسمي مدرسي. وتدعى هذه الحالة الثنائية الطبيعية natural bilingualism أو الثنائية الأولية primary bilingualism. غير أنني أفضل التسمية الأولى لأنها أدل على المقصود من الثانية، كما أن الثانية قد تلتبس مع الثنائية الابتدائية.

ومن ناحية أخرى، نرى أن بعض الناس يتعلم اللغة الثانية تعلماً رسمياً مدرسياً. أي يكتسبون ل٢ من خلال التعليم الرسمي. وتدعى هذه الحالة الثنائية الاصطناعية artificial bilingualism أو الثنائية الثانوية secondary bilingualism. وما دمنا قد فضلنا مصطلح الثنائية الثانوية. ولقد دعيت هذه الحالة اصطناعية لأن تعلم اللغة في الصف والمدرسة يكون في جو مصطنع مخالف للجو الطبيعي لتعلم اللغة، ألا وهو جو الحياة الحقيقية في البيت والشارع.

وهذا التفريق بين الثنائية الطبيعية والثنائية الاصطناعية حدا ببعض الباحثين إلى التفريق بين التعلم iearning والاكتساب acquisition, إذ ترى هؤلاء يخصصون مصطلح التعلم لتعلم ل٢ في المدرسة، ويخصصون مصطلح الاكتساب ل٢ من البيت بطريقة طبيعية. أي أنهم يقرنون الثنائية الطبيعية بالاكتساب ويقرنون الثنائية الاصطناعية بالتعلم. ولكن لا يسير جميع الباحثين على هذا النهج في استخـدام مصطلحـي التعلـم

والاكتساب، إذ إن كثيراً منهم يستخدمونها كأنهما مترادفان.

وفي الواقع إن تعلم ل٢ في جو طبيعي في البيت والشارع أسرع وأفضل من تعلمها في جو اصطناعي مثل جو غرفة الصف. ولكن ما الحيلة إذا كانت ل٢ لا توجد في البيت أو في الشارع في هذه الحالة لابد من تعلمها في جو اصطناعي مثل جو غرفة الصف، رغم أن هذه الطريقة أقل كفاءة من الطريقة الطبيعية.

الثنائية اللغوية وتوزيع الاستعمال:

بعض ثنائيي اللغة يستخدمون ل١ و ل٢ تبادلياً، أي أن الواحد منهم يستخدم ل١ حيث يستطيع أن يستخدم ل٢ ويستخدم ل٢ حيث يستطيع أن يستخدم ل١. وعلى سبيل المثال، يستخدم ل١ و ل٢ في البيت، في المدرسة، في الشارع، مع الأصدقاء، في العمل، في السوق، وباختصار في كل مكان.

ولكن البعض الآخر من ثنائيي اللغة يجعل لكل لغة وظيفة. فمثلاً قد يخصص ل١ للبيت و ل٢ لما سواه. وقد يخصص ل١ للعمل و ل٢ للأمكنة خارجه. وقد يخصص ل٢ للكتابة و ل٢ لما سواه. وقد يخصص ل١ للعمل و ل٢ للأمكنة خارجه. وقد يخصص ل٢ للكتابة و لل١ لما عداها. وقد يخصص ل٢ لعلم من العلوم و ل١ لما سواه. وقد يخصص ل١ للحديث مع مجموعة من الناس و ل٢ للحديث مع من سواهم. وقد يخصص ل١ لأماكن معينة ول٢ لأماكن أخرى. في هذه الحالات تدعى الثنائية ثنائية تكاملية complementary bilingualism أو ثنائية وظيفية functional bilingualism. أي أن ل١ و ل٢ تتكاملان في الأدوار: ل١ لها وظائفها الخاصة بها في حياة ذلك الفرد و ل٢ لها وظائفها الخاصة بها. كأن حياة ذلك الفرد مقسومة بين ل١ و ل٢، فلا تدخل ل١ ، مجال ل٢ ولا تدخل ل٢ مجال ل١.

وحالات الثنائية التكاملية مألوفة لنا جميعاً. وأقرب مثال عليها طالب الجامعة أو أستاذ الجامعة الذي يستخدم ل٢ في الدراسة أو التدريس داخل الصف. ولكن إذا خرج من الصف، عاد إلى استخدام ل١. وعلى سبيل المثال، في بعض الجامعات العربية، يستخدم الطلاب والأساتذة اللغة الإنجليزية في محاضرات بعض التخصصات العلمية، ولكنهم يعودون إلى اللغة العربية خارج قاعات المحاضرات. ومن حالات الثنائية التكاملية أيضاً،

حالة الأقليات اللغوية التي يستخدم الفرد منها لغة الأقلية minority ianguage في البيت ومع أفراد جماعته فقط ويستخدم لغة الأكثرية majority language خارج البيت ومع أفراد الأكثرية.

ويجب ألا ننسى حالة شائعة لدينا جميعاً من الثنائية اللغوية الرأسية والتي يمكن أن ندعوها الثنائية اللهجية bidialectalism والتي يدعوها البعض ازدواجية اللغة أو الازدواجية اللغوية diglossia. وهي حالة استخدام الفرد للهجتين من لغة واحدة وبصورة تكاملية. ففي حالة المثقفين العرب، تراهم يستخدمون العربية الفصيحة في التعليم والمحاضرات والخطب الرسمية والكتابة ونشرات الأخبار، ويستخدمون العامية في البيت والشارع. والاستخدام التكاملي هنا واضح: فاللهجة الفصيحة للاستخدام الرسمي واللهجة العامية للاستخدام غير الرسمي. ولا نقصد بالرسمي هنا الحكومي، بل يدل مصطلح الرسمي formal على الاستخدام الرفيع للغة ومصطلح غير الرسمي informal يدل على الاستخدام الشخصي أو الشعبي أو الودي للغة.

وإذا عدنا قليلاً لتفضيل استخدام مصطلح الثنائية اللغوية على الازدواجية اللغوية، نجد أن أحد أسباب هذا التفضيل هو أن مصطلح الازدواجية اللغوية اشتهر عنه أنه يرادف مصطلح الثنائية اللهجية. ولهذا كما ذكرت في المبحث الأول من هذا الفصل آثرت مصطلح الثنائية اللغوية على مصطلح الازدواجية اللغوية أو ازدواجية اللغة.

ويمكن للمرء أن يلاحظ أن التوزيع التكاملي في الثنائية التكاملية يمكن أن يتخذ أحد الأنماط الآتية:

١- **التوزيع المكاني:** في هذه الحالة، يقوم الفرد بتخصيص مكان واحد أو أكثر لكل لغة من اللغتين. كأن يخصص ل١ للتفاهم داخل البيت و ل٢ للتفاهم خارجه. وقد يخصص ل٢ للتفاهم داخل العمل و ل١ للتفاهم خارج العمل. وقد يخصص ل٢ للمدرسة و ل١ خارجها. وهذا التوزيع كما هو ملاحظ يقوم على أساس التخصيص المكاني.

٢- **التوزيع الاصطناعي:** هنا يخصص الفرد لكل لغة موضوعات معينة. فإذا تحدث مثلاً في شؤون الحياة العادية، استعمل ل١، وإذا تحدث في التكنولوجيا استعمل ل٢. إذا

تحدث في الفن والأدب والشعر استخدم ل١، وإذا تحدث في علم الإحصاء استخدم ل٢. وبعبارة أخرى، يتم التوزيع هنا على أساس طبيعة الموضوع. فهناك موضوعات يفضل الفرد فيها أن يستخدم ل١ مثلاً وموضوعات يفضل أن يستخدم فيها ل٢. ينشأ هذا التوزيع عن ظروف خاصة يمر بها الفرد وتحددها خبراته اللغوية والمجتمعية والدراسية والنفسية.

٣- **التوزيع البشري:** هنا يخصص الفرد لغة معينة للتفاهم مع فئة محددة من الناس كأن يخصص ل١ للتحدث مع زوجته وأبنائه ووالديه ويخصص ل٢ للتحدث مع من سواهم من الناس. وقد يخصص ل١ للتفاهم مع أفراد مجموعة معينة من الناس ويخصص ل٢ للتفاهم مع أفراد مجموعة أخرى. ويتحكم في هذا التوزيع طبيعة المجتمع وطبيعة العلاقات اللغوية بين جماعاته المختلفة إضافة إلى عامل فردي يتعلق بالتخطيط اللغوي الفردي. فقد يشاء فرد أن يحتفظ بـ ل١ في منزله ويصر على مخاطبة زوجته وأولاده بها لأمور تتعلق بالعزة القومية أو الحنين إلى الوطن الأم أو الأمل في العودة إلى وطن اللغة[١].

ولهذا تراه يخطط لاستخدام ل١ مع أفراد أسرته المقربين تمسكاً به ل١ واعتزازاً بهويته.

الثنائية اللغوية والمكان:

لكل ظاهرة بشرية مكان، لأن الظاهرة حدث أو فعل، ولابد لكل فعل من مكان يقع فيه. ولهذا لابد من تناول المكان كأحد أبعاد الثنائية اللغوية.

ويمكن للمرء بسهولة أن يتصور الأماكن التي تقع فيها الثنائية اللغوية. ولنبدأ بالبيت. وتكون الثنائية هنا ثنائية بيتية أو منزلية home bilingualism. وهذه الحالة تعني استعمال لغتين في البيت. وقد يعني هذا الاستخدام استخدام كل فرد في الأسرة لكل من ل١ و ل٢ أو استخدام بعض الأفراد للغة ١ وبعضهم للغة ٢ وبعضهم ل١ أو ل٢.

وفي الثنائية البيتية قد يحدث أن يسمع الطفل ل١ من والده فقط على سبيل المثال، ويسمع ل٢ من والدته فقط. وقد يحدث أن يسمع الطفل ل١ من والده فقط على سبيل المثال، ويسمع ل٢ من والدته فقط. وقد يحدث أن يسمع الطفل ل١ و ل٢ من كل من والده ووالدته. والوضع الأول أسهل على الطفل من حيث تيسير فرز كل لغة عن الأخرى.

وإذا كانت الثنائية في المدرسة تدعى ثنائية مدرسية school bilingualism أو ثنائية

تعليمية educational bilingualism. وهذا يعني أن التعليم يتم بلغتين في المدرسة. وقد تتخذ الثنائية المدرسية أحد الأشكال الآتية:

١- تعليم جميع الدروس باللغة ١ وتعليم درس اللغة الأجنبية باللغة ٢. وبعض الباحثين يستبعد هذا النوع من التعليم الثنائي اللغة.

٢- تعليم بعض المواد الدراسية باللغة ١ وبعضها باللغة ٢. مثال ذلك تعليم المواد الأدبية باللغة ١ وتعليم المواد العلمية باللغة ٢.

٣- تخصيص ل١ للتعليم في أيام معينة من الأسبوع وتخصيص ل٢ للتعليم في الأيام الأخرى.

٤- تخصيص ل١ للتعليم من بدء الدوام الدراسي حتى منتصف اليوم الدراسي وتخصيص ل٢ للتعليم من منتصف اليوم الدراسي حتى نهايته.

وقد تكون الثنائية اللغوية في وسائل الإعلام (صحافة وإذاعة وتلفزيون). وعندئذ تدعى الثنائية الإعلامية information bilingualism أو mass – media bilingualism. وفي هذه الحالة توجد صحف وبرامج إذاعية وبرامج تلفزيونية باللغتين. وقد تكون الصحيفة الواحدة بلغتين أو لها طبعة خاصة بكل لغة أو تكون هناك صحف باللغة ١ وصحف باللغة ٢. وكذلك البرامج الإذاعية والتلفزيونية، فقد تكون هناك محطة خاصة لكل لغة أو موجة خاصة لكل لغة أو قنال خاص لكل لغة. أو تكون هناك موجة واحدة أو قنال واحد مع البث في لغتين حسب برنامج زمني محسوب.

وقد تكون الثنائية اللغوية في أجهزة الحكومة ووزاراتها. أي تكون الثنائية معترفاً بها من الدولة. وتدعى مثل هذه الثنائية ثنائية رسمية official bilingualism. وهنا يتوجب أن تصدر كل نشرة رسمية باللغتين والمراسلات تتم باللغتين والوثائق والسجلات يحتفظ بها باللغتين. وهذا مخالف لوضع آخر لا تعترف الحكومة فيه إلا بلغة واحدة رغم وجود لغتين في بلد ما. وتكون الحكومة في مثل هذه الحالة معارضة للثنائية اللغوية ترى فيها خطراً على الوحدة الوطنية أو الوحدة الثقافية أو الهوية القومية.

وبالطبع إن الثنائية الرسمية تؤثر في الوضع اللغوي في مؤسسات عديدة. فإذا كانت الحكومة تتبنى الثنائية اللغوية رسمياً فهذا سيؤدي في أغلب الحالات إلى الثنائية التعليمية

والثنائية الإعلامية، لأن الحكومة هي التي ترسم في العادة السياسة التعليمية والسياسة الإعلامية.

وقد تكون الثنائية اللغوية في العمل، فتدعى حينئذ الثنائية العملية business . bilingualism وفي كثير من البلاد في العالم الثالث تتواجد مثل هذه الثنائية. فقد لا تسمع لغتين إلا في مكان العمل، في الشركة مثلاً أو المستشفى نظراً لوجود خليط من جنسيات مختلفة. بل إن بعض مراكز العمل تسمع فيها أكثر من لغتين، ثلاثاً أو أربعاً مثلاً حسب عدد وتنوع الجنسيات الأخرى. وفي العادة يختار العاملون لغة مرموقة prestigious language فيجعلونها اللغة المشتركة بينهم لأنهم جميعاً يعرفونها من ناحية ولأنها لغة العمل أو التقنية من ناحية أخرى أو لأن النافذين في العمل يتقنون هذه اللغة أو لأن ارتباط الشركة أو العمل قائم بدرجة رئيسية مع بلد خارجي يتكلم هذه اللغة.

وقد يكون مكان الثنائية اللغوية الشارع، فتدعى حينئذ الشارعية street . bilingualism وهو وضع يسمع فيه الفرد اللغتين في الشارع والحوانيت والمقاهي والنوادي. وليس شرطاً أن تسمع اللغتان من كل فرد، بل يكفي أن تسمع اللغة ١ هنا واللغة ٢ هناك ليكون الشارع ثنائي اللغة. ومثل هذه الثنائية لا تستوجب وجود الثنائية المدرسية أو الثنائية الرسمية أو الثنائية الإعلامية، إذ قد يكون الشارع ثنائي اللغة في حين أن المدرسة والإعلام أحادياً اللغة.

الثنائية اللغوية والمهارات اللغوية:

من المعروف أن للغة أربع مهارات رئيسية هي الاستماع (أي فهم المسموع) والكلام والكتابة والقراءة (أي فهم المقروء). ويلاحظ في هذه المهارات أن الاستماع والقراءة مهارتان استقباليتان receptive skills في حين أن الكتابة والكلام مهارتان إنتاجيتان productive . skills ذلك لأن المستمع أو القارئ يستقبل ما يرسله المتكلم أو الكاتب، في حين أن الكاتب أو المتكلم يقوم بالإنتاج والإرسال إلى قارئ أو مستمع.

وفي حالة الشخص ثنائي اللغة قد تكون ثنائيته من النوع الإنتاجي فتدعى productive bilingualism أي الثنائية الإنتاجية. ومثل هذا الفرد قادر على إنتاج ل١ و ل٢ كلاماً أو كتابة أو كلاماً وكتابةً. وفي المقابل، هناك ثنائية لغوية من النوع الاستقبالي أو السلبي.

وتدعى هذه الثنائية الثنائية الاستقبالية receptive bilingualism أو الثنائية السلبية passive , bilingualism ويدعوها البعض النصف ثنائية .semibilingualism

وفي الواقع إن تسمية الثنائية الاستقبالية بالثنائية السلبية ليس دقيقاً تماماً، لأن المستمع رغم أنه لا يتكلم، يقوم بجهد كبير لاستقبال الرسالة اللغوية وتحليلها وفهمها وتقييمها والاستعداد للرفد عليها. كما أن القارئ، رغم أنه لا يكتب، يقوم بعملية فرز واستيعاب رئيسية تتطلب عمليات عقلية ليست سهلة. لذلك لا تجد كلمة "سلبية" ترحيباً لدى كثير من الباحثين عند وصف عملية الإدراك القرائي أو الإدراك السمعي.

كما أن مصطلح الثنائية الاستقبالية ذاته قد يؤدي إلى سوء فهم وليس مطابقاً للواقع تماماً. لأن الفرد الثنائي الاستقبالي قادر على إنتاج ل١، وإلا فكيف يمكنه أن يعبر عن نفسه؟ إنه ينتج ل١ كلاماً أو كتابة أو كلاماً وكتابة. ولكن صفة الاستقبالية تنطبق على لغته الثانية فقط، أي أنه غير قادر على نطق وكتابة ل٢، وتقتصر قدرته على فهم ل٢ مسموعة أو مقروءة أو مسموعةً ومقروءة.

ومصطلح الثنائية الإنتاجية لا يعني بالضرورة أنه ينتج اللغتين كتابة. فإذا كان الفرد أمياً، فإنه لا يستطيع الكتابة. وفي هذه الحالة تقتصر إنتاجيته لـ ل١ و ل٢ على الكلام فقط.

ومن الممكن أن تحتوي الثنائية الإنتاجية على الحالات الآتية (٣: ١٧):

(١)شخص يعرف ل١ و ل٢ من حيث المهارات الأربع.

(٢) شخص يعرف ل١ بمهاراتها الأربع ويعرف ل٢ استماعاً وقراءة وكلاماً فقط، أي أنه لا يستطيع كتابة ل٢.

(٣) شخص يعرف ل١ و ل٢ من حيث القراءة والكلام والاستماع فقط، أي أنه لا يعرف كتابة ل١ و ل٢.

(٤) شخص يعرف ل١ و ل٢ استماعاً وكلاماً فقط، أي أنه لا يقرأ ولا يكتب ل١ و ل٢. وهذه حالة يمكن أن ندعوها الأمية الثنائية ,bi- illiteracy وهي جهل ل١ و ل٢ قراءة وكتابة, ويدعوها البعض ثنائية شفهية .oral bilingualism

(٥) شخص يعرف ل١ استماعاً وكلاماً ويعرف ل٢ قراءة وكتابة، أي أنه يجهل ل١

قراءة وكتابة ويجهل ل₂ استماعاً وكلاماً.

ويلاحظ في الحالات الخمس السابقة ما يلي:

(١) في كل حالة مما سبق يعرف الشخص ل₁ و ل₂ معرفة جزئية أو كلية، أي يعرف جميع المهارات الأربع من كلتا اللغتين أو بعضها.

(٢) الحالة الأولى هي الأكمل من الحالات الخمس، لأن صاحبها يعرف أربع مهارات من ل₁ وأربع مهارات من ل₂، أي يعرف ثماني مهارات.

(٣) الحالة الثانية يعرف صاحبها أربع مهارات من ل₁ وثلاثاً من ل₂، أي سبع مهارات في المجموع.

(٤) الحالة الثالثة يعرف صاحبها ثلاث مهارات لكل لغة، أي ست مهارات في المجموع.

(٥) الحالة الرابعة يعرف صاحبها مهارتين لكل لغة هما مهارة الاستماع ومهارة الكلام، أي أربع مهارات من اللغتين معاً.

(٦) الحالة الخامسة يعرف صاحبها الاستماع والكلام في ل₁ والقراءة والكتابة في ل₂.

وتشترك الحالات الخمس السابقة في الظواهر الآتية:

(١) جميع الحالات يعرف أصحابها الاستماع باللغة ١.

(٢) جميع الحالات يعرف أصحابها الكلام باللغة ١.

(٣) من حيث مهارة القراءة، قد يعرف الشخص القراءة باللغة ٢ فقط أو باللغتين معاً.

(٤) من حيث الكلام لا يشترط في الثنائية الإنتاجية أن يتكلم الشخص ل₂.

(٥) من حيث الكتابة، قد تعرف الكتابة باللغتين معاً أو باللغة ١ أو باللغة ٢.

(٦) كل حالة من الحالات الخمس لدى صاحبها القدرة على استقبال ل₁ استماعاً. أما بالنسبة للاستقبال القرائي، فهو مرتبط بالأمية. فإذا كان الشخص أمياً فإنه يجهل قراءة ل₁ و ل₂.

(٧) لابد لكل حالة من الحالات الخمس من التعبير أو الإنتاج الثنائي. وقد يتخذ هذا الإنتاج شكل الكلام والكتابة باللغتين، أو الكلام بلغتين والكتابة بواحدة،

أو الكلام بلغتين دون معرفة الكتابة بأي منهما، أو الكلام بواحدة والكتابة بالأخرى.

ولتسهيل تلخيص احتمالات حالات الثنائية الإنتاجية نحيل القارئ إلى الجدول ١/٢ (٣:١٧).

جدول ١/٢: أنماط الثنائية الإنتاجية

المهارة اللغوية	النمط (١)	النمط (٢)	النمط (٣)	النمط (٤)	النمط (٥)
الاستماع	ل١ ل٢	ل١ ل٢	ل١ ل٢	ل١ ل٢	ل١ -
القراءة	ل١ ل٢	ل١ ل٢	ل١ ل٢	- -	- ل٢
الكلام	ل١ ل٢	ل١ ل٢	ل١ ل٢	ل١ ل٢	ل١ -
الكتابة	ل١ ل٢	ل١ —	— —	- -	- ل٢

وأما الثنائية الاستقبالية فمن الممكن أن تظهر فيها الحالات الآتية:

(١) شخص يعرف ل١ بالمهارات الأربع، ويعرف ل٢ استماعاً وقراءة. ويلاحظ هنا أنه إنتاجي مع ل١ واستقبالي مع ل٢.

(٢) شخص يعرف ل١ بالمهارات الأربع (أي استقبالاً وإنتاجاً) ويعرف ل٢ استماعاً فقط. وهو هنا إنتاجي مع ل١ واستقبالي جزئي مع ل٢.

(٣) شخص يعرف لذ بالمهارات الأربع، ويعرف ل٢ قراءة فقط، وهو إنتاجي مع ل١ واستقبالي جزئي مع ل٢.

(٤) شخص يعرف ل١ استماعاً وكلاماً، ويعرف ل٢ استماعاً فقط. وهو هنا شخص مزدوج الأمية، أي أنه لا يعرف القراءة والكتابة لا في ل١ ولا في ل٢.

(٥) شخص يعرف ل١ استماعاً وكلاماً ويعرف ل٢ قراءة. وهو هنا أمي في ل١ ونصف أمي في ل٢.

ويلاحظ في الحالات الخمس السابقة ما يلي:

(١) الشخص الأول يعرف أربع مهارات في ل$_١$ ومهارتين في ل$_٢$، والثاني أربع في ل$_١$ وواحدة في ل$_٢$، والثالث مثل الثاني. أما الرابع فيعرف مهارتين في ل$_١$ ومهارة واحدة في ل$_١$، والخامس مثل الرابع.

(٢) من الناحية الإنتاجية، جميعهم ينتجون كلاماً أو كتابة أو كلاماً وكتابة في ل$_١$ فقط، لأن دور ل$_٢$ في الثنائية الاستقبالية هو استقبالي فقط.

(٣) من الناحية الاستقبالية، جميعهم يستمعون أو يقرؤون بواسطة ل$_١$ و ل$_٢$ معاً. ومن هنا تأتي الثنائية الاستقبالية.

ويمكن أن نرى في جدول ١/٣ تلخيصاً لأنماط الثنائية الاستقبالية (٣/ ١٧).

جدول ١/٣: أنماط الثنائية الاستقبالية

المهارة اللغوية	النمط (١)	النمط (٢)	النمط (٣)	النمط (٤)	النمط (٥)
الاستماع	ل$_١$ ل$_٢$	ل$_١$ ل$_٢$	ل$_١$ -	ل$_١$ ل$_٢$	ل$_١$ -
القراءة	ل$_١$ ل$_٢$	ل$_١$ -	ل$_١$ ل$_٢$	- -	- ل$_٢$
الكلام	ل$_١$ -	ل$_١$ -	ل$_١$ -	ل$_١$ -	ل$_١$ -
الكتابة	ل$_١$ -	ل$_١$ -	ل$_١$ -	- -	- -

وعند التحدث عن الإنتاج والاستقبال والقراءة والكتابة، لابد من استخدام المفاهيم الآتية لأنها تساعد في التصنيف والتحليل وبلورة عملية التفكير ذاتها:

(١) الاستقبال reception: يقصد به استقبال اللغة المسموعة أو المكتوبة. وهذا يتعلق بعملية الاستماع listening وعملية القراءة، أو بالأحرى فهم المسموع وفهم المقروء.

(٢) مهارة استقبالية receptive skill : يقصد بها مهارة القراءة reading skill أو مهارة الاستماع listening skill.

(٣) استقبالي تام: شخص قادر على استقبال لغة ما استماعاً وقراءة.

(٤) استقبالي جزئي: شخص قادر على استقبال لغة ما استماعاً فقط أو قراءة فقط.

(٥) استقبال تام: القدرة على فهم اللغة استماعاً وقراءة.

(٦) استقبال جزئي: القدرة على فهم اللغة استماعاً فقط أو قراءة فقط.

ومن ناحية إنتاجية، لابد من المفاهيم الآتية:

(١) إنتاج production: إنتاج اللغة كلاماً أو كتابة, وهي القدرة التعبيرية.

(٢) مهارة إنتاجية productive skill : يقصد بها مهارة الكلام أو مهارة الكتابة.

(٣) إنتاجي تام: شخص قادر على التعبير الكتابي والتعبير الشفوي في لغة ما.

(٤) إنتاجي جزئي: شخص قادر على التعبير كلاماً فقط أو كتابة فقط في لغة ما.

(٥) إنتاج تام: القدرة على الكلام والكتابة في لغة ما.

(٦) إنتاج جزئي: القدرة على الكلام فقط أو الكتابة فقط في لغة ما.

ومن ناحية الأمية، لابد من المفاهبم الآتية:

(١) الأمية التامة complete illiteracy: الجهل بقراءة وكتابة لغة ما.

(٢) الأمية الجزئية partial illiteracy : عدم القدرة على القراءة فقط أو على الكتابة فقط في لغة ما.

(٣) الأمية الأحادية mono- illiteracy: عدم القدرة على كتابة وقراءة لغة واحدة.

(٤) الأمية الثنائية bi- illiteracy: عدم القدرة على كتابة وقراءة لغتين معاً.

(٥) الأمية القرائية: عدم القدرة على قراءة لغة ما.

(٦) الأمية الكتابية: عدم القدرة على كتابة لغة ما.

الثنائية اللغوية والإنجاز اللغوي:

في بعض الحالات عندما يبدأ الفرد تعلم ل$_{٢}$ نرى مهارته فيها تزداد يوماً بعد يوم مع زيادة تعرضه لها دون أن يضر هذا بمهارته في ل$_{١}$. وتدعى هذه الحالة الثنائية اللغوية الصاعدة ascendant bilingualism. ويكون المرء في مثل هذه الحالة مسروراً راضياً بتقدمه اللغوي في ل$_{٢}$ وغير شاعر بالندم أو الأسى أو القلق حول مصير ل$_{١}$ لأن ل$_{١}$ لم يلحق بها أذى.

ولكن في حالات أخرى، قد يجد الشخص ثنائي اللغة نفسه في وضع مخالف. فبعد أن أتقن ل٢ و ل١ قد تمر عليه ظروف تجعله يفقد بعض مهاراته في ل١ أو ل٢. وأهم هذه الظروف عدم الاستعمال، لأن عدم استعمال اللغة يؤدي إلى فقد المهارة فيها. وأول مهارة تعاني من عدم الاستعمال مهارة الكلام ومهارة الكتابة، أي المهارات الإنتاجية أو التعبيرية expressive skills، ويلاحظ أن مهارات الاستقبال، أي الاستماع والقراءة، تتأخر في تعرضها للتراجع. وتدعى هذه الحالة الثنائية اللغوية النازلة .recessive bilingualism ولقد فضلت مصطلح "النازلة" على غيره لتقابله مع مصطلح "الصاعدة"، ولأنني أحتاج مصطلح "المتراجعة" إلى معنى آخر لاحق.

الثنائية اللغوية والتوازن:

في بعض الحالات، عندما يتعلم الفرد ل٢ إضافة إلى ل١، فإن هذا التعلم يزيده مكانة اجتماعية وقيمة ثقافية. ولا تهدد معرفته للغة ٢ معرفته للغة ١، كما لا تتناقض القيم والثقافة التي تحملها ل١ مع القيم والثقافة التي تحملها ل٢. هذه الحالة تدعى الثنائية اللغوية الجمعية .additive bilingualism مثال ذلك المسلم الباكستاني الذي يعرف العربية والأردية، إذ لا تعارض بين ثقافتي اللغتين، كما أن معرفته للغة ٢ وهي العربية تعزز من مكانته الاجتماعية بين قومه.

وبالمقابل، هناك حالات مناقضة لما ذكرنا. ففي بعض الظروف يجد المرء أن تعلم ل٢ يهدد مصير لغته الأولى. مثال ذلك الأقليات المهاجرة إلى بلد كبير مثل أمريكا، حيث يرسل الأطفال إلى مدارس ليتعلموا فيها باللغة ٢ التي لا يتقنها هؤلاء الأطفال. ويضطر هؤلاء إلى الخضوع لهيمنة لغة الأكثرية (ل٢) على حساب ل١، التي تصبح بذلك مقصورة على الاستخدام البيتي. وقد تؤدي هذه الحالة إلى توتر اجتماعي. وإذا تفاقم الحال فقد يؤدي ذلك إلى ثورة ومطالبة بالحكم الذاتي أو الاستقلال. وتدعى الحالة التي تتنافس فيها ل١ و ل٢ على السيطرة حالة الثنائية اللغوية الطرحية subtractive bilingualism (٣:٢٠).

الثنائية اللغوية والثقافة:

في بعض الحالات، يؤدي تعلم لغتين إلى تعلم ثقافتين مختلفتين. وينشأ هذا عن وضع تكون ثقافة ل١ متناقضة أو مختلفة جداً عن ثقافة ل٢. مثال ذلك العربي المسلم

حين يذهب ليعيش في أمريكا. ولا توجد قاعدة ثابتة هنا، فالأمر يختلف من فرد إلى آخر، ويتوقف الأمر على عوامل متشابكة تجعل بعض الأفراد يتمسك بالثقافة ١ ويقاوم الثقافة ٢ وتجعل بعضهم يتخلى عن الثقافة ١ ويستسلم للثقافة ٢.

ومن هذه العوامل التربية السابقة ومدى الإيمان بالثقافة الأولى ونوعية الأصدقاء في البيئة الجديدة وقوة الإرادة ومدة الاحتكاك بالثقافة الثانية وسعة الاطلاع. كل هذه العوامل تتفاعل معاً حسب قوتها وتكون النتيجة محصلة هذه القوى جميعاً.

وعلى كل حال، ليس شرطاً أن تصاحب الثنائية الثقافية biculturalism الثنائية اللغوية. فليس كل ذي لغتين ذا ثقافتين. فهناك كثيرون يعرفون لغتين ولكنهم يحملون ثقافة واحدة. فقد يعرف المرء ل١ و ل٢ ولكنه يتبنى ثقافة ل١. وقد يحدث أن المرء الذي يعرف ل١ و ل٢ يتبنى ثقافة ل٢. وقد يحدث أن المرء الذي يعرف ل١ و ل٢ يتبنى مزيجاً غامضاً من ثقافة ١ وثقافة ٢. فتراه تارة يميل إلى ثقافة ١ وتارة يميل إلى ثقافة ٢. وتدعي هذه الحالة حالة الصراع الثقافة .coltural conflict

وليس هذا الصراع الثقافي سهلاً، بل هو صراع قاس مؤلم للنفس. فالذي يعاني من هذا الصراع لا يدري إلى أي شعب ينتمي ولا إلى أية ثقافة ينتمي. كما أنه يكون حائراً بين قيم ثقافة ١ وقيم ثقافة ٢. يحتار في الصواب والخطأ والحلال والحرام والمقبول وغير المقبول والجائز وغير الجائز والحسن والقبيح.

وهكذا يمكن أن نقول إن الثنائية اللغوية قد تصاحبها ثنائية ثقافية. وتدعي حينئذ ثنائية تنثقافية ,bicultural bilingualism مع ملاحظة أن "تنثقافية" مصطلح منحوت من "ثنائية ثقافية". وبالمقابل، قد تكون الثنائية اللغوية مصحوبة بثقافة إحدى اللغتين. وتدعي حينئذ ثنائية أحادية الثقافة .monocultural bilingualism

الثنائية اللغوية والتوقيت:

قد يتعرض الطفل الرضيع للغتين معاً منذ نشأته. ويحدث هذا حين يكون كل من والديه ثنائي اللغة. فإذا حدث هذا، يكتسب الرضيع لغتين في آن واحد، وتصبح ل١ و ل٢ متساويتين لديه لا فرق بينهما من حيث ترتيب الاكتساب. بل إن لفظ ١ ولفظ ٢ يصبح لا معنى له هنا. ويكون الطفل هنا مثل من لديه ٢ل١، أي لغتان أوليان. وتدعى هذه

الحالة ثنائية الرضيع infant bilingualism. ويصفها البعض بأنها ثنائية لغوية في شكل لغة أولى أو لغة أولى ثنائية. ولقد دلت الوقائع والتجارب أن مثل هذه الثنائية ممكنة. بل إن هناك حالات دلت على إمكانية تعلم الرضيع لثلاث لغات أو أربع في وقت واحد، ولكن ليس دون مشقة للوالدين والطفل على حد سواء.

وفي المقابل، عندما يتأخر موعد تعلم ل٢ إلى سن المراهقة مثلاً، تدعى الحالة ثنائية المراهق adolescent bilingualism. وإذا تأخرت إلى سن الرشد، أي إلى ما بعد سن الثامنة عشرة، تدعى الحالة ثنائية البالغ adult bilingualism.

ولقد وقع ويقع جدال طويل بين المختصين حول السن الأمثل لتعلم ل٢: هل هو دون الخامسة أم دون الحادية عشرة أم بعد الحادية عشرة. وكل سن له من يدافع عنه وله من يعارضه. وكل فريق لديه رصيد وافر من الحجج والبراهين والتجارب والشواهد. ولكن أكثر الباحثين يميل إلى تعليم ل٢ بعد رسوخ ل١ في الطفل. وعلى هذا الأساس هناك ميل إلى اعتبار سن الحادية عشرة على أنه الأمثل لبدء تعليم ل٢. وهو تقريباً سن انتهاء الدراسة الابتدائية وبدء الدراسة المتوسطة.

وفي الواقع إن ثنائية الرضيع تعني، كما ذكرنا، أن يتعلم الطفل ل١ و ل٢ معاً. وتدعى هذه الحالة الثنائية المتزامنة simultaneous bilingualism. وبالطبع إذا بلغ الطفل ثلاث سنوات من العمر، يكون قد اكتسب معظم عناصر ل١ و ل٢ إذا تعرض لهما معاً.

وإذا اكتسب الطفل ل١ فقط عند بلوغه سن الثالثة، ثم تعرض للغة ٢، فهذه حالة تختلف عن السابقة. لأن التعرض الأول كان متزامناً، في حين أن التعرض للغة ٢ في هذه الحالة جاء بعد اكتساب ل١. وتدعى هذه الحالة الثنائية المتتابعة successive bilingualism أو sequential bilingualism.

ويرغب بعض الباحثين في جعل سن الحادية عشرة سناً ذا قيمة كحد فاطل بين نوعين من تعلم ل٢ وبالتالي نوعين من الثنائية اللغوية. فيدعون الثنائية المكتسبة قبل هذا السن ثنائية مبكرة early bilingualism, والثنائية المكتسبة بعده يدعونها ثنائية متأخرة late bilingualism. وهناك بحوث عديدة على الفروق بين الثنائية المبكرة والثنائية المتأخرة وعلى مزايا كل من النوعين وعيوبه.

وبالطبع لا يشترط أن تكون الثنائية المبكرة ثنائية متزامنة. ذلك لأن الثنائية المبكرة قد تقع بين سن الخامسة وسن العاشرة، أي بعد أن يكون الطفل قد اكتسب ل١. وفي هذه الحالة، تكون الثنائية مبكرة ولكنها متتابعة. ومن ناحية أخرى، إن الثنائية المتأخرة تكون ثنائية متتابعة بالتأكيد، لأن الثنائية المتأخرة تبدأ بعد سن الحادية عشرة، أي بعد أن يكون الطفل قد اكتسب ل١ بفترة طويلة، وهكذا تأتي ل٢ بعد اكتساب ل١.

ولقد استخدم بعض الباحثين مصطلحات مختلفة لوصف توقيت الثنائية اللغوية. فاستخدم البعض مصطلح الثنائية اللغوية المتناظرة coordinate bilingualism للدلالة على الثنائية المتزامنة، لأنه في حالة التزامن تحظى ل١ و ل٢ بمكانة متساوية وفرص متساوية ووظائف متساوية. ومن هنا جاء مفهوم التناظر حيث لا تعلو لغة على أخرى ولا تخضع ل٢ للغة ١ وتتساوى اللغتان في المكانة والزمان والاستعمال وطريقة الاكتساب.

وإذا جاءت الثنائية اللغوية غير متزامنة أو متأخرة، اختلف الحال. فغلب أن تسيطر ل١ على ل٢ وتخضع ل٢ للغة ١. وتدعى الحالة الثنائية المركبة compound لتقابل الثنائية المتناظرة.

وهكذا نرى أن ثنائية الرضيع تقابل ثنائية المراهق وثنائية البالغ، والثنائية المتزامنة تقابل الثنائية المتتابعة، والثنائية المبكرة تقابل الثنائية المتأخرة، والثنائية المتناظرة تقابل الثنائية المركبة. وليست هذه المصطلحات متوازية في المجموعات المتباينة دائماً. فثنائية الرضيع متزامنة مبكرة متناظرة. وثنائية البالغ متتابعة متأخرة مركبة. ولكن الثنائية المبكرة قد لا تكون ثنائية الرضيع، وقد لا تكون متزامنة وقد لا تكون متناظرة؛ مثال ذلك الطفل الذي يتعلم ل٢ وهو في التاسعة من عمره.

الثنائية اللغوية والاختيار:

قد يجد الطفل نفسه من غير اختيار منه في بيت فيه لغتان: أمه تكلمه بلغة وأبوه يكلمه بلغة أخرى. فينشأ هذا الطفل ثنائي اللغة رغماً عنه. وقد يرسل الطفل إلى مدرسة يجري التعليم فيها بلغتين: واحدة يعرفها لأنها لغته الأولى وواحدة لا يعرفها وعليه أن يتعلمها. وقد يعمل البالغ في شركة أو مصنع أو مؤسسة يجري التعامل فيها بلغتين لا يعرف إلا واحدة منهما، فتجبره ظروف عمله على الخضوع للأمر الواقع فتراه يكتسب ل٢ شاء أم أبى.

تلك هي أمثلة على حالة ندعوها الثنائية اللغوية الإجبارية . obligatory bilingualism وفي المقابل، هناك حالات أخرى يختار فيها المرء بملء حريته أن يكون ثنائي اللغة، بل وقد يختار اللغة الثانية من بين عدة لغات. أي أنه يختار أن يصبح ثنائي اللغة أولاً، ثم يختار أية لغة يريد أن يتعلم. وتدعى هذه الحالة الثنائية الاختيارية . optional bilingualism

الثنائية اللغوية المجتمعية:

إن معظم المعالجات السابقة للثنائية اللغوية كانت للثنائية اللغوية الفردية. فمصطلحات الثنائية المثالية والثنائية الابتدائية والثنائية المتوازنة والثنائية الطلقة والثنائية. الطبيعية والثنائية التكاملية (أو الوظيفية) والثنائية الإنتاجية والثنائية الاستقبالية، والثنائية الصاعدة والثنائية النازلة، والثنائية المتزامنة والثنائية المتتابعة، والمبكرة والمتأخرة، والمتناظرة والمركبة، كل هذه المصطلحات تختص بالثنائية اللغوية الفردية.

وإذا انتقلنا من الثنائية الفردية إلى الثنائية المجتمعية societal bilingualism communal bilingualism, فإنه لا مفر من التعامل مع مصطلحات مختلفة عن تلك التي نستخدمها مع الثنائية الفردية.

ففي مجتمع ما قد تسير الثنائية اللغوية في اتجاه واحد. مثال ذلك الأقلية التي تعرف لغتها الأولى وتعرف ل٢، التي هي لغة الأكثرية. وفي الوقت ذاته ترى الأكثرية لا تعرف سوى ل٢ ولا تهتم بمعرفة ل١، التي هي اللغة الأصلية للأقلية. في مثل هذه الحالة، تجد جماعة تعرف ل١ و ل٢ وجماعة تعرف ل٢ فقط. وتدعى هذه الحالة ثنائية باتجاه واحد one - way bilingualism أو ثنائية غير تبادلية .non- reciprocal bilingualism

والصورة المقابلة للثنائية باتجاه واحد الثنائية باتجاهين two- way bilingualism أو الثنائية التبادلية .reciprocal bilingualism وهي حالة تنطق على مجتمع فيه جماعتان، كل جماعة تعرف لغتها الأصلية ولغة الجماعة الأخرى. وتكثر هذه الحالة عندما تتساوى الجماعتان في الأهمية والمكانة فتتساوى لغتاهما أيضاً في الأهمية والمكانة. كما أن التسامح الثقافي والتسامح اللغوي والتعايش العرقي يزيد من فرص الثنائية التبادلية، فتهتم كل جماعة بمعرفة لغة الجماعة الأخرى وباستعمالها. وبالعكس، إذا زاد التعصب العرقي واللغوي، قلت فرص الثنائية التبادلية وزادت فرص الثنائية غير التبادلية، إذ في جو التعصب

يزداد الشعور بالاستعلاء وتتعالى الأكثرية على الأقلية لأسباب نفسية واجتماعية وتاريخية. فتأبى الأكثرية تعلم لغة الأقلية وتفرض الأكثرية على الأقلية تعلم لغة الأكثرية لتصبح الثنائية اللغوية في اتجاه واحد، أي في اتجاه اللغة الأقوى اجتماعياً وسياسياً.

وفي بعض المجتمعات ينظر إلى الثنائية اللغوية على أنها ظاهرة عادية مقبولة اجتماعية ورسمياً وسياسياً. فتحترم اللغتان في البلد الواحد ويسمح لهما بالتعايش السلمي معاً تحت سقف واحد وعلم واحد. فتستقر الثنائية اللغوية وتتدعم. فلا تزداد نسبة ثنائيي اللغة في ذلك البلد ولا تنقص. وتدعى هذه الحالة الثنائية المستقرة stable bilingualism. وهي حالة تتم بعد استقرار الأوضاع السياسية والإدارية والاجتماعية والتعليمية في بلد ما. فيختار كل فرد وكل أسرة اللغة أو اللغات التي يريدها وتتخذ الأمور شكلاً ثابتاً مستقراً.

ومن ناحية أخرى، قد يحدث في مجتمع ما خلاف ذلك. فتكون الثنائية اللغوية غير مستقرة unstable bilingualism. وقد يتخذ عدم الاستقرار إحدى صورتين. أولاهما تزايد مستمر في عدد ثنائيي اللغة في بلد ما وفي نسبتهم إلى المجتمع كله ونسبتهم إلى الأشخاص أحاديي اللغة في ذلك المجتمع. وتدعى هذه الحالة الثنائية اللغوية المتزايدة progressive bilingualism. وتنشأ هذه الحالة عن زيادة عدد المهاجرين في بلد ما أو عن تدعيم كبير لبرامج تعليم اللغة الثانية أو عن إدخال برامج تعليمية تتيح اختيار لغة أجنبية واحدة من بين عدة لغات أو زيادة في عدد الوافدين إلى بلد ما بغرض العمل أو التعلم أو السياحة أو عن تغير في السياسة اللغوية لبلد ما بحيث أصبحت هذه السياسة تفضل الثنائية اللغوية على الأحادية اللغوية.

والصورة الثانية لعدم الاستقرار اللغوي قد تكون تناقص عدد ثنائيي اللغة في بلد ما. وتدعى هذه الحالة الثنائية اللغوية المتناقصة regressive bilingualism. وتنشأ هذه الحالة عن واحد أو أكثر من الأسباب الآتية:

١- تعديل السياسة اللغوية في بلد ما بحيث تحولت من موقف متسامح مع الثنائية اللغوية إلى موقف معارض لها ومؤيد للأحادية اللغوية.

٢- ازدراء الأكثرية للغة الأقلية، مما يؤدي إلى اندحار هذه اللغة وانكماشها وبالتالي عدم الإقبال على تعلمها أو استعمالها حتى من أبنائها الأصليين.

٣-   عدم الحاجة إلى لغتين في مجتمع ما وتغلب لغة على أخرى وفقدان إحدى اللغتين نظراً لقلة استعمالها.

٤-   عدم إتاحة المجال أمام إحدى اللغتين في المدارس والجامعات، مما يؤدي إلى انقراضها تدريجياً وتناقص عارفيها.

٥-   رغبة متعمدة من بعض الجماعات في نسيان لغتها الأولى كي تسارع في اندماجها مع الأكثرية.

٦-   رغبة متعمدة من بعض الجماعات في التخلص من لغتها الأولى كي تتخلص من كراهية الأكثرية لها وكي تخفي انتسابها إلى عرق ما أو بلد ما.

ومع ظاهرة الثنائية المتناقصة تنشأ في العادة ظاهرة أخرى، هي الثنائية اللغوية الانتقالية transitional bilingualism. وفي هذه الحالة يأتي جيل مهاجر إلى موطن جديدة يحمل معه لغته الأولى (ل١). ويبدأ هؤلاء المهاجرون يتعلم ل٢، التي هي لغة الموطن الجديد. فيصبح هذا الجيل ثنائي اللغة. وينجبون أطفالاً فيعلمونهم ل١ و ل٢. ولكن هذا الجيل الثاني يتعلم ل١ بمستوى أقل من الجيل الأول ويتعلم ل٢ بمستوى أفضل من الجيل الأول. ويأتي الجيل الثالث والجيل الرابع. وفي كل مرة يقل مستوى تعلم ل١ ويتحسن مستوى تعلم ل٢ قد يصبح ممتازاً منذ الجيل الثاني. وخلال جيل أو اثنين تتضاءل ل١ في تلك الأسرة وتتضاءل حتى تتلاشى وتصبح تاريخاً يروى.

وفي هذه الثنائية الانتقالية، كما رأينا، نبدأ بـ ل١، ثم ننتقل إلى ل١ و ل٢، ثم تتضاءل ل١ وتعزز ل٢، ثم تتلاشى ل١ وتبقى ل٢. أي أن الثنائية الانتقالية قامت بدور مؤقت هو تحويل ل١ إلى ل٢، أي تحويل الجماعة من جيل أحادي اللغة ذي ل١ إلى جيل أحادي اللغة ذي ل٢ عن طريق المرور بجيل واحد أو أكثر ذي ل١ و ل٢.

الثنائية اللغوية ومقابلاتها:

إن وجود لغتين فيشخص واحد أو مكان واحد كاف لوصف ذلك الشخص أو المجتمع أو المكان بالثنائية اللغوية. ولكن ما مقابل هذه الثنائية؟

أول جواب يتبادر إلى الذهن هو أحادية اللغة أو الأحادية اللغوية unilingualism أو monolingualism. وأفضل "الأحادية اللغوية" على "أحادية اللغة" لإحداث تماثل اشتقاقي مع "الثنائية اللغوية". ويدعى من يعرف لغة واحدة أو أحادي اللغة monolingual أو unilingual أو monoglot.

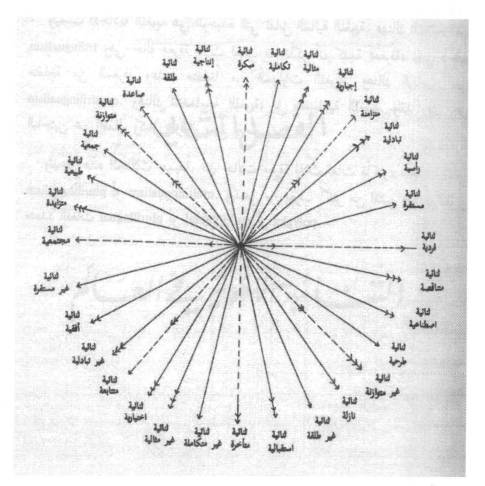

شكل ١/٣: أنواع الثنائية اللغوية

ولكن ليس التقابل بين الثنائية اللغوية والأحادية اللغوية مقصوراً على الفرق بين لغتين في جانب ولغة واحدة في جانب آخر. فقد انطلق الباحثون يبحثون في الفرق بين الحالتين من ناحية الذكاء والأداء اللغوي والتحصيل المدرسي وصفات الشخصية واتساع الأفق والقدرات التفكيرية. بل ذهبوا إلى المقارنة بينهما من حيث الدماغ ووظائفه والعمليات العقلية والعمليات اللغوية والمراكز اللغوية الدماغية.

وليست الأحادية اللغوية هي الوحيدة التي تقابل الثنائية اللغوية. فهناك الثلاثية اللغوية trilingualism وهي حالة معرفة ثلاث لغات مع تذكر أن كلمة "معرفة" تعني درجات متفاوتة من المعرفة وعدداً متفاوتاً من المهارات اللغوية. وهناك الرباعية اللغوية quadrilingualism. وهناك الخماسية اللغوية، بل والسباعية اللغوية. ولقد روى بعض الباحثين عن أطفال وكبار يعرفون سبع لغات.

وتدعى هذه الحالات جميعاً، أي حالات معرفة ثلاث لغات فأكثر، التعددية اللغوية plurilingualism أو moltilingualism. ويدعى من يعرف أكثر من لغتين متعددة اللغة أو متعدد اللغات plurilingual أو multilingual أو polyglot.

الفصل الثاني

الثنائية اللغوية في العالم

الفصل الثاني

الثنائية اللغوية في العالم

إذا نظرنا إلى بلدان العالم من حيث الاستعمال اللغوي، يمكن أن تقسم هذه البلدان إلى ثلاثة أنماط:

١- **بلدان أحادية اللغة**: بمعنى أن البلد منها لا يعترف رسمياً إلا بلغة واحدة وأن كل من يحمل جنسية ذلك البلد يتكلم تلك اللغة. وينطبق هذا الوصف على بلاد مثل ألمانيا وفرنسا واليابان. وبالطبع، إننا هنا نستثني اللغات الأجنبية التي يعرفها معظم سكان هذه البلدان والتي تستعمل لأغراض خاصة ولا يمكن اعتبار أية من هذه اللغات الأجنبية لغة منافسة للغة الأولى المستخدمة.

٢- **بلدان ثنائية اللغة**: وهي بلدان تستخدم فيها لغتان على نطاق واسع، مثل بلجيكا وكندا وفنلندا.

٣- **بلدان متعددة اللغة**: وهي بلدان تستخدم فيها أكثر من لغتين على نطاق واسع. مثال ذلك الهند والاتحاد السوفيتي.

عدد البلدان وعدد اللغات:

من المعروف أن عدد لغات العالم الآن يتراوح بين ثلاثة آلاف وأربعة آلاف لغة، علماً بأن هذا العدد يستثني اللهجات الفرعية لكل لغة. ومن المعروف أيضاً أن عدد بلدان العالم، أي دولة، يبلغ مئة وخمسين دولة تقريباً. هذا يعني بوضوح كامل أن عدد اللغات يفوق عدد الدول أضعافاً مضاعفة. ولو اخترنا عدداً وسطاً بين ٣٠٠٠- ٤٠٠٠، أي ٣٥٠٠، وقسمناه على ١٥٠، لكان المعدل ثلاثاً وعشرين لغة تقريباً لكل دولة. وبالطبع إن هذا لا يعني أن كل دولة فيها ثلاث وعشرون لغة. وبما أن الواقع يقول إن بعض الدول فيها لغة واحدة، فإن المسألة ببساطة تعني أن بعض الدول فيها مئات اللغات. وكلما زاد عدد اللغات في بلد ما، زادت الحاجة إلى الثنائية اللغوية، لأن الجماعة التي تجاور جماعة أخرى ذات لغة مختلفة لابد لها من التفاهم مع الجماعة الجارة. ولا يتم هذا التفاهم إلا بأن تتعلم الجماعة ١ لغة الجماعة ٢ أو أن تتعلم الجماعة ٢ لغـة

الجماعة ١ أو أن تتعلم الجماعة ١ والجماعة ٢ لغة ثالثة. وفي جميع هذه الحالات، تنشأ الثنائية اللغوية.

ولتوضيح الصورة اللغوية في العالم، لابد من ذكر الحقائق الآتية:

١- هناك لغات متكلموها كثيرو العدد، وهناك لغات لا يتجاوز متكلموها ألف نسمة. ومن اللغات كثيرة المتكلمين اللغة الصينية التي يصل متكلموها إلى ٩٠٠ مليون نسمة، والإنجليزية ذات ٤٠٠ مليون، والإسبانية ذات ٢٣١ مليون، والهندية ذات ١٥٤ مليون، والروسية ذات ١٣٠ مليون، والعربية ذات ١٥٠ مليون (٥:٤). وفي الواقع إن إحدى عشرة لغة من بين الأربعة آلاف لغة يتكلمها ٧٠% من سكان العالم.

٢- هناك لغات تنتشر خارج حدودها الأصلية وتتكلمها شعوب عديدة ليس كلغة أجنبية بل كلغة أولى. مثال ذلك الإنجليزية في أمريكا وكندا وأستراليا ونيوزيلندا، والإسبانية والبرتغالية في كثير من دول أمريكا الجنوبية.

٣- هناك دول كثيرة فيها العديد من اللغات. فدولة لوكسمبورغ الصغيرة فيها الفرنسية والألمانية واللوكسمبورغية. وسويسرا فيها الفرنسية والألمانية والإيطالية والرومانشية. والهند فيها مئتا لغة. وروسيا فيها مئة واثنتان وعشرون لغة. وغينيا الجديدة فيها ٧٠٠ لغة لثلاثة ملايين من السكان فقط (٥:٤).

البلدان الأحادية اللغة:

كثير من البلدان التي نظنها أحادية اللغة هي ليست كذلك. فمثلاً فرنسا فيها أقليات عديدة من البلاد العربية والإفريقية والآسيوية وكورسيكا والباسك. وتشكل هذه الأقليات ٦% تقريباً من سكان فرنسا. ومثال آخر بريطانيا ففيها اللغة الويلزية في ويلز والغيلية في أسكتلندا والأردية والهندية وبعض اللغات الإفريقية التي حملها الوافدون أو المهاجرون. وهكذا يصعب أو يستحيل أن تجد بلداً أحادي اللغة مئة بالمئة.

وإذا أخذنا اليابان مثلاً فنجد فيها أقليات من أصل صيني أو كوري. وتأتي الأقليات عادة تاركة موطنها الأصلي بحثاً عن عمل أو هروباً من اضطهاد أو هروباً من حرب أهلية أو بحثاً عن أساسيات الحياة في حالات القحـط والمجاعات أو لحاقاً بالأهل والولد.

وأحياناً يتم التهجير بالقوة، كما كانت تفعل بعض الدول الاستعمارية حين كانت تنقل العمال بالقوة من بلد إلى آخر حسب الحاجة إليهم في المصانع والمزارع توفيراً للأيدي العاملة الرخيصة. وتشكل الأقليات اليابانية ٧ر.% من مجموع السكان.

وفي ألمانيا يبلغ المهاجرون ١٠% من القوة العاملة ويصل عددهم إلى أربعة ملايين نسمة من أصل سكان ألمانيا الغربية البالغين ٦٢ مليون نسمة. ومعظمهم من تركيا واليونان وإيطاليا ويوغوسلافيا. وقد بدأ تدفقهم على ألمانيا في ١٩٥٥م عندما بدأت خطة إعادة تعمير ألمانيا التي دمرتها الحرب العالمية الثانية.

ويعاني هؤلاء المهاجرون في معظم دول أوروبا مشكلات متماثلة. فالدولة المضيفة لا تلقي بالاً لمشكلاتهم فلا توجد لهم برامج خاصة في الإذاعة والتلفزيون بلغاتهم الأصلية. ولا توجد لهم صحف بلغاتهم الأصلية. ولا تعطى لهم فرص كافية لتعلم اللغة الثانية، لا للمهاجرين البالغين ولا لأطفالهم. ولا توفر لهم الدولة المضيفة مدارس ثنائية اللغة.

البلدان الثنائية اللغة:

بعض البلدان ثنائية اللغة رسمياً، مثل كندا وقبرص وفنلندا وتشيكوسلوفاكيا. فدستور هذه البلدان يقر رسمياً بوجود لغتين لهما حقوق متساوية ومكانة متساوية في الإدارة الحكومية والمؤسسات الرسمية والمداولات البرلمانية والتعليم وإصدار القوانين. وبالطبع يجب أن نتذكر هنا أن وجود لغتين رسمياً في بلد ما لا يعني وجود اللغتين عند كل فرد من أهل ذلك البلد. فالاعتراف الرسمي بوجود لغتين شيء واتقان الفرد للغتين شيء آخر. وبعبارة أخرى، الثنائية الرسمية لا تعني بالضرورة الثنائية الفردية لدى كل فرد.

وتنشأ الثنائية اللغوية الرسمية أحياناً من رغبة الدولة في التسامح مع أقلية فيها؛ إنها لفتة سياسية تعبر فيها الأكثرية عن إكرام واحترام للأقلية. مثال ذلك الثنائية في فنلندا. فالسكان هناك ٩٢% منهم لغتهم الأولى هي الفنلندية، و ٧% منهم لغتهم الأولى السويدية. ومع ذلك جاء الدستور الفنلندي ليعترف للغتين (الفنلندية والسويدية) بحق البقاء والاستعمال على قدم المساواة.

وفي إيرلندا مثال آخر للثنائية الرسمية. ٩٨% من السكان ل، عندهم هي الإنجليزية و ٢% منهم ل، عندهم هي الغيلية. ومع ذلك تعترف الدولة رسمياً بوجود اللغتين. وهنا يفسر هذا على أساس دوافع تاريخية ووطنية لإبراز الفرق بين إنجلترا وإيرلندا ولرفض الهيمنة البريطانية على المنطقة عامة وعلى إيرلندا الشمالية خاصة.

وكندا مثال ثالث. ٦٧% من السكان ل، لديهم الإنجليزية و ٢٦% منهم ل، لديهم الفرنسية. فيأتي الدستور ويعترف رسمياً باللغتين.

وتختلف البلاد ثنائية اللغة في عملية تنظيم الثنائية اللغوية داخل حدودها. وهناك نظامان على الأقل في هذا الشأن:

١- **النظام الاختياري:** بموجب هذا النظام يحق لأي مواطن أن يستخدم إحدى اللغتين في أي مكان وأي زمان وأي موقف وأي غرض. وتسير على هذا النظام جنوب إفريقيا مع رعاياها البيض فقط، إذ لأي مواطن أبيض الحق في التحدث بالإنجليزية أو الأفريكانية (وهي الهولندية المعدلة) في أي مكان في البلاد ويحق له أن يطالب بتعليم أولاده بأية لغة منهما حسب اختياره هو.

٢- **النظام الإفريقي:** تقسم الدولة بموجب هذا النظام البلاد إلى أقاليم لكل إقليم لغته الخاصة. وعلى الفرد أن يستخدم اللغة المخصصة لذلك الإقليم عند التعامل مع المؤسسات الحكومية في ذلك الإقليم. ومن أمثلة هذا النظام سويسرا. فهي مقسمة إلى كانتونات على النحو الآتي: سبعة عشر كانتوناً للألمانية، وثلاثة للفرنسية، وواحد للإيطالية، وأربعة ثنائية اللغة أو متعددة اللغة.

وتتدخل عوامل عديدة في اختيار أحد النظامين وتطبيقه في بلد ما. من هذه العوامل:

أ- عدد متكلمي كل لغة. فكلما زاد عدد المتكلمين زاد وزن اللغة وزاد الاهتمام بها بوجه عام.

ب- طريقة توزيع السكان. فإذا تداخل السكان معاً، أي تعايش مستعملو اللغة أ مع مستعملي اللغة ب في كل مدينة وقرية وشارع في البلاد، يصعب استخدام النظام الإقليمي ولابد من استخدام النظام الاختياري. أما إذا تصادف أن توزع السكان في بلد ما حسب أعراقهم أو حسب لغاتهم

الأولى، فإن هذا يسهل اتباع النظام الإقليمي.

جـ- موقف السكان من الثنائية اللغوية. إذا كان أكثر السكان ثنائيي اللغة أو يحبذون الثنائية اللغوية، فهذا يسهل تبني النظام الاختياري ولا داعي للنظام الإقليمي. أما إذا كان أكثر السكان ليسوا ثنائيي اللغة أو يعارضون الثنائية، فإن الحل الأمثل هنا هو تبني الدولة للنظام الإقليمي، إذا رأت الدولة ضرورة الاحتفاظ بلغتين في البلد لأسبابها الخاصة.

البلدان المتعددة اللغات:

هناك بلدان عديدة فيها عدة أعراق وبالتالي عدة لغات. وعندما استقلت تلك البلدان (وخاصة في آسيا وإفريقيا) واجهتها مشكلة اختيار اللغة الرسمية للدولة. وبالطبع هناك حلان على الأقل لهذه المشكلة. الأول اختيار إحدى اللغات المحلية وإعطاؤها صفة اللغة الرسمية للدولة. وهذا هو الحل اللغوي الداخلي endoglossic solution. وهذا ما فعلته تنزانيا حين اختارت السواحيلية، والفلبين حين اختارت اللغة الفلبينية، وماليزيا حين اختارت الملاوية.

وأما الحل الثاني فهو اختيار لغة من خارج البلاد. وهذا هو الحل اللغوي الخارجي exoglossic solution. وهذا ما فعلته سيراليون وزامبيا وغانا حين اختارت كل منها اللغة الإنجليزية كلغة رسمية للبلاد. كما اختارت تشاد والغابون والسنغال وفولتا العليا اللغة الفرنسية لغة رسمية.

ولكل حل من الحلين السابقين مزاياه ومخاطره. فالحل اللغوي الداخلي يشبع الحاجة إلى الاستغناء عن المستعمر ولغته، ويعطي دفعة للشعور الوطني والشعور الحقيقي بالاستقلال السياسي والثقافي، كما أنه يختصر الطريق إلى الاتقان اللغوي. أما مخاطر هذا الحل فهي رفض بعض الجماعات أن تكون لغة جماعة معينة هي اللغة الرسمية، لأنهم يخشون أن يعني ذلك سيطرة جماعة ما على بقية الجماعات عن طريق سيطرة لغة تلك الجماعة. وقد تؤدي هذه الحالة إلى حالات من التمرد والحرب الأهلية والمطالبة بالانفصال أو الحكم الذاتي. فالاعتبارات اللغوية ليست ضئيلة الشأن، وهي أمور تتعلق بالكرامة والذاتية والشخصية، ولهذا فهي أمور بالغة الحساسية والتعقيد.

ومن الغريب أن بعض الدول التي تختار الحل اللغوي الداخلي تختار أقل اللغات عدداً. لماذا؟ لأن اختيار مثل هذه اللغة لا يحرك مشاعر التنافس لدى الجماعات القوية. وهذا ما فعلته تنزانيا حين اختارت اللغة السواحيلية، التي كان يتكلمها ١٠% فقط من السكان. وقد استطاعت فعلاً أن تتجنب إغضاب الجماعات اللغوية كثيرة العدد في البلاد، حيث إن اختيار إحدى اللغات القوية سيغضب ويلهب مشاعر الاحتجاج لدى الجماعات الموازية في القوة. ولذا جاء اختيار السواحيلية مرضياً للجماعات اللغوية المختلفة.

أما الحل اللغوي الخارجي فمن مزاياه توحيد لغة البلاد مع تجنب حساسيات التنافس بين الجماعات اللغوية المختلفة. ولكن هذا الحل له محاذير عديدة:

١- استمرار ربط هذا البلد بالدولة المستعمرة سابقاً.

٢- إقلال الهيبة الوطنية التي لا تكتمل إلا باستعمال لغة وطنية.

٣- ربط البلد ثقافياً وفكرياً بالدولة المستعمرة سابقاً، مما يعني استمرار الاستعمار الثقافي.

٤- إيجاد حاجز لغوي بين الحكومة والشعب الذي قد لا تعرف أكثرية أفراده اللغة الرسمية الخارجية.

وقد حدث هذا الحل اللغوي الخارجي في ظروف غريبة في بعض الأحيان. فعلى سبيل المثال، السنغال ٩٠% من سكانها يتكلمون اللغة الولفية. ومع ذلك جعلت تلك الدولة اللغة الفرنسية لغتها الرسمية. ولا شك أن هذا الاختيار لم يكن اختياراً سليماً من ناحية عامة وبكل المعايير. وقد يكون السبب وراء هذا الاختيار احتكار السلطة والنفوذ لدى فئة من الناس. وفي النيجر حدث أمر مشابه: فلغة الهوسا يعرفها جميع السكان، ومع ذلك اختيرت الفرنسية لغة رسمية وهي لغة لا تعرفها سوى أقلية من سكان النيجر.

وبالطبع إن سوء اتخاذ القرار اللغوي ليس أمراً يسيراً. فالأمر يتعلق بحياة الناس اليومية. إنه مثل الماء والهواء لكل فرد من أفراد المجتمع. فعندما يحرم الإنسان من التمتع بحقه اللغوي بشكل جائر لا يمكن تبريره أو الدفاع عنه لا يستطيع المرء أن يتنبأ بالعواقب. وكان من الأفضل في حالات مشابهة للنيجر والسنغال جعل اللغة الأولى في البلاد هي

الرسمية، وجعل اللغة الفرنسية اللغة الأجنبية التي تعلم في المدارس. هذا الحل المتوازن يعطي فرصة الحياة للغة الأولى وفرصة للاستفادة من اللغة الثانية، بدلاً من تدمير الأولى لتعيش الثانية.

وهناك أمثلة عديدة لدول اختارت حلاً ثالثاً لمشكلة تعدد اللغات، ألا وهو الحل المتعدد اللغات multilingual solution. وهو حل يعني أن تقبل الدولة وجود عدة لغات رسمية فيها. وسنعرض فيما يلي أمثلة من هذه البلدان:

١- **يوغوسلافيا**: وهي بلد فيه ٢١ مليون نسمة يتكون من ست جمهوريات وست جماعات عرقية وتسع أقليات. ولقد حلت يوغوسلافيا الإشكال اللغوي عن طريق إعطاء كل جمهورية الحق في استعمال اللغة الرسمية التي تختارها حسب الأقليات والأعراق التي تسكنها.

٢- **الهند**: وهي بلد فيه ٦٠٠ مليون نسمة و ٢٠٠ لغة. ومن أهم اللغات في الهند الهندية (١٥٤ مليون متكلم)، الأردية (٢٩ مليون)، التلوغو (٤٥ مليون)، البنغالية (٤٥ مليون)، الماراثية (٤٢ مليون)، والتاميلية (٣٨ مليون) (٥: ٢١). وينص الدستور الهندي على اعتبار أربع عشرة لغة على أنها لغات وطنية، وعلى اعتبار الهندية لغة رسمية. غير أن مكانة الهندية كلغة رسمية أمر يلقى اعتراضاً قوياً من أهل اللغات الأخرى، وتكاد الإنجليزية تأخذ هذا الدور من اللغة الهندية. ورغم أن الهند فيها مائتا لغة، إلا أن ١٠% من سكانها فقط هم ثنائيو اللغة. وهذا الأمر يتعلق من غير ريب بعوامل أخرى مثل الحاجة والدافعية والتعليم نوعاً وكماً.

٣- **الاتحاد السوفيتي**: فيه ١٢٢ لغة. من أهمها الروسية ذات ١٣٠ مليون متكلم، والأكرانية (٤١ مليون)، والأزبكية (٩ ملايين). ورغم أن الروسية هي المفضلة وهي التي تعلم كلغة ثانية في سائر أنحاء البلاد، إلا أن اللغات المحلية معترف بها رسمياً وتربوياً وتنال اهتماماً في معظم الحالات.

الأقليات اللغوية:

تختلف الدول في موقفها من لغات الأقليات لديها. ويتراوح الموقــف بين

الدعم والإهمال والقمع. فهناك دول ترى أن من حق لغات الأقليات أن تعيش وتزدهر. وهناك من يرى أن أفضل سياسة هي سياسة الإهمال لهذه اللغات لتموت مع الزمن. وهناك من يرى أن التساهل مع لغات الأقليات سيؤدي إلى انشطار لغوي وثقافي ثم سياسي، الأمر الذي يهدد وحدة البلاد. ولذلك في رأي هذا الفريق لابد من قمع أية محاولة للتمسك باللغات المنافسة، بل ولابد من قهر هذه اللغات ومحاولة الإسراع في مسحها من الأطلس اللغوي.

التسامح اللغوي:

وهناك عوامل عديدة تتفاعل معاً لإيجاد موقف يمكن أن نسميه موقف الدعم الذي تتخذه دولة ما نحو لغة الأقلية أو لغات الأقليات فيها. من هذه العوامل ما يلي:

١- **النظرة العامة للدولة.** هناك دولة ديمقراطية ذات موقف عام يتسم بالتسامح الديني والثقافي والفكري. مثل هذه الدول لا تمانع في العادة في الاعتراف بلغات الأقليات وإعطائها قدراً من الاعتراف أو اعترافاً كاملاً.

٢- **عدد الأقلية:** كلما زاد عدد أفراد الأقلية، زاد وزن لغتهم واقتربت الدولة من الاعتراف بها ودعمها. وكلما قل العدد، زاد احتمال إهمال لغة الأقلية وعدم الالتفات إليها بشكل رسمي.

٣- **نوعية الأقلية.** قد تكون الأقلية كثيرة العدد، لكنها قليلة الوزن تاريخياً أو حضارياً أو اقتصادياً أو سياسياً. وفي حالات أخرى، قد تكون الأقلية قليلة العدد، لكنها تكتسب أهمية نوعية كأن يكون أفرادها من مستوى تعليمي عالي أو تتحكم الأقلية بالنشاط الاقتصادي للبلد.

٤- **كفاح الأقلية:** بعض الأقليات لأسباب مختلفة ترضى بالواقع اللغوي خاصة وبواقعها الاجتماعي عامة، فلا تطالب بأي وضع خاص للغتها. وفي المقابل، بعض الأقليات تهتم بالجانب اللغوي وتستمر في الضغط والمطالبة بهويتها اللغوية الخاصة. وقد تستجيب الدولة لهذه المطالبة تحت ظروف معينة ولاعتبارات مختلفة، فتصبح لغة الأقلية ذات صفة رسمية من نوع ما وتحت ترتيب ما.

٥- **الأهداف الخفية.** في بعض الحالات تتطوع الأكثرية ممثلة في الدولة باحتضان

لغات الأقليات وتشجيعها لاتخاذ هذه اللغات وسيلة لكسب ود الأقليات واجتذابها إلى السلطة المركزية وللتغلغل في أوساط الأقليات ولبث مذهب الأكثرية في صفوف الأقليات ولتجنب إثارة النعرات الإقليمية والحساسيات اللغوية. وقد تنطبق أكثر هذه الأهداف على تسامح الاتحاد السوفيتي مع الشعوب غير الروسية من حيث السماح لكل شعب باستخدام لغته الأولى مع إجباره على تعلم اللغة الروسية في المدارس والجامعات. فالتسامح اللغوي هنا لم يكن وليد سياسة تسامحية عامة، بل وليد خطة احتواء ذكي تدريجي حتى تقع الفريسة في الفخ، بل وتأتي إليه مختارة ودون أن تدري. وبعبارة أخرى، يكون اعتناء الدولة بلغات الأقليات هنا كمرحلة انتقالية مؤقتة. ويكون الابتلاع اللغوي (أي ابتلاع لغة الأكثرية للغات الأقليات) في هذه الحالة مرسوماً كجزء من السياسة اللغوية للدولة. وقد تضع الدولة خطة طويلة الأمد تصل إلى مئة عام لتحقيق هدف الابتلاع اللغوي.

ولا شك أن الابتلاع اللغوي أمر في غاية الخطورة، إذ هو يعني في النهاية ما يلي:

١- هيمنة لغة واحدة وإحلالها محل عدة لغات أخرى.

٢- التراجع المستمر لعدة لغات أخرى، إلى أن يصل بها الأمر إلى الانقراض التام.

٣- تغيير الحدود السياسية بعد اختفاء الحدود اللغوية، لأن كثيراً من الحدود السياسية نراها في أيامنا هذه قائمة على الحدود اللغوية. معظم الدول تنتهي حدودها عندما تبدأ حدود لغة أخرى.

٤- الابتلاع النهائي لشعوب كاملة كانت مختلفة عن الأكثرية في التاريخ والدين واللغة.

القمع اللغوي:

وهناك حالات كثيرة من الإهمال للغات الأقلية أو قمع هذه اللغات. وتنبثق هذه الحالات من المواقف الآتية أو بعضها:

١- بعض الدول ترى أن تعدد اللغات على أراضيها سيخلق لها مشكلات إدارية وإعلامية وأنه من الأفضل والأيسر التعامل مع شعب ذي لغة واحدة من التعامل مع شعب متعدد اللغات.

٢- البعض يرى أن تعدد اللغات في بلد. ما سيؤدي إلى تعدد الثقافات، وبالتالي يهدد الشعور بالوحدة الوطنية.

٣- قد يؤدي تعدد اللغات إلى انقسام الناس ويثير بعض الحساسيات العرقية وينمي الرغبة في الانفصال أو التمرد أو الاستقلال أو مطالبة الانضمام إلى بلد آخر.

٤- قد يؤدي تعدد اللغات إلى مشكلات في النظام التعليمي.

وهذه المخاوف لها ما يبررها أحياناً. فعلى سبيل المثال، الوضع اللغوي للألزاس واللورين ساعد في إقامة صراع طويل بين ألمانيا وفرنسا بخصوص مصير هذه المنطقة. ففي القرن التاسع عشر كانت المنطقة مع فرنسا. وفي سنة ١٨٧١ ضمت إلى ألمانيا. وفي سنة ١٩١٩ استعادتها فرنسا. وخلال الحرب العالمية الثانية استعادتها ألمانيا. وفي سنة ١٩٤٥ استعادتها فرنسا (٥: ٢٧).

ومن وسائل إهمال لغة الأقلية أو قمعها ما يلي:

١- لا تقدم الدولة أية مساعدة لمدارس تستخدم هذه اللغة.

٢- لا تدرب الدولة مدرسي هذه اللغة.

٣- لا تعترف الدولة بها رسمياً.

٤- لا تسمح الدولة باستخدام هذه اللغة في مدارسها الرسمية لا كلغة وسيطة ولا كلغة أجنبية ولا كلغة ثانية.

٥- في حالات الإهمال، يجوز للأقلية أن تنفق هي تعليم لغتها وأن تتحمل وحدها الأعباء المالية دون أي دعم من الدولة. وفي حالات القمع اللغوي، لا يسمح للأقلية أن تبرز أو تنشر لغتها في المدارس أو وسائل الإعلام حتى ولو على نفقتها الخاصة.

٦- معاقبة الطلاب الذين يتكلمون لغة الأقلية في المدرسة، حتى ولو خارج غرفة الصف، كما كان الحال في فرنسا إلى عهد قريب.

٧- ازدراء من يتكلم تلك اللغة من قبل عامة الناس في الشارع.

٨- تهجير الأقلية غير المرغوبة إلى خارج البلاد. مثال ذلك ما حدث في تركيا واليونان بعد حرب ١٩٢١- ١٩٢٢م بينهما، حيث تم تهجير الأقلية

اليونانية من تركيا إلى اليونان وتم تهجير الأقلية التركية من اليونان إلى تركيا. وهجر ثلاثة ملايين تشيكوسلوفاكي من بلدهم إلى ألمانيا لأنهم يتكلمون الألمانية؛ وهجرت أعداد كبيرة من المجربين من تشيكوسلوفاكيا إلى المجر وأعداد كبيرة من السلافيين من المجر إلى تشيكوسلوفاكيا في عامي ١٩٤٥ و ١٩٤٦م لأسباب تتعلق بالوضع اللغوي وما يتبعه من شعور بالانتماء السياسي والثقافي (٥: ٢٨).

٩- تغيير النسبة السكانية. فلقد حدث في بعض الحالات أن قامت الدولة بترحيل سكان الأكثرية إلى مناطق الأقلية لجعل الأقلية تذوب في الأكثرية، ولمسح سمة عرق ما عن منطقة ما. مثال ذلك ما فعلته إيطاليا سنة ١٩١٩م حين نقلت أعداداً كبيرة من الإيطاليين وزرعتهم في منطقة كان أكثر سكانها نمساويين.

١٠-العقوبات القانونية. حدث في سنة ١٩١٨م أن أصدر حاكم ولاية إيوا في الولايات المتحدة الأمريكية قراراً بمنع تكلم أية لغة غير الإنجليزية في أي مكان عام. وأصدر حاكم آخر في ولاية أوهايو قراراً بأن يدفع كل من يتكلم الألمانية في الشارع غرامة مقدارها خمسة وعشرون دولاراً، وكان ذلك أثناء الحرب العالمية الأولى والعداء للألمانيا على أشده.

١١- منع استخدام لغة ما في وسائل الإعلان بأية صورة من الصور (صحافة وإذاعة وتلفاز).

١٢- الاستبدال اللغوي عن طريق إحلال لغة الأكثرية محل لغة الأقلية، وخاصة عن طريق التحكم في لغة التعليم.

١٣- تحويل لغة ما إلى مجرد لهجة ضمن لغة الأكثرية عن طريق تلقيحها بآلاف الكلمات وعن طريق إدخال تعديلات كثيرة على نظامها الصوتي ونظامها الصرفي ونظامها النحوي. والغاية من هذا إيصال اللغة المنكوبة إلى حالة الانهيار التام وحالة الذوبان الكامل داخل اللغة المسيطرة.

وعلى العموم، فإن دول العالم تتجه نحو مزيد من التسامح اللغوي. فالدول التي كانت تتبع قدراً محدوداً من التسامح اللغوي أخذت تبدي قدراً أوسع منه. والدول التي كانت

تتبع سياسة الإهمال للغات الأقليات، أخذت تتبع سياسة الدعم المحدود. والدول التي كانت تتبع سياسة القمع اللغوي، أخذ بعضها يتبع سياسة تخفيف القمع أو سياسة الإهمال على الأقل. ويرجع ذلك في بعض أسبابه إلى استمرار المطالبة من قبل الأقليات وإلى ازدياد الاستجابة من جانب الأكثرية وإلى التقييم المستمر للسياسة اللغوية التي تتبعها الدول في العادة.

منشأ الثنائية اللغوية:

تنشأ اللغوية في ظل ظروف متعددة منها (٥: ٣٠- ٣٧):

١- **الهجرة الجماعية.** تحدث هذه الهجرة لأسباب سياسية أو اقتصادية أو دينية هروباً من الاضطهاد السياسي أو العرقي أو الديني أو هروباً من المرض أو الفقر بحثاً عن السلامة أو الرزق. وما يحدث هنا أن الجماعة المهاجرة تتعلم لغة البلد المضيف كما فعل المهاجرون من أوروبا إلى أمريكا حين تعلموا الإنجليزية. أو تتعلم الجماعة المهاجرة لغة البلد المضيف وتتعلم الجماعة المضيفة لغة الجماعة المهاجرة كما حدث مع المهاجرين الإسبان إلى براغوي. أو تتعلم الجماعة المضيفة لغة الجماعة المهاجرة كما فعل بعض الكلتين في بريطانيا حين تعلموا اللاتينية من غزاتهم الرومان.

والمجاعة المشهورة في إيرلندا في القرن التاسع عشر أدت إلى هجرة جماعية من إيرلندا إلى الولايات المتحدة الأمريكية. وبسبب الفقر هاجر كثير من الإيطاليين من صقلية وكالابريا إلى الولايات المتحدة الأمريكية. في مطلع القرن العشرين. وبحثاً عن العمل والرزق هاجر ملايين العمال إلى أوروبا الغربية من تركيا والبرتغال وشمال إفريقيا ويوغوسلافيا. كل هذه الهجرات أدت وتؤدي إلى نشوء حالات من الثنائية اللغوية لملايين من الأفراد وحالات من التعددية اللغوية في العديد من البلدان.

والتجارة أيضاً تؤدي إلى هجرة واحتكاك لغوي. وكذلك الهجرة لأسباب سياسية ودينية. ففي سنة ١٩١٧م هاجر كثير من الروس إلى أمريكا وأوروبا. وعندما انتصر فيدل كاسترو في كوبا، هاجر العديد من الكوبيين إلى أمريكا. وعندما انتصر ثوار فيتنام على أمريكا، هاجر الكثير من الفيتناميين إلى فرنسا وأمريكا. وعندما انتصر الإسبان على العرب وبدأت المذابح، هاجر من بقي حياً من العرب من إسبانيا إلى شمال إفريقيا في نهاية القرن الخامس عشر.

٢- **الغزو العسكري:** كثير من حالات الثنائية اللغوية تعزى إلى الغزو العسكري المتبوع بمدة طويلة من الاحتلال. فلقد حمل الرومان اللاتينية وراء حدود إيطاليا. وحمل الإسكندر الكبير اليونانية إلى بلاد الشرق الأوسط خارج حدود اليونان. وحملت اليونان. وحملت إسبانيا والبرتغال وفرنسا وبريطانيا الإسبانية والبرتغالية والفرنسية والإنجليزية على الترتيب خارج حدود بلادها الأصلية بفعل الغزو العسكري. وحمل العرب لغتهم العربية خارج جزيرة العرب أثناء وبعد الفتوحات الإسلامية.

وهناك عوامل تؤدي إلى إنجاح وإدامة انتشار اللغة الغازية. من بين هذه العوامل طول مدة الاحتلال: فكلما طالت المدة، زادت فرصة دوام هذه اللغة. وهناك عامل المصلحة: فإذا وجد أهل البلاد أن معرفتهم للغة الغازية تعود عليهم بالنفع في الوظائف أو التعليم أو سواهما، فإن ذلك يعطي اللغة الغازية دفعة للاستمرار والبقاء والانتشار. وهناك عامل درجة التفاعل بين الشعبين. ففي بعض الحالات يكون التفاعل اللغوي محدوداً نظراً لكثرة شعب من جانب وقلة عدد جنود الغزو من جانب آخر. في هذه الحالات لا يحصل تفاعل لغوي بدرجة كافية، وخاصة في غياب وسائل الإعلام الجماهيري، كما كانت عليه الحال في القرون الغابرة.

٣- **التزاوج.** إن الزواج بين الجنسيات المختلفة والأعراق المختلفة يولد جيلاً من الأطفال ثنائيي اللغة. ففي العادة يحمل الأطفال لغة الأم ولغة الأب معاً. بل ويصر أحياناً كل من الأم والأب على أن يتعلم الطفل لغته. وهذا الإصرار مرده الاعتزاز بالأصل واللغة والعرق. وقد يحدث أن الوالدين يتفقان على لغة واحدة يتعلمها الطفل مراعاة لمصلحة الطفل وضماناً لسلامة نموه اللغوي.

٤- **القومية:** في عصرنا الحالي ارتفع صوت القومية. وفي مثل هذا الجو الذي يتباهى فيه المتباهون بالقومية وتتمركز المشاعر حولها، تستيقظ المشاعر النائمة لدى الأقليات ويفور الدم في العروق. وتأخذ الأقليات تطالب بما يطالب به سواها. فيزداد عدد القوميات ويصبح تقريباً مساوياً لعدد الأقليات. وترفع الأقلية شعار اللغة القومية باعتبار اللغة درعاً للقومية وحامياً لها، بل راسماً لحدودها. وهنا يزداد احتمال اللجوء إلى الثنائية اللغوية أو التعددية اللغوية كمخرج من لهيب القوميات المتأجج. فتقر الدولة بالثنائية أو التعددية سبيلاً لحل الإشكال اللغوي أو تعيش لغتان أو أكثر معاً حتى دون الإقرار الرسمي.

٥- **التعليم والثقافة**. في الماضي والحاضر تختلف الحدود الرسمية للغة عن حدودها الثقافية. ففي العادة تتطابق الحدود الرسمية للغة مع الحدود السياسية للدولة. أما الحدود الثقافية للغة فقد تعدى حدودها الرسمية. وعلى سبيل المثال، كانت اليونانية تعتبر لغة العلم والفلسفة والأدب في أوروبا في العصور القديمة. ثم احتلت اللاتينية محلها عندما انتشرت المسيحية في أوروبا. وأصبح المرء لا يعتبر مثقفاً إلا إذا عرف اللاتينية. وفي زمن الرابع عشر صارت الفرنسية لغة الثقافة والأدب والعلم في أوروبا. وفي عصر النهضة، احتلت اللغة الإيطالية محل اللغة الفرنسية. وفي وقتنا الحالي، صارت الإنجليزية لغة العلم والتقنية في كثير من الدول في إفريقيا وآسيا، تشاركها الفرنسية في بعض دول إفريقيا.

٦- **التصنيع**. حركات التصنيع في كثير من البلدان تستدعي استخدام العديد من العمال من جنسيات مختلفة مما يؤدي إلى أوضاع ثنائية اللغة أو متعددة اللغة.

٧- **انتشار الدين**. في بعض الحالات يحمل الدين معه لغته. هكذا حملت المسيحية معها اللاتينية وحمل الإسلام معه اللغة العربية. ولهذا نرى أنه حيث يوجد الإسلام يوجد ارتباط من نوع ما باللغة العربية.

الفصل الثالث

اكتساب اللغة الثانية

الفصل الثالث

اكتساب اللغة الثانية

هناك عوامل عديدة تؤثر في سرعة اكتساب الفرد للغة الثانية. وعلى سبيل المثال لا
الحصر، هناك عامل التعرف للغة الثانية من حيث كمية التعرض ونوعيته. وهناك عمر
المتعلم ومدى تأثير لغته الأولى في لغته الثانية. وهناك شخصية المتعلم واستعداده اللغوي.
وهناك طريقة التعلم ودوافع المتعلم ومواقفه من اللغة الثانية. وهناك كمية مرانه على ل₂
ونوعية هذا المران. وهناك التغذية الراجعة، أي التعزيز، الذي يتلقاه المتعلم لمحاولاته
استخدام ل₂ في التعبير عن نفسه. هذا ما سنبحثه في هذا الفصل من هذا الكتاب.

البيئة اللغوية الطبيعية:

يقصد بالبيئة اللغوية الطبيعية استخدام اللغة بغرض التفاهم ونقل المعلومات، أي مع
التركيز على المحتوى. وهذا ما نفعله عندما نتحادث مستخدمين ل₁ أو ل₂ في الشارع أو
الملعب مثلاً. وفي المقابل، عندما يستخدم المعلم ل₂ في غرفة الصف في تدريب لغوي، فلا شك
أن التركيز هناك لا يكون على المحتوى، بل على الصيغ اللغوية. يصبح هدف اللغة في هذه
الحالة اللغة ذاتها. مثل هذه البيئة اللغوية ندعوها بيئة شكلية أو اصطناعية.

ولقد دلت البحوث أن البيئة الطبيعية تؤدي إلى اكتساب أسرع للغة ٢ من البيئة
الاصطناعية. كما دلت البحوث أنه كلما زاد زمن التعرض للغة ٢ بصورتها الطبيعية، تحسن
مستوى اكتساب ل₂، وأنه إذا تساوى الزمن، فإن البيئة الطبيعية تعطي نتائج أفضل من
البيئة الاصطناعية، التي هي بيئة غرفة الصف. وهذا يعني أن تعلم ل₂ في موطنها الأصلي
أفضل من تعلمها كلغة أجنبية في غرفة صف ما في مدرسة ما خارج موطنها الأصلي.

كما دلت البحوث أن المهارة اللغوية في ل₂ تتقدم بشكل أفضل إذا استخدمت ل₂ كلغة
تعليم، medium of instruction, أي استخدمت في تدريس المواد الأخرى مثل العلوم
والاجتماعيات، مقارنة باستخدام ل₂ كلغة فقط.

البيئة اللغوية الاصطناعية:

لقد أشرنا في الفصل الأول إلى نوعين من اكتساب ل٢ ونوعين من الثنائية الطبيعية natural bilingualism والثنائية الاصطناعية artificial bilingualism. وفي الواقع، إن هذين النوعين من الثنائية يتوازيان مع النوعين من البيئتين اللغويتين: البيئة الطبيعية والبيئة الاقتصادية.

والبيئة اللغوية الاصطناعية، كما ذكرنا، هي بيئة تعلم ل٢ في الصف. وهي سبيل لاكتساب واعٍ للغة ٢. ورغم أن هذه البيئة محدودة الأثر في تكوين مهارات اتصالية فعالة، إلا أن لها فوائد لا يمكن إنكارها. فالمدرسة تقدم حلاً واقعياً لملايين الطلاب الذين لا يمكنهم أن يذهبوا إلى موطن ل٢ ليسمعوها هناك ويكتسبوها في بيئة طبيعية، إذ تقوم المدرسة بإحضار ل٢ إليهم. كما أن المدرسة تقيس لهم تقدمهم بانتظام، فتقدم لهم نوعاً من التقييم والتحفيز اللازمين. كما أن المدرسة قد تهتم بعرض الأحكام النحوية للغة ٢، وهذا قد يتناسب مع سن بعض المتعلمين الذين يرغبون في اكتشاف أسرار ل٢ عن طريق استقراء القوانين (من خلال تقديم أمثلة عديدة سابقة) أو عن طريق استنباط القوانين (تطبيقها على أمثلة عديدة لاحقة). إضافة إلى هذا، إن القوانين اللغوية قد تساعد في مراقبة المتعلم لنفسه وهو يكتب ل٢ أو يتكلمها. كما أنها تساعده في تصحيح نفسه إذا أخطأ.

وفي الواقع، إن مدى فعالية معرفة القوانين اللغوية في مجال تكوين المهارات اللغوية أمر مشكوك فيه. فهناك الملايين من الناس في كل مكان يتكلمون ل١ أو ل٢ وهم لا يعرفون القوانين اللغوية التي تحكم اللغة التي يتكلمونها. وهناك أيضاً الملايين من الأطفال الذين يتكلمون ل١ باتقان في كل مكان قبل أن يذهبوا إلى المدارس وقبل أن يتعلموا أي شيء عن قوانين ل١. هذا يثبت أن إدراك قوانين اللغة ليس شرطاً في إتقانها. ولكن بالطبع هذا لا يثبت أن تعلم قوانين اللغة لا يفيد في اكتسابها.

دور المتعلم:

من الممكن أن يتخذ المتعلم ثلاثة أنواع من الأدوار خلال تعلم ل٢ (٤: ٢٠):

١- **الاتصال باتجاه واحد:** وهو أن يسمع المتعلم أو يقرأ ل٢ دون كلام أو كتابة بها،

أي يكتفي بفهم ما يسمع أو ما يقرأ دون إبداء رد فعل. وهذا في الواقع ما يفعله الأطفال في المراحل الأولى لتعلم ل$_{١}$، إذ يستمعون أولاً ويفهمون كثيراً مما يسمعون. وتمر عليهم فترة صامتة يكتفون خلالها باستقبال اللغة دون التورط في تكلمها قبل أن يحين الوقت المناسب. وهذا ما يفعله أيضاً الأطفال إذا تعلموا ل$_{٢}$ في بيئة طبيعية. وقد دلت بعض الملاحظات لمثل هؤلاء الأطفال أن بعضهم يصمت لمدة تتراوح بين شهرين وخمسة شهور قبل نطق الكلمات الأولى في ل$_{٢}$. ولهذا يميل البعض إلى تبني هذه الفكرة في تعليم ل$_{٢}$ حتى في البيئة الاصطناعية، أي في المدرسة: اجعل الطلاب يستمعون للغة ٢ لفترة من الزمن دون إجبارهم على نطق ل$_{٢}$. ويبدو أن هذه الفترة يحتاجها المتعلم لاكتشاف اللغة أو لتحقيق قدر من المألوفة مع نظامها الصوتي ونظامها المفرداتي ونظامها النحوي أو لتهيئة النفس للانطلاق اللغوي.

ولقد جرب آشر (٤: ٢٣) أسلوب الاستجابة البدنية الكلية total physical response مع متعلمي ل٢ في فترة الصمت. فكان يطلب منهم تنفيذ أوامر باللغة ٢ وهم يقومون بالاستيعاب والتنفيذ دون كلام. ولقد وجد أن هذا الأسلوب يحسن قدرة الطلاب على فهم المسموع بدرجة كبيرة.

٢- **الاتصال المحدود باتجاهين:** وهو أن يستجيب المتعلم شفوياً باستخدام ل$_{١}$ وليس باستخدام ل$_{٢}$ (أي اللغة الثانية). ولقد جرب ترل terrel (٤:٢٤) أسلوباً يتماشى مع هذا النوع من الاتصال ودعاه النهج الطبيعي .the natural approach وبموجب هذا النهج كان المتعلمون أحراراً من حيث اللغة التي يستجيبون بها وهم يتعلمون ل$_{٢}$، إذ كان بمقدور كل واحد منهم أن يستخدم ل$_{١}$ أو ل$_{٢}$ للاستجابة لكلام باللغة ٢. وكان بمقدور كل متعلم أن يقرر متى يبدأ بتكلم ل$_{٢}$. ورغم أن هذا النهج لم يقارن من حيث المردود بالأساليب الأخرى، إلا أنه يبدو أنه كلما ازداد تماثل طريقة تعلم ل$_{٢}$ مع طريقة اكتساب ل$_{١}$ كان ذلك أقرب إلى الطبيعية وبالتالي أكثر فعالية وأسرع مردوداً.

ولقد أجريت تجارب صفية، أي في غرفة الصف، حول جدوى. تأخير المران الشفوي، أي جدوى فترة الصمت المتعلقة باللغة ٢، وحول جدوى الاستجابة بالحركات أو باستخدام ل$_{١}$ أثناء تعلم ل$_{٢}$، فدلت معظم تلك التجارب على جدوى هذين الأسلوبين مقارنة بالإصرار على استخدام ل$_{٢}$ في الكلام منذ البداية.

٣- الاتصال الكامل باتجاهين: وهو أن يستخدم المتعلم ل₂ في إرسال اللغة واستقبالها منذ بداية برنامج تعلم ل₂. وقد تبين أن هذا ليس هو أفضل الأساليب مقارنة بالاتصال باتجاه واحد والاتصال المحدود باتجاهين.

المحسوسات:

عندما يتعلم الطفل لغته الأولى (ل₁)، لا يتعلمها في بيئة مجردة خيالية، بل إن كل كلمة أو جملة تقال له ترتبط بشيء محسوس أو موقف فعلي. فهناك أجزاء جسمه، والطعام الذي يأكله، والشراب الذي يشربه، وملابسه وأثاث الغرفة من حوله. وهناك حالاته النفسية والجسمية من جوع وعطش وبكاء وفرح. ولو دققنا لوجدنا أن اللغة التي تدور مع الطفل تتمركز حول المحسوسات من حوله. فالجمل كلها حقيقية في محتواها، واقعية في دلالتها، تشير إلى المكان الملاصق، وتتعلق بالزمان الملاصق. إنها اللغة المرتبطة بمبدأ هنا والآن . here – and- now principle

عندما ننتقل من موقف تعلم ل₁ إلى موقف تعلم ل₂، فإنه سيكون مناسباً جداً أن نستفيد من مبدأ هنا والآن، وخاصة في المرحلة الأولى من تعلم ل₂ سواء أكان المتعلمون صغاراً أم كباراً. سنكون بحاجة إلى لغة تدور حول المحسوسات، وهذا يعني ما يلي:

١- استخدام أسماء الطلاب الحقيقية في غرفة الصف.
٢- استخدام التمثيل والألعاب اللغوية.
٣- استخدام الوسائل المعينة السمعية والبصرية.
٤- استخدام جمل حقيقية بدلاً من جمل وهمية.
٥- مطابقة المحتوى اللغوي للواقع البيئي.
٦- استخدام المحسوسات في غرفة الصف كمحور للاتصال.

هذا النهج المحسوس في تعليم ل₂ في مرحلتها الأولى يفيد في جعل ل₂ واقعية، شبه طبيعية. كما يفيد في التشويق وتوضيح المعاني والسياقات اللغوية. كما يفيد في خلق جو اجتماعي تفاعلي. وهو أيضاً نهج يجعل تعلم ل₂ شبيهاً إلى حد ما بتعلم ل₁.

النماذج اللغوية:

في جميع الحالات يعتمد تعلم اللغة على نماذج يسمعها المتعلم ويقلدها. ويصدق

هذا القول على تعلم ل١ أو ل٢. وفي الواقع إن مصادر النماذج اللغوية قد تكون الأقران أو الآباء أو المعلمين أو وسائل الإعلام. ولقد دلت التجارب (٤: ٢٩- ٣٢) على مجموعة من الحقائق نلخصها فيما يلي:

١- يفضل الأطفال تقليد أقرانهم على تقليد معلميهم أثناء تعلم ل٢. إذا اختلفت لهجة المعلم عن لهجة المعلم عن لهجة الأقران، فتجد الطفل يفضل تقليد أقرانه على تقليد معلمه. ويبدو أن هذا الاختيار مرتبط بأسباب نفسية واجتماعية، فالطفل يريد الإحساس بالانتماء والاقتراب من مجموعة أقرانه. ولهذا فمن حيث المردود الاجتماعي يصبح تقليده لأقرانه أكثر فائدة له من تقليده لمعلمه.

٢- يفضل الطفل محاكاة أقرانه في طريقة تكلمهم للغة ٢ على محاكاة والديه. ولقد تبين هذا من اكتساب بعض الأطفال عادات لهجية من أقرانهم تخالف العادات اللهجية لدى والديهم. وقد يعزى هذا إلى الأسباب النفسية والاجتماعية التي تجعل الأطفال يفضلون محاكاة أقرانهم على محاكاة معلميهم. فهم مطمئنون إلى انتمائهم إلى والديهم وضامنون لمحبتهم حتى لو اختلفت لهجتهم عنهم. ولكنهم بحاجة إلى تدعيم الانتماء إلى مجموعة الأقران عن طريق التماثل اللغوي معهم لضمان مجموعات اللعب وتكوين الأصدقاء ورضا الجماعة وتكوين حياة اجتماعية مستقرة خارج المنزل.

٣- يفضل الطفل محاكاة أقران من قومه على محاكاة أقران من خارج قومه. وهذا أيضاً يعزى لأسباب نفسية اجتماعية تتلخص في تدعيم الانتماء إلى جماعة معينة.

شدة المؤثر:

إن الكلمات تتفاوت فيما بينها من حيث البروز اللغوي أثناء الكلام المتصل. فهناك الفرق في الكمية الصوتية، أي طول الكلمة. وهناك الفرق في النبر، أي قوة الصوت. وهناك الفرق في الموقع في أول الجملة أو وسطها أو آخرها.

ولقد دلت الدراسات (٤: ٣٣) أن الكلمة المنبورة تتعلم على نحو أفضل من الكلمة

غير المنبورة، وهذا يعني أن الأسماء والأفعال تتفوق على الحروف لأن الأخيرة غير منبورة عادة. كما أن المورفيمات المنبورة تتفوق على تلك غير المنبورة، وهذا يعني أن الجذور في العادة تتفوق على الزوائد، التي تشمل السوابق واللواحق والدواخل. كما أن الكلمات التي تأتي في آخر الجملة تتفوق على الكلمات في سواها من المواقع، لأنها آخر ما يبقى في الذاكرة.

التغذية الراجعة:

يقصد بالتغذية الراجعة feedback التعزيز الذي يتلقاه المتعلم بع أن يعطي الاستجابة response. وفي حالة تعلم اللغة، تأتي التغذية الراجعة بعد أن يتكلم المتعلم أو يكتب شيئاً باستخدام ل٢.

وقد تكون هذه التغذية فورية immediate أو تكون مؤجلة delayed. ويقصد بالتغذية الفورية أن التعزيز يأتي بعد صدور الاستجابة فوراً. أما التغذية المؤجلة فهي أن يأتي التعزيز بعد مرور وقت يتراوح بين ساعة وبضعة أسابيع. ومن أمثلة التغذية الفورية تصحيح المعلم لأخطاء الطالب أثناء تكلمه ل٢ فور وقوع الخطأ. ومن أمثلة التغذية المؤجلة تصحيح المعلم لموضوع إنشاء كتبه الطالب بحيث يتم التصحيح بعد أسبوع من الكتابة.

والتغذية الراجعة، أي التعزيز reinforcement, قد تكون إيجابية أو سلبية. فالتغذية الإيجابية تعني إشعار المستجيب أن إجابته صحيحة بأية طريقة من الطرق المعروفة:

كلمة صواب، إشارة الصواب (ـــ)، ابتسامة المعلم، هزة الرأس بالموافقة، ثناء، مكافأة، تصفيق. كل هذه الطرق معناها ضمناً أو صراحة أن الاستجابة كانت صحيحة.

وأما التعزيز السلبي فهو إشعار المستجيب أن كلامه أو كتابته تحتوي على خطأ ما. ويكون هذا الإشعار بعدة طرق منها: كلمة خطأ، إشارة خطأ في حالة تصحيح الكتابة، تقطيبة الوجه، هزة الرأس بعدم الموافقة من قبل المعلم، انفعالات الوجه التي تحمل معي الدهشة أو الغضب أو عدم الرضا أو الاستغراب، إعطاء الكلمة الصحيحة.

ولقد دلت بعض التجارب على أن تصحيح الأخطاء الكلامية أو الكتابية لدى متعلمي ل٢ لا يفيد في تجنب هذه الأخطاء أو في تحسين المهارة الأدائية (٤: ٣٥- ٣٦).

ولكن بعض هذه التجارب يمكن أن تعاب من حيث قصر مدة التجربة، فستة أسابيع قد لا تكون كافية للجزم بأن تصحيح الأخطاء غير ذي جدوى.

وفي الواقع إن تصليح الأخطاء الكتابية يمكن أن يتخذ أحد الأشكال الآتية:

١- **التصحيح الشامل:** أن يصحح المعلم جميع الأخطاء دون استثناء ويكتب بجوار كل خطأ تصحيحه. وعيب هذا الأسلوب الأثر النفسي السيء الذي قد يتركه في نفوس المتعلمين حينما يرون كتابتهم مزدحمة بالأخطاء التي لا تنتهي ولا تقل ولا تتحسن مع مرور الوقت. كما أن هناك شكاً في أن المتعلمين ينظرون إلى أخطائهم أو يحاولون التعلم منها ومن التصويبات المحاذية لها.

٢- **التصحيح الانتقائي:** أن يختار المعلم بعض الأخطاء في كتابة الطالب ويصححها. وهذا الأسلوب قد يكون أكثر فائدة من الأسلوب الأول من حيث اقتصاد وقت المعلم ومن حيث مقبوليته لدى المتعلم وإمكانية الانتفاع بالتصويبات وخاصة عندما يكون عدد الأخطاء مقبولاً ومحدوداً.

٣- **التصحيح المرمز:** أن يضع المعلم خطاً تحت الخطأ ورمزاً يبين نوعه دون أن يكتب تصويبه. وهذا الأسلوب يمتاز عن الأسلوبين السابقين في أنه يجعل مهمة التصويب تقع على عاتق الطالب. وقد يكون هذا أكثر فعالية وأجدى في تحقيق مزيد من التعلم.

٤- **تصحيح المحتوى:** أن يقتصر تصحيح المعلم على أخطاء المحتوى، دون أخطاء اللغة. والمغزى من هذا الأسلوب جعل اللغة في خدمة المحتوى وليس العكس، على أمل أن المتعلم ستتحسن لغته تلقائياً كلما تعامل معها أكثر بشرط أن يتمركز اهتمامه حول الرسالة اللغوية بدرجة رئيسية.

٥- **متابعة التصحيح:** أن يناقش المعلم مع الصف الأخطاء الشائعة التي وردت في كتابتهم بشكل جماعي.

وفي حالة تصحيح الكلام، من الممكن أن يتخذ التصحيح الأنماط الآتية أيضاً:

١- التصحيح الشامل: كلما أخطأ الطالب، جرى تصحيحه من قبل المعلم. وهذا

أسلوب مربك تماماً للمتكلم يؤدي إلى زيادة معدل أخطائه، بل ويجعله يخشى عملية الكلام ذاتها فيحجم عنها مؤثراً السكوت ليتجنب الإحراج.

٢- **التصحيح الانتقائي:** أن يصحح المعلم بعض أخطاء الطالب أثناء تكلمه ل٢. وهذا قد يكون أقل خطراً وأجدى أثراً من الأسلوب الأول.

٣- **التصحيح التنبيهي:** أن ينبه المعلم الطالب إلى أن خطأ قد وقع، وعلى الطالب أن يحاول أن يصحح نفسه بنفسه. وهو يشبه التصحيح المرمز في الكتابة.

٤- **تصحيح المحتوى:** هنا لا يتدخل المعلم لتصحيح الأخطاء اللغوية، بل يتدخل فقط لتصحيح أخطاء المحتوى. ولقد دلت بعض التجارب أن تصحيح المحتوى أجدى من تصحيح اللغة وأن تصحيح لغة المتكلم لا يؤدي إلى تحسن وأن مهارة الكلام ستتقدم سواء أكان هناك تصحيح لغوي أم لم يكن ما دام استمر التعرض للغة ٢.

وهناك نوع آخر من التغذية الراجعة، وهو التصحيح الخفي hidden correctionb. وهو تصحيح غير مباشر لا يشعر معه المتكلم أنه أخطأ أو أن ما يحدث هو تصحيح لخطأ ارتكبه. وبهذا الأسلوب يتم تعديل استجابات المتعلم بطريقة غير مباشرة. وقد دلت التجارب على نتائج متباينة بشأن جدوى هذا الأسلوب مقارناً مع ما سواه من الأساليب.

وعلى كل حال، ورغم أن الكثير من الغموض ما زال يحيط بدقائق التغذية الراجعة وتأثيرها في تعلم ل٢، فإنه يمكن الأخذ بما يلي:

١- التعزيز الإيجابي أجدى من التعزيز السلبي. وينطبق هذا على التعلم عموماً وعلى تعلم ل٢ بطبيعة الحال. وهذا يعني أن تشجيع الإجابات الصحيحة أجدى من معاقبة الإجابات الخاطئة.
٢- التعزيز الفوري أجدى من التعزيز المؤجل.
٣- التصحيح الانتقائي أجدى من التصحيح الشامل.
٤- التصحيح الذاتي أجدى من التصحيح غير الذاتي: إذا أمكن تنبيه المتعلم إلى وجود الخطأ وقام هو بتصحيحه فقد يكون هذا أجدى من تصحيح يأتيه من مصدر خارجي دون أن يعرف سبب التصحيح. وقد يكون التصحيح الذاتي غير ممكن في بعض الحالات، مثل أخطاء النطق، في هذه الحالة لابد من التصحيح الخارجي.

التكرار:

كلما زاد تكرار سماع المتعلم لكلمة ما أو تركيب ما أو جملة ما، زاد احتمال التعلم مع ضبط المتغيرات الأخرى، أي إذا تساوى تركيبان في العوامل الأخرى المؤثرة من مثل النبر والدافعية. وبالطبع هذه مقولة معقولة تتفق مع أحد المبادئ الرئيسية للنظرية السلوكية behaviorist theory.

ويمكن أن يشتق من مبدأ التكرار مبدأ متشابه له ألا وهو مبدأ كمية التعرض اللغوي. وهو تكرار من نوع آخر؛ إنه تكرار يتعلق باللغة الثانية عموماً. ويقصد بكمية التعرض اللغوي linguistic exposure عدد الكلمات والجمل التي يسمعها المتعلم في ل٢ يومياً أو عدد الساعات التي يسمع فيها ل٢. وبعبارة أخرى، يمكن أن تقاس كمية التعرض بعدد الساعات أو بعدد الكلمات المسموعة يومياً. ومن المعقول الاستنتاج بأنه كلما زادت كمية التعرف للغة ٢، زادت سرعة تعلمها. فطفل يسمع ل٢ ثلاث ساعات يومياً يتعلم ل٢ أسرع من طفل آخر يسمعها ساعة واحدة يومياً، إذا تساوت العوامل الأخرى. وهذا يعني أن مدة البرنامج المخصصة لتعليم ل٢ عامل مهم في سرعة اكتساب ل٢.

الاستعداد:

إن التكرار وشدة المؤثر وسواهما من العوامل قد لا تكون ذا فائدة إذا جاءت قبل الأوان. فكما أن تدريب الطفل على المشي قبل سن معينة لا يجعله يمشي، وتدريبه على الحساب قبل سن معينة لا يجعله بحسب، فكذلك تعريضه لتراكيب لغوية معينة معقدة قبل أن يكون مستعداً لها لا يفيد في إكسابه هذه التراكيب. فهناك تراكيب لغوية تعتمد على المقارنة أو المفاضلة أو الشرط أو الاستثناء أو الاستنتاج. هذه التراكيب قد لا يكون الطفل مستعداً لتعلمها لا في ل١ إلا إذا بلغ سناً معيناً يكون معه ناضجاً بدرجة تسمح له بقبول واستيعاب هذه التراكيب وهذه المعاني.

الدافعية:

إن الدافعية هي مدى إحساس المتعلم بالحاجة إلى تعلم شيء ما، وهو في هذه الحالة ل٢. وتدل التجارب والعقل السليم على أن الدافع ضروري للتعلم أو للإسراع في التعلم. فبدون دافع تكون عملية التعلم بطيئة للغاية ويكون التعرض للغة مجرد ضجيج لا معنى له.

وكلما قوى الدافع ودام، قوي الانتباه ودام، وزاد التعلم وأسرع.

ويمكن تقسيم الدافعية إلى ثلاثة أنواع:

١- **الدافعية النفعية:** مثال ذلك شخص يريد أن يتعلم ل٢ للحصول على وظيفة أو للبقاء في وظيفة أو للنجاح في امتحان أو للحصول على قبول في جامعة أو للنجاح في مقرر دراسي. وهذا يعني أن رغبة هذا الشخص في تعلم ل٢ منبثقة من هدف أنب نفعي، وليست رغبة ثابتة متصلة باللغة ذاتها. فهو يريد ل٢ من أجل الوصول إلى هدف خاص مؤقت.

٢- **الدافعية التكاملية:** مثال ذلك شخص يريد أن يتعلم ل٢ من أجل الاشتراك الفعال في حياة المجتمع الذي يتكلم ل٢.

٣- **الدافعية الانتمائية:** مثال ذلك شخص يريد أن يتعلم ل٢ من أجل الإحساس بالانتماء إلى المجتمع الذي يتكلم ل٢. إنه يريد الاندماج الكامل في هذا المجتمع وبالطبع إن الدافعية الانتمائية تشمل الدافعية التكاملية، لأن الذي يريد أن ينتمي يجب أن يشترك في حياة المجتمع. ولكن الدافعية التكاملية لا تعني الدافعية الانتمائية، إذ هناك من يريد الاشتراك في حياة مجتمع ما دون رغبة في الانتماء إليه، أي مع الاحتفاظ بالانتماء إلى مجتمع آخر.

ولقد دلت البحوث على نتائج متباينة من حيث قوة الدافعية وتأثيرها على سرعة اكتساب ل٢. فبعض البحوث دلت على أن الدافعية التكاملية أقوى من الدافعية النفعية وبعضها دل على العكس في حالات أخرى. وبعض البحوث دل على تفوق الدافعية الانتمائية على الدافعية التكاملية.

وفي الواقع إن اختلاف نتائج البحوث في هذه الحالات له ما يبرره. فمسألة الدوافع مسألة ذاتية يصعب قياسها من حيث النوع والكم ويصعب التحكم فيها ويصعب إجراء المقارنات بشأنها بين الجماعات. كما أن الدافع عامل متغير قابل للزيادة أو النقصان حسب الحالة النفسية لصاحبه. إضافة إلى هذا، هناك الجوانب المتعددة في اللغة: فقد تسجل الدافعية تقدماً في مهارة لغوية معينة دون التقدم في مهارات أخرى.

ولكن، وبالرغم من تباين نتائج البحوث، فإنه من الممكن قبول ما يلي:

١- كلما قوي الدافع إلى تعلم ل٢، زادت سرعة اكتساب ل٢ ما دام الدافع محتفظاً بقوته.

٢- طبيعة مردود الدافع تتوقف على طبيعة الدافع ذاته. فالدافع إلى التكامل يسرع في اكتساب تلك الأجزاء من اللغة التي التكامل. والدافع إلى الانتماء يسرع في اكتساب تلك الأجزاء التي تخدم الانتماء. والدافع إلى نفع معين يسرع في اكتساب تلك الأجزاء التي تسهل الوصول إلى ذلك النفع.

٣- الدافع الدائم أكثر تأثيراً من الدافع المؤقت، إذ يؤدي إلى تأثير أدوم واكتساب أسرع للغة ٢.

٤- الدافع الداخلي internal motive أكثر تأثيراً وأجدى في تعلم ل٢ من الدافع الخارجي external motive, لأن الأول بالضرورة أقوى وأدوم من الثاني. ونقصد بالدافع الداخلي الدافع النابع من رغبة داخلية أكيدة، في حين أن الدافع الخارجي مرتبط بمكافأة خارجية من مثل الطمع في جائزة أو الخوف من عقاب.

والدافع ليس شرطاً لتعلم ل٢ فقط، بل هو كذلك بالنسبة لأي تعلمن لأن التعلم سلوك، والسلوك يحتاج إلى دافع يغذيه بالحركة والاستمرار. والدافع هو الحاجة أو الإحساس بالحاجة على نحو أدق. وينطبق وجود الدافع أو الحاجة على التعلم وعلى سواه من أنواع السلوك. فالإحساس بالجوع أو العطش يدفع الفرد إلى البحث عن الطعام أو الشراب دفعاً. وفي المقابل، إن عدم الإحساس بالجوع يؤدي إلى توقف البحث عن الطعام. ولو أحضرنا أشهى أنواع الطعام لشخص لا يحس بالجوع، فإن الطعام الشهي الذي أمامه لا يعني عنده شيئاً. وقد قيل، في أحد الأمثال، يمكنك أن تأخذ الحصان إلى النهر ولكن لا تستطيع أن تجبره على الشرب. والتعلم شيء مماثل تماماً: يمكنك أن تأخذ المتعلم إلى المدرسة ولكنك لا تستطيع أن تجبره على التعلم إذا كان هو لا يريد أن يتعلم أو إذا كان هو لا يحس بالحاجة إلى تعلم شيء ما مثل ل٢.

وهناك حالات سجل فيها المتعلم تقدماً في تعلم ل٢ في المراحل الأولى، ولكنه توقف عن التقدم بعد وصوله إلى مستوى معين. ويرجح أن تفسير ذلك يعود في بعض الحالات إلى اختفاء الدافع. فالدافع، كما ذكرنا، إحساس قد يطرأ عليه تغير. فوجود الدافع أدى

إلى بلوغ مستوى مهاري معين في ل₂. ولما وصل المتعلم إلى ذلك المستوى وجد أنه هو شخصياً لا يحتاج إلى مستوى أرفع لأغراضه الخاصة في ل₂، ولهذا تضاءل الدافع لديه، مما أدى إلى توقف التقدم.

الاسترخاء:

إن حالة الاسترخاء الذهني تؤدي إلى تعلم أسرع للغة ٢. وقد جرب لوزانوف luzanov في بلغاريا هذا الأسلوب الاسترخائي في تعليم ل٢ عن طريق إدخال موسيقى هادئة مع الإجلاس على مقاعد مريحة مع التحكم في صوت المعلم. وكأن الدرس اللوزانوفي هذا يتكون من قراءة الحوار تمثيلياً، ثم استماع إلى موسيقى هادئة، ثم قراءة ثانية، ثم تمرينات بدنية استرخائية، ثم قراءة ثالثة. ولقد كان مردود هذا الأسلوب ٢٠٠٠ – ٣٠٠٠ كلمة جديدة مع استعمالها في قواعد سليمة (٤: ٥٢). وبالرغم من أن هذا الأسلوب جديد والتجريب فيه محدود، إلا أنه تجربة جديرة بالتأمل.

القلق:

تشير البحوث في هذا الصدد إلى وجود ارتباط سالب negative correlation بين تحصيل ل٢ والقلق. كلما زاد القلق، قل التحصيل؛ وكلما قل القلق، زاد التحصيل. وهذا يتماشى مع الاسترخاء الذي يرتبط ارتباطاً موجباً مع التحصيل.

غير أن بعض البحوث أشارت إلى تأثير إيجابي لدرجة طفيفة من القلق. ولكن ما زال الأمر في حاجة إلى المزيد من البحث لتحديد تلك الدرجة ذات الأثر الإيجابي وتلك الدرجة ذات الأثر السلبي. كما أن القلق الطفيف قد يكون مفيداً في التعلم غير الشعوري وقلقاً أعلى قد يكون مفيداً في التعلم الشعوري للغة ٢. ولكن بوجه عام، إن قلق الشخصية ضار بتعلم ل₂، لأنه يعيق النشاط العقلي ويشتت الانتباه ويتصاحب عادة مع التردد والخجل والخوف من تجريب ل₂ في المحادثة خوفاً من الإحراج والخطأ.

الثقة بالنفس:

إن الثقة بالنفس كأحد عناصر الشخصية عامل هام في اكتساب ل₂. فالفرد الواثق بنفسه تكون شخصيته أكثر استقراراً، ويكون ميالاً إلى الانطلاق باللغة ٢ وتجريبها وعدم الخوف من الخطأ أثناء تكلمها. كما أنه يكون أجرأ في استخدام ل₂ وأقل شعوراً بالحرج

من تعثر الحالات التعبير بها. ولقد دلت البحوث على أن الثقة بالنفس تؤدي إلى تعلم أسرع للغة ٢.

التعاطف:

إن الفرد المتعاطف مع الآخرين يكون في العادة أسرع في اكتساب لـ٢ من الفرد المنطوي على نفسه، إذا تساوت العوامل الأخرى. ولقد دلت بعض التجارب على صحة هذا القول، أي على وجود ارتباط موجب بين التعاطف واكتساب لـ٢. وتفسير ذلك يكمن في أن الشخص المتعاطف مع الآخرين يكون مستعداً للاستماع بشكل أفضل ومستعداً للتقمص والمحاكاة بشكل أفضل، مما يجعله متعلماً أسرع للغة الثانية. وبالمقابل فإن المنطوي على نفسه أو ذا الشخصية التسلطية الاستعلائية يكون أقل استعداداً للاستماع والمحاكاة، وبالتالي أبطأ في تعلم لـ٢.

العقلية:

إن الفرد ذا العقلية التحليلية يتعلم لـ٢ تعلماً واعياً أسرع من الفرد ذي العقلية غير التحليلية. والفرد ذو العقلية غير التحليلية أسرع في اكتساب لـ٢ اكتساباً لا شعورياً من الفرد ذي العقلية التحليلية (٤: ٧٧). كما وجد أن ذا العقلية التحليلية يكون عادة ميالاً إلى الانطواء وعدم التعاطف ومحدودية الانفتاح في حين أن ذا العقلية غير التحليلية يكون عادة ميالاً إلى الانبساط والتعاطف والانفتاح والاختلاط الاجتماعي. وبالتالي إن الشخصية الانفتاحية تتوصل إلى تحصيل لغوي أسرع من الشخصية الانطوائية.

العمر:

لقد كانت مسألة العمر من المسائل الهامة والجدلية فيما يتعلق بتعلم لـ٢. وقد كان من الأقوال الشائعة في هذا المجال أن الطفل أقدر من البالغ على تعلم لـ٢ على أساس عدة افتراضيات:

١- عقل الطفل أكثر استعداداً من ناحية بيولوجية، فهو أطوع وأكثر مرونة.

٢- شخصية الطفل أميل إلى التقليد من شخصية البالغ بشكل عام.

٣- الطفل أجرأ من البالغ في تجريب لـ٢ وعدم الحرج من الأخطاء اللغوية.

٤- سن الطفل يساعد المعلم على استخدام أساليب تعليمية أكثر تنويعاً وتشويقاً

من الأساليب التي يمكن استخدامها في تعليم البالغ. كما أن سن الطفل تجعل استخدام الألعاب اللغوية والغناء أليق من استخدامها في تعليم البالغ.

ورغم أن معظم هذه الافتراضات صحيحة، إلا أن بعضها غير مقبول بصفة ثابتة. وبتحديد أدق، إنها جميعاً افتراضات صحيحة باستثناء الافتراض الأول الذي هو محل شك. وعلى كل حال، للبالغ مزايا تجعله في وضع أفضل من الطفل في تعلم ل₂:

١- لدى البالغ خبرة أطول وأوسع في الاستقراء والاستنتاج والتحليل، مما يجعله أسرع في اكتشاف نحو ل₂ وصرفها.

٢- لدى البالغ خبرة معرفية حياتية أوسع من الطفل، مما يجعله أقدر على الاستيعاب.

٣- لدى البالغ ذاكرة أقوى وأكثر تحملاً. ففي الوقت الذي لا تتحمل ذاكرة الطفل سوى بضع كلمات جديدة في الساعة الواحدة، تستطيع ذاكرة البالغ أن تتحمل عبئاً أكبر يصل إلى عشرين كلمة جديدة أو أكثر. وهكذا فالبالغ أقدر على تعلم كميات أكبر من كلمات اللغة الجديدة في الجلسة الواحدة.

وهكذا نرى أن الطفل يمتاز على البالغ في بعض الجوانب ويمتاز البالغ على الطفل في جوانب أخرى. وعلى كل حال، فإن البحوث دلت على أن الطفل يمتاز على البالغ في مدى اتقان نطق ل₂. فالطفل أقدر على نطق ل₂ نطقاً خالصاً من اللحن، أي خالصاً من تدخل ل₁. ولقد دلت البحوث على أن سن الحادية عشرة تقريباً (١١ - +) هو الحد الفاصل بين التعلم المبكر والتعلم المتأخر، وأن الأطفال الذين يتعلمون ل₂ وهم دون ١١-+ سنة لديهم احتمال عال في نطق ل₂ نطقاً خالصاً من تأثير ل₁، أي كأنهم ناطقون أصليون للغة الثانية. والذين يتعلمون ل₂ بعد سن ١٥ سنة غالباً لا يمكنهم اكتساب نطق خالص للغة ٢. أما الأطفال الذين يتعلمون ل₂ وهم بين سن ١١ وسن ١٥ فهؤلاء ٥٠% منهم يصلون إلى النطق الخالص للغة ٢ و ٥٠% لا يصلون.

وفي الحقيقة إن مسألة النطق الخالص، أي النطق غير المشوب بتأثير ل₁، مسألة ذات صلة بالشعور الذاتي. فكلما زاد الشعور الذاتي، قل استعداد الفرد للتقليد، وبالتالي قل اكتسابه للنطق الخالص. وهذه حال البالغ: فالبالغ عادة يكون قد وصـل إلى مرحلـة

متقدمة من الشعور بذاته، لذا فهو يرفض أن يكون نسخة لأحد آخر. وهو بالتالي يرفض أن يقلد رغم أنه يستطيع أن يقلد. إن الاعتزاز بالذات يتعارض مع الخضوع للتقليد. أما حال الطفل فمختلف: كلما قل عمره قل شعوره الذاتي وزاد استعداده للتقليد وزاد اكتسابه للنطق الخالص في ل₂.

ولقد أجري بحث طريف في هذا الشأن في أمريكا لكشف العلاقة بين الشعور الذاتي واكتساب ل₂. فجرت تجربة على مجموعتين: المجموعة التجريبية من الطلاب كأن يعطى كل منهم جرعة محدودة من المشروبات الكحولية قبل التوجه إلى قاعة الدرس لتعلم ل₂، والمجموعة الضابطة كانت لا تعطى شيئاً من هذه المشروبات قبل التوجه إلى درس ل₂. وكانت نتيجة هذه التجربة أن طلاب المجموعة التجريبية تفوقوا على طلاب المجموعة الضابطة من حيث اتقان النطق فقط وتساوت المجموعتان في سائر المهارات. ويقصد باتقان النطق هنا تحقيق أكبر قدر من التشابه مع نطق الناطقين الأصليين للغة الثانية.

وتدل هذه التجربة على أن تأثير المشروب الكحولي كأن خفض درجة الشعور الذاتي وأن هذا الخفض أدى إلى اكتساب النطق الخالص بشكل أسرع من حالة الطلاب الذين احتفظوا بشعورهم الذاتي في درجته العادية. وهكذا نرى أن النطق الخالص للغة ٢ لا يدل على اتقان عام لهذه اللغة، فقد يكون الناطق الخالص للغة ٢ ضعيفاً في المهارات الأخرى لهذه اللغة. وبالطبع نحن كمسلمين لسنا بصدد قبول هذه التجربة أو تجريبها أو تطبيقها، ولكن نذكرها فقط لطرافتها والاستفادة من مدلولها.

وفيما يتعلق باكتساب نحو ل₂، فإن البالغين قد يكونون أسرع بوجه عام من الأطفال، لما لديهم من قدرة أكبر على التحليل والتجريد والاستنتاج والاستقراء. ولكنهم يتساوون مع الأطفال في المقدرة فيما بعد.

وهناك عدة نظريات حاولت تفسير سبب تفوق الأطفال على البالغين بوجه عام في تعلم ل₂ (٤: ٨٧- ٩٥):

١- العوامل الأحيائية (أي البيولوجية): لقد افترض لينبيرغ lenneberg أن جانبية الدماغ

تبدأ في الطفولة وتنتهي عند البلوغ. والجانبية هنا تعني تخصص الجانب الأيسر من الدماغ في الوظيفة اللغوية. وهذا يعني أنه عند سن البلوغ يفقد الدماغ مرونته plasticity ويصبح أقل استعداداً لتقبل ل٢ بعد أن كانت ل١ قد شغلت الجانب الأيسر من الدماغ. ويرى لينبيرغ أن التعلم المبكر للغة الثانية يتم في وقت يستطيع الجزء الأيمن من الدماغ الاشتراك في تعلم ل٢ وتخزينها، في حين أن التعليم المتأخر للغة ٢ يتم في وقت يكون اشتراك هذا الجزء من الدماغ غير ممكن بعد أن اتخذت جانبية الدماغ brain lateralization صورتها النهائية.

ويستدل لينبيرغ على نظريته بما يلي:

أ- إصابات النصف الأيمن من الدماغ تسبب اضطرابات كلامية أحياناً للأطفال ونادراً للكبار. هذا يدل على أن النصف الأيمن له دور لغوي لدى الأطفال ولكن ليس له دور مماثل لدى الكبار.

ب- إزالة النصف الأيسر من الدماغ يسبب فقدان اللغة تماماً لدى الكبار، ولكن لا يسبب فقداناً تاماً لدى الأطفال.

جـ- يشفى الأطفال من فقدان اللغة الناجم عن إصابة أحد نصفي الدماغ بسرعة أكبر ودرجة احتمال أعلى من الكبار، مما يدل على قدرة كلا نصفي الدماغ على القيام بالوظيفة اللغوية في حالة الطفل واقتصار هذه القدرة على النصف الأيسر في حالة الكبير، أي البالغ.

٢- **العوامل المعرفية:** من المعروف أن البالغ أقدر على التفكير والتحليل والتجريد والاستقراء والمقارنة من الطفل نظراً لخبرته الأطول في هذه العمليات الفكرية ونظراً لنضوجه العقلي والمعرفي. ويبدو لأول وهلة أن هذه العوامل التي يمتاز بها البالغ ستجعله أفضل من الطفل في اكتساب ل٢. ولكن في الحقيقة إن هذه العوامل تساعد البالغ فقط حين يحتاج تعلم ل٢ لهذه العمليات العقلية، وعلى سبيل المثال عملية التوصل إلى القوانين النحوية للغة ٢. أما في غير ذلك فتبدو هذه العمليات والمزايا غير ذات فائدة، بل قد تكون عقبة أمام تعلم ل٢، إذ ينشغل البالغ في تحليل ل٢ بدلاً في انشغاله في تعلمها. وعلى العموم، إن العوامل المعرفية التي يمتاز بها البالغ على الطفل قد تنفعه في التعلم الشعوري للغة ٢،

ولكنها لا تبدو عديمة الجدوى في حالات الاكتساب اللاشعوري لها، كما أنها لا تفسر سبب تفوق الطفل على البالغ في اكتساب ل₂ بوجه عام.

٣-   **العوامل الانفعالية:** البالغ أكثر شعوراً ذاتياً من الطفل وأقل استعداداً للمحاكاة والتقمص وأكثر رفضاً لما يستقبل من العالم الخارجي. وبالمقابل فالطفل لم يكون بعد شعوراً ذاتياً قوياً وهو مستعد للمحاكاة ويستقبل ما يأتيه من العالم الخارجي بشغف وحب استطلاع. ولهذا فالطفل أفضل كتعلم للغة ٢ من البالغ. وهو أيضاً أجرأ في تجريبها وأقل خوفاً من الحرج.

٤-   **العوامل التعليمية:** عند تعليم الأطفال ل₂ جرت العادة أن تقدم لهم ل₂ في جو مرح مع الكثير من التشويق والوسائل المعينة والألعاب والموسيقى والغناء. بل إن ل₂ حين تقدم للأطفال تقدم لهم مبسطة واقعية مرتبطة بالمحسوس وحسب مبدأ هنا والآن، مع الإكثار من الحوار والتمثيل. كما أن المعلمين اعتادوا أن يتساهلوا مع الأطفال أكثر وأن يتوقعوا منهم أقل مما هو الحال مع البالغين. وبعبارة أخرى، إننا نتحيز للأطفال حين نعلمهم ل₂ ولا نقدم التسهيلات ذاتها حين نعلم البالغين. إننا نتشدد مع البالغين ولا نقدم لهم ل₂ في البيئة اللغوية الجذابة، الأمر الذي يجعلنا نعتقد أن الأطفال أمهر في تعلم ل₂ من البالغين.

تأثير اللغة الأولى:

عند تعلم ل₂، يأتي المتعلم ومعه ل₁ ومعه عادات لغوية معينة في الجوانب الصوتية والصرفية والمفرداتية والنحوية والدلالية والثقافية، فتؤثر ل₁ في تعلم ل₂ تأثيراً يختلف من حالة إلى أخرى. فحيثما تتشابه ل₁ و ل₂ يكون الانتقال إيجابياً positive transfer, وفي هذه الحالة يسهل تعلم ل₁ تعلم ل₂، والنتيجة تسهيل وأداء صحيح. وحيثما تختلف ل₁ و ل₂ يكون الانتقال سلبياً negative transfer, وتكون النتيجة أن ل₁ هنا أعاقت تعلم ل₂، أي تكون النتيجة إعاقة inhibition وخطأ في الأداء من نوع ما. وكلما زاد التشابه بين ل₁ ول₂، زاد الانتقال الإيجابي وقل الانتقال السلبي، أي زادت الأداءات المصيبة وقلت الأداءات الخاطئة وأسرع اكتساب ل₂. وإذا زاد الاختلاف بين ل₁ و ل₂ (حسب نظرية التحليل التقابلي contrastive analysis) زاد الانتقال السلبي وقل الانتقـــال الإيجابي

وزادت إعاقة تعلم ل٢، وزادت الأخطاء وطال أمد اكتساب ل٢.

وهناك دراسات دلت على أن اتقان الفرد للغته الأولى يسهل عليه تعلم ل٢، لأن يكتسب خبرة في تعلم اللغة بشكل عام. ولقد تبين أن الأطفال الذين يتعلمون ل٢ قبل اتقان ل١ يعانون مع ل١ و ل٢ على السواء ويضعفون في اللغتين معاً. ولهذا فإن تعليم ل٢ بعد اتقان ل١ قرار في صالح اللغتين في آن واحد.

المواقف:

إن موقف متعلم ل٢ من ل٢ وأهلها يؤثر في سرعة اكتسابه لهذه اللغة إلى درجة كبيرة. فإذا كان المتعلم للغة ٢ يكره ل٢ أو أهلها فإن هذا يعيق سرعة تعلمه لهذه اللغة. وقد تنشأ هذه المواقف على النحو الآتي:

١- كراهية تاريخية بين أهل ل١ وأهل ل٢، بسبب حروب سابقة أو حكم استعماري سابق أو معاناة حالية ناجمة عن تصرفات استعمارية سابقة، مثل معاناة شعب فلسطين بسبب موقف بريطانيا من بلادهم وقضيتهم ووعد بلفور المشهور المشؤوم.

٢- كراهية المتعلم للغة ٢ لأسباب شخصية، مثل الفشل في الاختبارات أو التسبب في إحراجه اجتماعياً أو كرهه لمعلم ل٢.

٣- ازدراء أهل ل٢ للمتعلم أو لقومه لأسباب دينية أو عرقية أو تاريخية. في هذه الحالة ينشأ لدى المتعلم شعور مماثل مضاد.

٤- اعتبار ل٢ تهديداً لهوية المتعلم وتهديداً للغته الأولى.

٥- اعتبار ل٢ تهديداً لثقافة المتعلم الأولى وللقيم الراسخة التي شب عليها.

إن كره المتعلم أهل ل٢ أو لغتهم أو ثقافتهم أو طريقة حياتهم، فإن هذا يعيق تعلمه لهذه اللغة. ولكن هذه الإعاقة لا تعني أنه لا يستطيع أن يتعلم ل٢، حيث إن الأمر يتوقف على عوامل أخرى مثل قوة الدوافع. هذه الإعاقة تعني أنه بالمقارنة مع حالة أخرى معاكسة يكون التعلم أبطأ في حالة المواقف المعادية أو السلبية ويكون أسرع في حالة المواقف الإيجابية. فالمتعلم الذي يحب أهل ل٢ ويحب لغتهم وثقافتهم وطريقة حياتهم ولا يشعر أن ل٢ تهدد ل١ أو تهدد ثقافته أو قيمه، نجده في وضع أفضل من حيث تعلم

ل٢ بإقبال أكثر ودافعية أكبر وسرعة أعلى.

المعالجة الداخلية:

إن كيفية تعلم ل٢، بل إن كيفية التعلم عامة، أمر بالغ التعقيد. كيف يقوم الدماغ بعملية التعلم والفهم والتذكر والتخزين؟ ماذا يحدث بالضبط داخل الدماغ؟ هذه أسئلة لم يهتد الإنسان بعد إلى أجوبة قاطعة بشأنها. كل ما توصل إليه حتى الآن هو عبارة عن نظريات أو افتراضات أو فرضيات. ومن بين هذه النظريات نظرية ترى أن تعلم ل٢ يتم عبر عمليات ثلاث هي (٤: ٤٥- ٦٠):

١- **عملية الترشيح:** وهي عملية يختار المتعلم فيها من البيئة اللغوية التي يعيش وسطها ما يناسبه هو شخصياً وما يتلاءم مع حاجاته ودوافعه ومواقفه. إن المتعلم هنا لا يمرر إلى الدماغ كل ما يسمع، بل يمرر بعضاً ويطرد بعضاً. ويمكن أن ندعو هذه العملية عملية الانتقاء selection process أو عملية ترشيح filtering process. وتفترض النظرية وجود نظام عقلي يقوم بعملية الترشيح يدعى المرشح filter. ويختلف ما يقبله المرشح من البيئة اللغوية وما يرفضه من شخص إلى آخر حسب نوعية وقوة الدوافع والانفعالات والمواقف وشخصية المتعلم للغة ٢. فما يرفضه شخص ما قد يقبله شخص آخر وما يقبله شخص ما قد يرفضه آخر. وتتم عملية الترشيح بشكل لا شعوري.

٢- **عملية التنظيم:** بعد أن يمرر المرشح المدخل اللغوي linguistic input المنتقى، يقوم الدماغ بعملية تنظيم لهذا المدخل بحيث يتوصل بطريقة لاشعورية إلى نظام من الأحكام اللغوية تمكن المتعلم من إنتاج جمل جديدة لم يسمع بها من قبل. وبعبارة أخرى، تصبح لدى المتعلم قدرة لغوية توليدية generative competence. والنظام العقلي الذي يقوم بهذه العملية يدعى المنظم organizer. ويستخدم هذا المنظم المبادئ المعرفية العادية من مثل التحليل والاستقراء لبناء نظام الأحكام اللغوية المنشود.

وعملية التنظيم في الواقع تتكون من عدة عمليات صغرى يمكن أن ندعوها عمليات إعادة التنظيم re- organizing processes. وتظهر هذه العمليات في إعادة تعلم التراكيب الانتقالية. ويقصد بالتركيب الانتقالي transitional construction ذلك التركيب اللغوي الذي يقوله متعلم ل٢ خطأ في بداية الأمر، ثم يقوم بعملية أو عمليات تعديل ذاتية لـه

حتى يصبح التركيب مطابقاً للمألوف.

كما أن عمليات إعادة التنظيم يظهر أثرها عند تتبع أخطاء المتعلم في الكلام والكتابة. ويمكن تصنيف هذه الأخطاء على النحو الآتي: أخطاء الحذف (مثل ذهب الولد مدرسته)، أخطاء القياس (مثل جمع مدرسة على مدرسات)، أخطاء الترتيب (مثل لم يكتب الدرس الولد)، أخطاء الزيادة (مثل ذهبوا الأولاد)، أخطاء التبادل (مثل لو تدرس تنجح). إن تتبع الأخطاء اللغوية لدى متعلم ل٢ يبين نوعية عمليات إعادة التنظيم المستمرة لديه من أجل الوصول إلى أعلى درجة متاحة من الاتقان اللغوي.

٣- عملية المراقبة: بعد الترشيح والتنظيم، وهما عمليتان لا شعوريتان، تأتي عملية شعورية تدعى عملية المراقبة monitoring process. وهي عملية اكتساب القوانين اللغوية بطريقة مباشرة واعية أو عملية توظيفة هذه القوانين وتطبيقها أثناء الكلام أو الكتابة أو بعدهما. كما أن عملية المراقبة تتدخل عند الترجمة من ل$_{١}$ إلى ل$_{٢}$ أو من ل$_{٢}$ إلى ل$_{١}$ سواء في عملية ترجمة مقصودة لذاتها أو في عملية تعبير باستخدام ل$_{٢}$ عن طريق التعويض المفرداتي في ل$_{١}$ عند غياب تعابير جاهزة في ل$_{٢}$ كملجأ أخير يلجأ إليه الفرد عندما يعجز عن التعبير المباشر في ل$_{٢}$. والنظام العقلي الذي يسيطر على عملية المراقبة يسمى الرقيب . the monitor

وتتوقف درجة استخدام الرقيب أثناء التعبير باللغة ٢ على عدة عوامل منها عمر المتعلم. فكلما زاد العمر، زاد الميل إلى الاهتمام بالصحة اللغوية، وبالتالي زاد اللجوء إلى الرقيب. ومن هذه العوامل أيضاً كمية التعلم الرسمي الواعي للغة ٢. فكلما زاد هذا التعلم، زاد رصيد الرقيب من القوانين اللغوية وزاد دوره في عملية المراقبة. وهناك عامل يتعلق بطبيعة النشاط اللغوي المطلوب. فهناك نشاطات لغوية (مثل ملء الفراغ بالكلمة المناسبة) تستدعي بطبيعتها استخدام الرقيب للتحقق من صواب الجواب أو صواب الاختيار. وهناك عامل رابع هو شخصية المتعلم. فهناك نوع من الشخصيات يميل بطبيعته إلى الدقة والاتقان، ولذا يستخدم الرقيب في الأداء اللغوي أكثر من نوع آخر لا يهتم كثيراً بالدقة والاتقان. وهناك نوع من الشخصيات جسور مخاطر مغامر لا يهاب الخطأ ولا يعبأ بالإحراج الاجتماعي، فهو لهذا لا يعبأ باللجوء كثيراً إلى الرقيب

وبالمقابل، هناك نوع من الناس متردد خجول محافظ يحسب لرأي الناس ألف حساب، فهو لهذا يفضل اللجوء إلى الرقيب ليتأكد من الصحة اللغوية لما سيقوله أو يكتبه.

اكتساب ل$_{٢}$ واكتساب ل$_{١}$:

إذا تعلم الفرد ل$_{٢}$ مع ل$_{١}$ ضمن ما يعرف بالثنائية اللغوية المتزامنة، فيكون حكم ل$_{٢}$ في هذه الحالة مثل حكم ل$_{١}$. ويكون الطفل في هذه الحالة كمن يتعلم ٢ ل$_{١}$، أي لغتين أوليين في وقت واحد.

ولكن إذا تعلم الفرد ل$_{٢}$ بعد ل$_{١}$ ضمن ما يعرف بالثنائية اللغوية المتتابعة، تصبح ظروف تعلم ل$_{٢}$ مختلفة عن ظروف تعلم ل$_{١}$. وبيان وجوه الاختلاف بين ظروف تعلم ل$_{١}$ وظروف تعلم ل$_{٢}$ أمر في غاية الأهمية نظراً لما يبنى على التماثل بينهما من استنتاجات وأساليب وتطبيقات قد تكون مفيدة أحياناً ومربكة في بعض الأحايين. ومن الممكن عرض الفرق بين بيئة ل$_{١}$ وبيئة ل$_{٢}$ كما يلي:

١- **الدافع.** عند تعلم ل$_{١}$ يكون الطفل في أقصى حالات الدافعية، لأنه يريد ل١ كوسيلة وحيدة ممكنة للتفاهم مع من حوله وللتعبير عن حاجاته الجسمية الأساسية من طعام وشراب ونوم وإخراج وللتعبير عن حاجاته النفسية وانفعالاته. ولكن عند تعلم ل$_{٢}$، لا تكون هذه الدافعية في مثل هذه القوة، لأنه يملك وسيلة جاهزة للتعبير هي ل$_{١}$.

٢- **البيئة اللغوية.** في حالة ل$_{١}$ تكون البيئة اللغوية نموذجية، إذ هي طبيعية مباشرة تطبق مبدأ هنا والآن. وفي حالة ل$_{٢}$ قد تكون البيئة طبيعية إذا تعلم ل$_{٢}$ من الشارع والأقران أو اصطناعية إذا تعلم ل$_{٢}$ في غرفة الصف.

٣- **دور المتعلم.** في حالة ل$_{١}$ يتاح للطفل وقت كاف تماماً، قد يصل إلى سنة، للاستماع إلى ل$_{١}$ دون نطقها. ولا يتاح له شيء من هذا في حالة تعلم ل$_{٢}$ في المدرسة، ولكن قد يتاح له شيء من هذا الانتظار (فترة الصمت) إذا تعلم ل$_{٢}$ من الأقران.

٤- **المران.** في حالة ل$_{١}$ يتاح للطفل وقت كبير للمران والتكرار بمعدل بضع ساعات يومياً. ولا تتاح له فرصة مماثلة مع ل$_{٢}$ في غرفة الصف، إذ قد لا تتاح له شخصياً سوى بضع دقائق يومياً. وحتى في حالة تعلم ل$_{٢}$ من الأقران، قد لا تتاح لـه فرصـة معادلـة

لمران ل$_1$ من ناحية كمية.

٥- **المحسوسات.** في حالة ل$_1$ تتاح للطفل فرصة مثالية لربط اللغة بالمحسوسات وقلما تتوفر فرصة مماثلة في حالة تعلم ل$_2$ في الصف أو الشارع.

٦- **التعزيز.** في حالة ل١ يكون المعلم الرئيسي للطفل والده بشكل عام وأمه بشكل خاص، مما يتيح للطفل قدراً عالياً من التعزيز الفوري مدعوماً بعناية الوالدين الفائقة واهتمامهما بالنمو اللغوي لطفلهما. وهذه حالة لا يمكن أن تضاهيها حالة التعزيز في غرفة الصف أو الشارع مهما كان حرص المعلم والأقران على ذلك.

٧- **الاسترخاء.** في حالة ل$_1$ يهتم تعلم ل$_1$ والطفل محاط بدرجة عالية من الرعاية والمحبة والحنان والعطف، وهي عوامل مساعدة في التعلم عامة وتعلم اللغة خاصة. وفي حالة ل$_2$ لا يمكن أن يرقى جو الصف أو جو الأقران إلى مثل هذه الدرجة. بل من المعروف أن جو الصف قد يكون مشحوناً بانفعالات سلبية مصدرها المعلم أو الأقران ولأسباب مختلفة في كل حالة، مما يعيق تعلم ل$_2$.

٨- **العمر.** عند تعلم ل$_1$ يكون عمر الطفل بين سنة وثلاث سنوات. وهو عمر مواتٍ تماماً لاكتساب اللغة بسرعة. ولكن عند تعلم ل$_2$، قد يكون العمر أية نقطة بين ثلاث سنوات ومائة سنة. وهي أعمار تختلف في مدى ملاءمتها لتعلم اللغة.

٩- **التدخل.** عند تعلم ل$_1$ لا توجد لغة أخرى تتدخل معيقة اكتساب ل$_1$. ولكن عند تعلم ل$_2$، تكون هناك ل$_1$ التي قد تتدخل لتسهل تارة تعلم ل$_2$ ولتعيقه تارة أخرى.

١٠-**المواقف,** عند تعلم ل$_1$ يندر أن توجد مواقف تجعل الطفل ينفر من والدته ولغتها، بل بالعكس هناك كل المبررات التي تجعل الطفل يحب والدته ولغتها ويحب إرضاءها والتفاهم معها لمصلحته بالدرجة الأولى. ولكن عند تعلم ل$_2$، قد توجد مواقف سلبية يقفها الطفل نحو ل$_2$ وأهلها وثقافتهم، مما يجعله يتردد في تعلم ل$_2$.

وهكذا نرى أن ل$_1$ في وضع أفضل من ل$_2$ من عدة نواح. فالدوافع لتعلم ل$_1$ أقوى من الدوافع لتعلم ل$_2$، والبيئة اللغوية أكثر طبيعية، وفترة الصمت أطول، والمران أكثر،

والمحسوسات أوفر، والتعزيز أقوى وأدفأ وأشمل، والاسترخاء أضمن، والعمر أنسب، والتدخل أقل، والمواقف أكثر إيجابية.

ولهذا فإنه إذا أردنا أن نجعل لـ₂ في وضع تعلمي مشجع وخاصة عندما نعلمها في البيئة المدرسية، فإن الأمر يستدعي توفير أكبر قدر من شروط النجاح وشروط التماثل مع ظروف تعلم لـ₁. وهذا يعني النظر بجدية في إمكانية تقوية الدوافع لدى متعلم لـ₂، وجعل البيئة اللغوية أقرب ما تكون إلى الطبيعية، وتوفير فترة صمت كافية، وتدعيم المدخل اللغوي input كمياً ونوعياً، وضمان أكبر قدر من المران، والإكثار من المحسوسات، وتحسين توقيت التعزيز، وتوفير قدر كافٍ من الاستقرار الانفعالي أثناء تعلم لـ₂، واختيار السن الأمثل، والتأكد من وجود مواقف إيجابية نحو لـ₂.

الفصل الرابع

التدخل اللغوي

الفصل الرابع

التدخل اللغوي

عندما يتكلم الفرد ل₂، قد يرتكب أخطاء لا يرتكبها المتكلم الأصلي native speaker لهذه اللغة. ويرى البعض أن سبب بعض هذه الأخطاء يعود إلى تأثير ل₁. مثل هذه الظاهرة تدعى تدخلاً interference: أي أن ل₁ تدخلت في أداء ل₂ كلاماً أو كتابة.

التدخل والتداخل:

إن التدخل، كما تدل عليه الصيغة اللغوية، يسير في اتجاه واحد: أي أن اللغة ٢ تتدخل في اللغة ب إذا كان الفرد يعرف اللغتين أ و ب. ومن المعروف أن التدخل من لغة في أخرى لا يتم إلا في حالة وجود اللغتين في عقل واحد وأثناء إنتاج إحدى اللغتين في التعبير الكلامي أو التعبير الكتابي. إن وجود اللغتين خارج عقل الفرد لا يؤدي إلى التدخل. كما أن وجودهما في عقل الفرد دون استخدام أي منهما في الأداء اللغوي linguistic performance لا يؤدي إلى تدخل أيضاً. لابد من وجود اللغتين في عقل واحد ولابد من عملية الإنتاج اللغوي linguistic production كشرطين لوقوع التدخل. وبالطبع إن هذين الشرطين ضروريان لحدوث التدخل، ولكن لا يقع التدخل بمجرد توفر الشرطين. فالتدخل هو الاستثناء وليس القاعدة. فقد تتواجد اللغتان في العقل الواحد ويبدأ الإنتاج اللغوي ولا يقع التدخل. هناك عوامل أخرى سنذكرها فيما بعد تؤثر في احتمالات حدوث التدخل.

والتداخل شبيه بالتدخل، ولكنه ليس مطابقاً له. فكما تدل الصيغة اللغوية للكلمة، يدل مصطلح التداخل على تأثير متبادل بين لغتين. فالتدخل يدل، كما ذكرنا، على تدخل لغة ١ في لغة ٢ أو لغة ٢ في لغة ١. أما التداخل فيدل على تدخل اتجاهين: ل₁ تتدخل في ل₂ تتدخل في ل₁. ولذلك فإن التداخل هو تدخل متبادل mutual interference أو تدخل ثنائي المسار two- way interference .

اتجاه التدخل:

كيف يسير التدخل؟ هل تتدخل ل١ في ل٢ أم ل٢ في ل١؟ هل تتدخل اللغة الأقوى في اللغة الأضعف أم الأضعف في الأقوى لدى فرد ما؟ لقد دلت البحوث أن التدخل يسير عادة من اللغة الأقوى إلى اللغة الأضعف، أي من اللغة المهيمنة لدى الفرد dominant language إلى اللغة الأقل هيمنة.

ولا يعني هذا أن التدخل لا يسير من اللغة الأضعف باتجاه الأقوى. إنه يعني فقط أن التدخل من اللغة الأقوى في اللغة الأضعف أشيع من التدخل في الاتجاه المعاكس. فإذا كانت ل١ هي الأقوى لدى فرد ما، فأغلب حالات التدخل لديه تكون من ل١ في ل٢ وقليل من حالات التدخل لديه تكون من ل٢ في ل١.

ويمكن تشبيه عملية التدخل من حيث الاتجاه بحركة الرياح من المنطقة عالية الضغط إلى المنطقة منخفضة الضغط أو بحركة السوائل في الأواني المستطرقة من الأنبوب عالي الضغط إلى الأنبوب منخفض الضغط. وبالطبع تختلف الأسباب: ففي حالة حركة الرياح أو حركة السوائل تتم الحركة باتجاه مرسوم لتحقيق التوازن، أما في حالة حركة التدخل فتتم الحركة باتجاه مرسوم نظراً لوجود نظامين لغويين في عقل واحد ونظراً لتفوق أحد النظامين على الآخر من حيث قوة تواجده في العقل.

ولا يعني اتجاه التدخل من اللغة الأقوى إلى اللغة الأضعف أن ذلك مرادف لقولنا إن ل١ تتدخل في ل٢ دائماً. فالمسألة تتوقف على أية لغة هي المهيمنة. فإذا كانت ل١ هي الأقوى، تحرك التدخل من ل١ إلى ل٢. وإذا كانت ل٢ هي الأقوى، تحرك التدخل من ل٢ إلى ل١. فالمهاجر إلى بلد جديد لا يعرف لغة هذا البلد، تكون ل١ هي اللغة الوحيدة لديه. وهنا بالطبع لا يقع تدخل، لأنه لا توجد لغتان لديه. وعندما يبدأ في تعلم ل٢، تكون ل١ هي الأقوى، فتتدخل ل١ في ل٢. وبعد مرور عشرين سنة مثلاً، قد تصبح ل٢ هي الأقوى. هنا تتدخل ل٢ في ل١.

وتدعى اللغة المتدخلة interfering language اللغة المعطية أيضاً donor language أو لغة المصدر source language. وتدعى اللغة الأخرى اللغة المستقبلة recipient language, أي اللغة التي استقبلت تدخل اللغة المتدخلة.

التدخل والتحول:

عندما يتكلم فرد ثنائي اللغة، قد يتحول أثناء الكلام من ل₁ إلى ل₂، ثم إلى ل₁، ثم إلى ل₂ وهكذا. ويفعل هذا التحول لأسباب متنوعة سنتحدث عنها في فصل خاص. وما يهمنا هنا التفريق بين التحول والتدخل والمقارنة بينهما:

١- من أبرز الفروق بين التدخل والتحول أن التدخل لاشعوري لا إرادي، في حين أن التحول شعوري إرادي.

٢- التدخل قد يظهر في أي مستوى من مستويات اللغة: المستوى الصوتي أو الفونيمي أو الصرفي أو الدلالي أو المفرداتي أو النحوي. أما التحول فيظهر على المستوى المفرداتي ومستوى الجملة.

٣- يتم التدخل حين يتكلم الفرد إحدى اللغتين أو يكتبها ولا يشترط أن يكون السامع ثنائي اللغة. أما التحول فلا يتم إلا إذا كان السامع يعرف اللغتين اللتين يعرفهما المتكلم. وهذا نتيجة منطقية للاشعورية التدخل وشعورية التحول.

٤- يتشابه التدخل والتحول في ضرورة أن تكون هناك لغتان في عقل واحد، أي أن يعرف الفرد لغتين.

وهكذا نرى أن التدخل أمر لا يمكن للفرد أن يسيطر عليه، لأنه يتم رغماً عنه وبطريقة لا شعورية. وأما التحول فأمر خاضع للسيطرة، لأن الفرد هو الذي يقصد أن يتحول من لغة إلى أخرى أثناء الكلام لأسباب مختلفة.

التدخل والانتقال:

يقصد بالانتقال transfer انتقال أثر التعلم من موقف سابق إلى موقف لاحق. وهكذا فالانتقال مصطلح أوسع من مصطلح التدخل، ولكن هناك علاقة بين المصطلحين، رغم أن التدخل يختص باللغات في حين أن الانتقال يختص بجميع أنواع التعلم.

والانتقال مؤداه أن الفرد إذا تعلم أمراً في مرحلة سابقة من حياته (مثلاً الطباعة العربية) وأراد أن يتعلم أمراً جديداً (مثلاً الطباعة الإنجليزية)، فإن العادات التي اكتسبها أثناء تعلم الطباعة العربية ستنتقل إليه أثناء تعلمه الطباعة الإنجليزية. وهذا الانتقال قد يسهل التعلم الجديد أحياناً وقد يعيقه أحياناً. فإن أدى الانتقال إلى تسهيل، فهذا هو الانتقال

الإيجابي positive transfer. ويحدث هذا النوع من الانتقال في نقاط التشابه بين الموقف التعليمي القديم والموقف التعليمي الجديد. وإذا أدى الانتقال إلى إعاقة، فهذا هو الانتقال السلبي negative transfer. ويحدث هذا النوع من الانتقال في نقاط الاختلاف بين الموقفين.

وكما نعرف، إن التدخل هو التأثير السلبي للغة ما على تعلم لغة أخرى. وهذا يعني أن التدخل هو نوع من الانتقال السلبي من $ل_1$ إلى $ل_2$ أو من $ل_2$ إلى $ل_1$.

التدخل الداخلي:

عندما تتدخل $ل_1$ في $ل_2$ أو $ل_2$ في $ل_1$، من الممكن أن ندعو هذا تدخلاً خارجياً external interference. ويدعوه البعض تدخلاً بيلغوياً، أي تدخلاً بين لغتين interlingual interference. وتدعى الأخطاء اللغوية الناجمة عن مثل هذا التدخل أخطاء بيلغوية interlingual errors علماً بأن مصطلح البيلغوية منحوت من بين ولغوية.

ويحب بعض الباحثين التحدث عن تدخل من نوع آخر يمكن أن ندعوه تدخلاً داخلياً internal interference. والبعض يدعوه تدخلاً ضِمْلُغَوِيًّا، أي تدخلاً ضمن اللغة ذاتها intralingual interference. وتدعى الأخطاء الناجمة عن مثل هذا التدخل أخطاء ضِمْلغوية intralingual errors. ومعنى هذا أن التعلم السابق في لغة معينة قد يؤدي إلى أخطاء في اللغة ذاتها. وأشيع نوع من هذه الأخطاء خطأ القياس، أي خطأ فرط التعميم overgeneralization. مثال ذلك جمع (سهل) على (سِهَال) قياساً على (بحر- بِحَار). فهذا الخطأ لم يأت من خارج اللغة، أي من لغة أخرى، بل جاء من اللغة ذاتها عن طريق القياس الخاطئ أو توسيع التعميم.

التدخل اللهجي:

لا يحدث التدخل بين لغة وأخرى فقط، بل قد يحدث بين لهجة وأخرى ضمن اللغة الواحدة. فكثير من الناس يعرفون أكثر من لهجة واحدة ضمن لغتهم. ولهذا نراهم وهم يتكلمون لهجة معينة يقعون تحت تأثير تدخل لهجة أخرى وهم لا يشعرون. فالعربي الذي يتكلم اللهجة الفصيحة في موقف ما قد يخطئ بعض الأخطاء الناجمة عن تدخل لهجته العامية أو المحلية local dialect. وفي الواقع، إن اللهجة العامية هي الأقوى لدى

السواد الأعظم من العرب، ولهذا نرى أن العامية تتدخل في الفصيحة أكثر من تدخل الفصيحة في العامية. ونرى أن كثيراً من طلاب المدارس العرب يقعون في أخطاء لغوية وهم يتكلمون العربية الفصيحة أو يكتبونها، أخطاء يمكن رد الكثير منها إلى تدخل اللهجة العامية. ويدعى مثل هذا التدخل التدخل اللهجي dialectal interference أو التدخل البيلهجي، أي التدخل بين لهجتين inter – dialectal interference, لتفريقه عن التدخل البيلغوي، الذي هو تدخل بين لغتين مختلفتين.

التدخل السلبي:

ولابد أن نشير هنا إلى نوع خفي من التدخل يدعى التدخل السلبي negative interference. وهو تدخل صعب الاكتشاف لا يظهر للباحث إلا بعد دراسة عميقة للإنتاج اللغوي لمتعلمي ل₂. وينشأ هذا التدخل عن اجتناب متعلم ل₂ لإنتاج تراكيب معينة في ل₂ لأنه يجدها صعبة بالنظر إلى اختلافها تماماً عما يقابلها في ل₁. وبعبارة أخرى، يتبع متعلم ل₂ حيلة ذكية، فبدلاً من أن يقع في الخطأ يبتعد عنه كلياً، وبدلاً من أن يحاول تكلم أو كتابة تعبير غير متأكد من صحته يتحاشى هذا التعبير ويلجأ إلى استخدام تعابير سهلة. وكما ذكرنا، يصعب على الباحث اكتشاف وجود هذا التدخل السلبي نظراً لعدم تمثل هذا التدخل في أخطاء تدل عليه. إن هذا التدخل يختفي وراء الصواب، وراء جمل لا أخطاء فيها. ولكن يمكن اكتشاف هذا التدخل بتحليل إنتاج الفرد تحليلاً دقيقاً ومحاولة التعرف على التراكيب التي لا يستعملها، ومن ثم محاولة التعرف على سبب تجنبه لاستعمالها.

التدخل والاقتراض:

ونحن نتكلم لغة ما قد نستعمل كلمة من لغة أخرى. وقد يكون هذا الاستعمال فردياً، أي أن الفرد هو الذي قام بعملية الاقتراض borrowing. وقد يكون الاستعمال جماعياً، أي أن أهل ل₁ قد اقترضوا كلمة أو كلمات من ل₂. مثال ذلك اقتراض العربية لكلمات مثل سينما وتلفون ورادار وتلفزيون وكاميرا وبطارية. وهكذا يمكن أن نقسم الاقتراض إلى نوعين: اقتراض فردي individual borrowing يقوم به فرد لسد نقص ما في لغته، واقتراض جماعي collective borrowing تقوم به الجماعة أو تباركه الجماعة وتستخدمه. وكثيراً ما يكون أصل الاقتراض الجماعي اقتراضاً فردياً يشيع مع مر السنين فتقبله الجماعة

وتستخدمه. والعملية كما ذكرنا تدعى اقتراضاً والكلمة تدعى كلمة مقترضة borrowed word.

وتختلف عمليات الاقتراض من حالة إلى أخرى. ويمكن النظر في ثلاثة أنواع من الاقتراض (٣:٤٦):

١- **اقتراض كامل:** تقترض الكلمة كما هي في لغتها دون أي تعديل أو تغيير ترجمة. مثال ذلك اقتراض العربية للكلمات سينما وتلفون.

٢- **اقتراض معدل:** تقترض الكلمة ويعدل نطقها أو ميزانها الصرفي للتسهيل أو للاندماج في اللغة المقترضة. مثال ذلك رادار التي اقترضتها العربية من (ريدار) radar الإنجليزية، وتلفاز المعدلة من television الإنجليزية.

٣- **اقتراض مهجن:** تقترض الكلمة فيترجم جزء منها إلى اللغة المقترضة ويبقى الجزء الآخر كما هو في لغة المصدر. مثال ذلك صوتيم المأخوذة من phoneme وصرفيم المأخوذة من morpheme. حيث تمت ترجمة الجزء الأول من الكلمة من الإنجليزية إلى العربية وبقي الجزء الثاني كما هو في الإنجليزية.

٤- **اقتراض مترجم:** تقترض الكلمة عن طريق ترجمتها من لغة المصدر إلى اللغة المقترضية.

ويلاحظ هنا أن التدخل يختلف تماماً عن الاقتراض من عدة نواح:

١- التدخل لا شعوري والاقتراض شعوري.

٢- التدخل فردي والاقتراض فردي أو جماعي.

٣- التدخل يتم في جميع المستويات اللغوية، والاقتراض لا يتم إلا في مستوى المفردات فقط.

٤- التدخل يحدث في حالة معرفة الفرد للغتين، والاقتراض قد يحدث والفرد لا يعرف إلا لغة واحدة. فكثير من الناس يستخدم مفردات مقترضة من خارج لغته دون أن يعرف سوى لغة واحدة.

٥- التدخل عملية لغوية نفسية، أما الاقتراض فهو عملية لغوية اجتماعية.

التدخل والتقابل اللغوي:

التقابل اللغوي هو إجراء دراسة مقارنة بين ل١ و ل٢ لمعرفة أوجه التشابه بين اللغتين

وأوجه الاختلاف بينهما. ويمكن أن تتناول الدراسة المقارنة جميع المستويات اللغوية (أي الأصوات والفونيمات والصرف والنحو والدلالة والمفردات). ويتصل التقابل اللغوي linguistic contrast اتصالاً وثيقاً بانتقال أثر التعلم، من حيث أن التراكيب اللغوية المتشابهة بين ل₁ و ل₂ ستتعلم بسرعة، أما التراكيب المختلفة فستتعلم ببطء. وهو ما يعرف بالانتقال الإيجابي والانتقال السلبي على الترتيب. فحيثما يكون التشابه بين ل₁ و ل₂، تؤدي ل₁ إلى تسهيل تعلم ل₂. وحيثما يكون الاختلاف بينهما، تؤدي ل₁ إلى إعاقة تعلم ل₂، أي تتدخل ل₁ في ل₂ وتصبح ل₁ حجر عثرة في طريق تعلم ل₂.

التدخل وتحليل الأخطاء:

إن تحليل الأخطاء error analysis هو دراسة تحليلية للأخطاء اللغوية التي يرتكبها فرد أو مجموعة أفراد أثناء إنتاج ل١ أو ل٢ كلاماً أو كتابة. ويهتم هذا التحليل بتصنيف الأخطاء من جانبين: التصنيف اللغوي (خطأ في القواعد أو الإملاء أو الكلمات أو الدلالة أو الأصوات) والتصنيف السببي (خطأ مرده إلى اللغة الأولى أو إلى اللغة الثانية أو خطأ صدفي).

فيأتي التدخل ضمن تحليل الأخطاء عند تصنيف الأخطاء اللغوية سببياً، أي عند محاولة معرفة سبب الخطأ. وقد دلت دراسات تحليل الأخطاء في ل₂ على أن التدخل ليس مسئولا إلا عن نسبة ضئيلة من هذه الأخطاء، نسبة تتراوح بين ٨%- ١٢% لدى الأطفال وبين ٨%- ٢٣% لدى البالغين (٤: ١٠٢). وهو أمر مغاير لما كان شائعاً من قبل، إذ كان الاعتقاد السائد في الستينات وما قبلها أن معظم الأخطاء في ل₂ تعود إلى تدخل ل₁. فجاء تحليل الأخطاء ليبين أن التدخل مسئول عن نسبة تتراوح بين العشر والخمس من الأخطاء فقط.

التدخل ونوع الثنائية اللغوية:

إذا كانت الثنائية اللغوية مثالية، فهذا يعني، بحكم تعريف الثنائية المثالية، انتفاء التدخل، لأن الثنائية المثالية تعني قدرة المتكلم على إنتاج كل من ل₁ و ل₂ كأنها لغة أولى، أي دون أي تدخل من اللغة الأخرى. كما أن هناك عامل تساوي الهيمنة للغتين. هذا العامل يمنع حدوث التدخل نظراً لتساوي ل₁ و ل₂ في القوة والاتقان.

وفي حالة الثنائية المتوازنة، يقل التدخل ولكنه لا ينعدم. ويعزى ذلك إلى تساوي ل١ مع ل٢ في درجة الاتقان. ولقد ذكرنا سابقاً أن التدخل يسير من اللغة الأقوى إلى اللغة الأضعف لدى الفرد. فإذا تساوت اللغتان في القوة، كما هو الحال في الثنائية المتوازنة، قل التدخل إلى درجة كبيرة نظراً لانعدام فارق الضغط بين اللغتين، إذا أمكن هذا التعبير.

وفي حالة الثنائية الابتدائية، حين يكون الفرد مبتدئاً في تعلم ل٢، يكون التدخل كثيراً من ل١ في ل٢. وكلما تقدم الفرد في تعلم ل٢، قل الفرق بين درجتي اتقان اللغتين، وبالتالي قل التدخل من ل١ إلى ل٢. ويستمر التدخل في التناقص مع استمرار تناقص الفرق بين درجتي الاتقان. فإذا وصل الفرد على الثنائية المتوازنة، أصبح التدخل قليلاً جداً. وإذا وصل الفرد إلى الثنائية المثالية، انعدم التدخل تماماً.

وفي حالة الثنائية المتزامنة، حين يكتسب الطفل ل١ ل٢ معاً، يقل التداخل بين اللغتين نظراً لتساويهما في درجة الاتقان. أما في حالة الثنائية المتتابعة، بعد أن تكون ل١ قد أتقنت، يكون التدخل كبيراً من ل١ إلى ل٢ نظراً للفرق الواضح بين درجتي الاتقان.

وفي حالة الثنائية المبكرة، يكون تدخل ل١ في ل٢ أقل مما هو عليه في حالة الثنائية المتأخرة (٣: ٦٠)، على أساس أن سن # ١١ سنة هو السن الفاصل بين هذين النوعين من الثنائية. ذلك لأن ل١ تكون أقل ترسخاً في الثنائية المبكرة منها في الثنائية المتأخرة، مما يجعلها أقل تدخلاً. يضاف إلى ذلك عوامل نفسية تتعلق بالمحافظة على الذاتية في المرحلة المتأخرة، مما يجعل الفرد يرفض التخلي عن خصائصه بما في ذلك خصائصه اللغوية، الأمر الذي يجعل ل١ أكثر تلويناً للغة ٢ مما هو الحال في المرحلة المبكرة.

أنواع التدخل:

كما ذكرنا سابقاً، يتم التدخل في جميع المستويات اللغوية: صوتياً، وصرفياً، ومفرداتياً، ونحوياً، ودلالياً. ويدعى التدخل في كل حالة وعلى الترتيب تدخلاً صوتياً phonological interference وتدخلاً صرفياً morphological interference وتدخلاً مفرداتياً lexical interference. وتدخل نحوياً syntactic interference وتدخلاً دلالياً semantic interference. وهناك تدخل مصاحب للغة أو معلغوي أو حركي paralinguistic interference يتعلق بالحركات والإشارات المصاحبة للأداء اللغوي. وهنــاك التدخــل الثقافــي

cultural interference ، وهو تدخل ثقافة ذ أثناء تكلم ل٢. وسنتناول كل نوع من أنواع التدخل بشيء من التفصيل في المباحث التالية.

ويجب أن نتذكر أن التدخل في الوحدة اللغوية الواحدة قد يكون مزدوجاً. فقد يتواجد في الكلمة الواحدة تدخل صوتي وتدخل صرفي في آن واحد. وقد يوجد في الجملة الواحدة تدخل مفرداتي وتدخل نحوي أو تدخل دلالي وتدخل صوتي على سبيل المثال. وهكذا قد يجتمع في الوحدة اللغوية الواحدة أكثر من تدخل واحد. فإن تجمع تدخلان، يدعى التدخل تدخلاً مزدوجاً double interference. وإن تجمع أكثر من تدخلين، يدعى التدخل تدخلاً متعدداً multi- interference.

التدخل الصوتي:

في حالة التدخل الصوتي من ل١ في ل٢، قد تحدث إحدى الظواهر الآتية وهي كلها تمثل أخطاء نطقية:

١- نطق صوت في ل٢ كما ينطق في ل١. مثال ذلك عندما ينطق العربي \t\ الإنجليزية اللثوية مثل نطقه /ت/ العربية الأسنانية. ومثال آخر نطق الأمريكي /ر/ العربية التكرارية مثل نطقه \r\ الأمريكية الارتدادية. وبالرغم من أن هذا التدخل لا يضر بالمعنى، إلا أنه ينتج نطقاً غير مألوف لدى ناطقي ل٢ الأصليين.

٢- اعتبار فونيمين في ل٢ فونيماً واحداً قياساً على ل١ ونطقهما دون تمييز. مثال ذلك أن ينطق العربي الذي يتعلم الإنجليزية \p\ أو \b\ كأنهما /ب/ متأثراً بعدم التمييز بينهما في العربية. وهذا التدخل يضر بالاتصال والتفاهم لأن إحلال \b\ محل \p\ أو \p\ محل \b\ يغير معنى الكلمة. ويدعى هذا التدخل التمييز الفونيمي الناقص phonemic underdifferentiation.

٣- اعتبار فونيم واحد في ل٢ فونيمين قياساً على ل١. مثال ذلك الأمريكي الذي يتعلم العربية ويظن /ف/ العربية أحياناً \f\ وأحياناً \v\ قياساً على وضعهما في ل١. ويؤدي هذا التدخل إلى غرابة في نطق ل٢. ويدعى هذا النوع من التدخل التمييز الفونيمي المفرط أو الإفراط في التمييز phonemic overdifferentiaion .

٤- استبدال فونيم صعب في ل٢ بفونيم آخر لي ل١.مثال ذلك الإنجليزي الذي يستبدل كل /ح/ عربية بصوت \h\ أي /هـ/، لأن ل١ تستطيع أن تزوده بـ /هـ/ ولا تستطيع تزويده بـ /ح/.

٥- تعديل نظام العناقيد الصوتية في ل٢ بحيث يصبح قريباً من نظام العناقيد في ل١. مثال ذلك العربي الذي ينطق explain مضيفاً \i\ قبل \p\ لمنع اجتماع السواكن في مقطع واحد.

٦- نقل نظام النبر من ل١ إلى ل٢ . وهذا يؤدي إلى نقل مواضع النبر على كلمات ل٢ من مقاطعها الصحيحة إلى مقاطع غير صحيحة، مما يجعل النطق غريباً أو غير مفهوم.

٧- نقل نظام التنغيم من ل١ إلى ل٢. وهذا النقل يؤدي إلى نطق جمل ل٢ بطريقة تشبه نغمة جمل ل١، الأمر الذي يجعل النطق غريباً أو غير مفهوم.

ويجب أن يلاحظ أن التدخل الصوتي هو أشيع أنواع التدخل، فهو أشيع من التدخلات النحوية والدلالية وسواها. وهو أكثر الأنواع وضوحاً وأسهلها اكتشافاً وملاحظة. كما أنه يقل كلما كان تعلم ل٢ أبكر ويزداد كلما كان تعلم ل٢ أكثر تأخراً.

التدخل الصرفي:

هذا النوع من التدخل يعني أن يتدخل صرف ل١ في صرف ل٢. مثال ذلك جمع الاسم وتثنيته وتأنيثه وتعريفه وتنكيره وتصغيره وتحويل الفعل من ماض إلى مضارع إلى أمر ونظام الاشتقاق ونظام السوابق prefices ونظام اللواحق suffixes ونظام الدواخل in fixes ونظام الزوائد affixes. كل هذه الجوانب الصرفية يمكن أن يتناولها التدخل من ل١ إلى ل٢.

التدخل المفرداتي:

هنا تتدخل كلمة من ل١ أثناء التحدث باللغة ٢. وأكثر أنواع الكلمات تدخلاً الأسماء، ثم الأفعال، ثم الصفات، ثم الأحوال، ثم حروف الجر، ثم حروف التعجب، ثم الضمائر وأدوات التعريف والتنكير (١: ٤٦). ويلاحظ هنا أن الكلمات الوظيفية تقاوم التدخل وأن كلمات المحتوى أطوع للتدخل، والتدخل المفرداتي من أسهل أنواع التدخل ملاحظة.

التدخل النحوي:

في التدخل النحوي، يتدخل نظام ترتيب الكلمات الخاص باللغة ١ في نظام ترتيب الكلمات الخاص باللغة ٢، أي يتدخل نحو ل₁ في نحو ل₂. فإذا كانت ل₁ تجعل الفعل قبل الفاعل وكانت ل₂ تجعل الفعل بعد الفاعل، فقد يحدث الفرد أخطاء في ل₂ سببها نقل ترتيب الفعل ثم الفاعل من ل₁ إلى ل₂.

التدخل الدلالي:

هنا تتدخل ل₁ في ل₂ عن طريق تغيير معنى الكلمة في ل₂ بإلباسها معنى نظيرها في ل₁. مثال ذلك first floor الإنجليزية قد يعطيها العربي معنى (الطابق الأول) العربية، أي دون احتساب الطابق الأرضي. ومثال آخر كلمة (الطبيعة) العربية قد يعطيها الأمريكي معنى nature الأمريكية التي يستعملها بعضهم ناسباً إليها قدرات الخلق والإبداع. وهذا النوع من التدخل صعب الاكتشاف، إذ قد يستخدم المتكلم كلمة ما في ل₂ معطياً إياها معنى من ل₁ دون أن يكتشف المستمع هذا التدخل في الدلالة. ولا يتم الاكتشاف إلا إذا استمر الحديث مدة كافية وظهرت مؤشرات تدل على أن المتكلم يعطي الكلمة معنى غير مألوف في ل₂ ومنقولاً من ل₁.

التدخل الحركي:

هو التدخل المعلغوي، أي أن يستخدم الفرد وهو يتكلم ل₂ حركات وإشارات اعتاد أهل ل₁ على استخدامها، وهي حركات وإشارات غير مألوفة لدى أهل ل₂. والحركات المصاحبة للغة كثيرة ومتعددة وذات معنى. وتؤدي هذه الحركات بالأصابع واليد والذراع والعين والشفتين والعنق والرأس. وللمرء أن يتصور العدد الهائل من الحركات التي يمكن أن تشكله هذه الأعضاء.

وبالطبع هناك حركات عالمية تتشابه في شتى المجتمعات والشعوب، مثل اتساع العينين عند الدهشة والضحك أو الابتسام عند الفرح. ولكن الكثير من الحركات تعتبر حركات خاصة. ودراسة الحركات المصاحبة للغة دراسة ممتعة حقاً، ولكنها صعبة التسجيل لفظياً. وفي بعض الحالات، حركة مع ل₁ قد يكون لها معنى

مخالف للحركة ذاتها مع ل٢. وينشأ قدر كبير من الاستغراب لدى المستمع من أهل ل٢ حين يرى فرداً يتكلم ل٢ مع إشارات من ل١. ويزداد الاستغراب إذا كانت إحدى الحركات لها معنى مهين لدى أهل ل٢ ولها معنى عادي لدى أهل ل١. ويزداد الاستغراب أيضاً إذا صادف أن كانت الحركة يناقض معناها معنى الجملة المصاحبة لها.

التدخل الثقافي:

هذا التدخل معناه أن تتدخل الثقافة ١ في لغة الفرد وهو يتكلم ل٢. مثال ذلك أن يضمن المتكلم كلامه في ل٢ قيماً وأفكاراً وأمثالاً مستقاة من ثقافة ل١. ويزداد هذا التدخل كلما تمسك المرء بثقافته الأولى وقيمه التي نشأ عليها.

عوامل التدخل:

هناك عوامل تتحكم في كمية التدخل من ل١ إلى ل٢. منها ما يلي:

١- **طبيعة المهمة اللغوية.** إذا طلب من فرد أن يترجم نصاً من ل١ إلى ل٢، فإن هذا الموقف يفرض عليه التدخل من ل١ إلى ل٢. وهذا يعني أن بعض المهام اللغوية تؤدي بطبيعتها إلى زيادة التدخل (٣: ١١٠).

٢- **ضغط الاستعمال المبكر.** إذا اضطر الفرد إلى تكلم ل٢ قبل أن يكتمل تعلمه لها، وهذا ما يحصل غالباً، فإن هذا الموقف يجبره لا شعورياً على الاستعانة باللغة ١، الأمر الذي يزيد من تدخل ل١.

٣- **ضعف الرقيب.** إذا كان الفرد لما يمتلك بعد رصيداً كافياً من القوانين اللغوية التي تقوم بدور الرقيب على صحة استخدام ل٢، فإن إنتاجه للغة ٢ سيتعرض للتدخل.

٤- **إتقان ل١ و ل٢.** ذكرنا سابقاً أنه كلما اتسع الفرق بين درجة اتقان ل١ ودرجة اتقان ل٢، زاد التدخل من اللغة الأقوى إلى اللغة الأضعف. وهذا يعني بصورة عامة أن التدخل يكثر في أولى مراحل تعلم ل٢، ويقل مع تقدم تعلم ل٢ حين يضيق الفرق بين درجتي الاتقان.

٥- **مكانة اللغة:** إذا تقاربت ل١ و ل٢ في درجة الاتقان، فإن الاحتمال يبقى أن التدخل يسير من اللغة ذات المكانة المرموقة إلى اللغة ذات المكانة الأدنى لأسباب نفسية واجتماعية. ويمكن تفسير ذلك على أنه حيلة لا شعورية لتعزيز مكانة الذات عن طريق

إدخال عناصر من اللغة المرموقة. غير أن اللغة الأدنى مرموقية قد تقوم هي بتدخل خاص في اللغة الأعلى مرموقية، إذ قد تعطيها بعض المصطلحات السيئة الدلالة مثل الشتائم.

٦- **محدودية التعرض.** حتى في حالة اتقان تراكيب ل٢، من المحتمل أن متعلم ل٢ لم تتحل له فرص كافية للتعرض لمواقف لغوية متنوعة، الأمر الذي يجعله قليل الخبرة في ل٢. وهذا يدفعه إلى الاستعانة باللغة ١ كلما عجزت ل٢ عن إسعافه. وكلما زاد عجزه مع ل٢، زاد تدخل ل١.

٧- **الموقف من ل٢.** إذا كان الفرد غير راغب في تعلم ل٢ لسبب من الأسباب ولكنه مضطر إلى تعلمها لظروف معينة وكان في الوقت ذاته متمسكاً باللغة ١ ويخشى التخلي عنها لأنه يعتبرها رمزاً لكرامته وثقافته وأصله وتراثه، في هذه الحالة تراه يقاوم تعلم ل٢ وتراه يبالغ في إبراز تأثير ل١ لا شعورياً، الأمر الذي يؤدي إلى ازدياد تدخل ل١ في ل٢، بل واستمرار هيمنة ل١ إلى أطول فترة ممكنة. وبالمقابل، فإن الفرد الذي يقبل على تعلم ل٢ بدافعية قوية يساعده عقله الباطن، أي اللاشعور، على تحقيق الهدف عن طريق الحد من تدخل ل١.

حدود نظرية التدخل:

كانت نظرية التدخل فيما مضى تعتبر الجواب الحاسم لمشكلات تعلم ل٢، وكانت تلك المشكلات يرد معظمها إلى مكر ل١ وأيديها الخفية الهدامة. وكان ينظر للغة ١ على أنها العدو اللدود والمخرب الأول لتعلم ل٢. ولكن التمعن الحديث في نظرية التدخل يلقي ظلالاً كبيرة من الشك حول هذه النظرية، فلقد تبين ما يلي:

١- أكثر تدخل ل١ في ل٢ ينحصر في النطق والنبر وخاصة إذا كان تعلم ل٢ في مرحلة متأخرة من العمر (٤: ٩٦).

٢- إن تحليل الأخطاء قد دل على أن الأخطاء الناجمة عن تدخل ل١ في ل٢ تتراوح بين ٨%- ١٢% عند الأطفال وبين ٨%- ٢٣% عند البالغين. وهي نسبة ضئيلة لا تتناسب مع التأثير المبالغ فيه الذي كان ينسب إلى تدخل ل١.

٣- هناك تشابه كبير بين الأخطاء التي يرتكبها متعلمو ل٢ كلغة أجنبية أو ثانية والأخطاء التي يرتكبها متعلمو هذه اللغة كلغة أولى، الأمر الذي يضعف موقف

نظرية التدخل، لأنه لو صحت النظرية بدرجة كافية لكان هناك فرق كبير بين هذين النوعين من الأخطاء (٤: ١٠٣).

٤- تدل بحوث تحليل الأخطاء على أن نسبة من الأخطاء تتراوح بين ٥%- ١٨% ما كانت لتحدث لو أن ل₁ انتقلت انتقالاً إيجابياً إلى ل₂. أي أن ٥- ١٨% من أخطاء متعلمي ل₂ تدل على أنه لم يحدث انتقال إيجابي positive transfer من ل₁ إلى ل₂ (٤: ١٠٤). هذه الظاهرة تلقي الشك حول حدوث الانتقال السلبي من ل₁ إلى ل₂، الذي هو اسم آخر للتدخل.

٥- تدل بحوث تحليل الأخطاء التي ارتكبها متعلمو ل₂ من جنسيات مختلفة، أي لكل منهم ل₁ خاصة به، أن هناك تشابهاً كبيراً بين أخطائهم في اللغة الإنجليزية (ل₂) التي يتعلمونها. ولو كانت أخطاؤهم مردها إلى تدخل ل₁، لوجدنا تبايناً كبيراً بين أخطائهم. وهذا يدل على أن ل₁ ليست هي السبب الأغلب في حدوث أخطاء في ل₂.

الفصل الخامس

الاختيار اللغوي والتحول

الفصل الخامس

الاختيار اللغوي والتحول

في هذا الفصل سنعالج مظاهر الثنائية اللغوية في المجتمع. وفي هذا المجال هناك عدة قضايا هامة، من مثل تكون المواقف نحو اللغات وكيف تتكون مواقف الأفراد والجماعات من اللغات في مجتمعهم وما العوامل التي تؤثر في نوعية هذه المواقف. وهناك قضية الاختيار اللغوي: عندما يتحدث فرد ثنائي اللغة، ما الذي يتحكم في اختياره لغة دون أخرى في موقف معين؟ لماذا اختار ل س (أي اللغة س) وليس ل ص (أي اللغة ص)؟ وهناك قضية ثالثة هي قضية التحول اللغوي: بعد أن يختار الفرد ثنائي اللغة لغة ما، نراه يتحول إلى لغة أخرى، ثم قد يعود إلى اللغة التي بدأ بها. لماذا يحدث هذا التحول في الاستخدام اللغوي في المحادثة ذاتها والموقف ذاته؟

المواقف نحو اللغة:

إن موقف الفرد نحو لغة ما هو في العادة موقفه من أهل هذه اللغة. وقد يكون هذا الموقف عاماً يشمل جميع أفراد جماعة ما نحو جماعة أخرى نظراً لأسباب تاريخية أو سياسية أو دينية. ويمكن أن ندعوه الموقف الجماعي group attitude. وقد يكون الموقف فردياً، أي خاصاً بفرد، نظراً لتجارب فردية مر بها. ويدعى هذا الموقف الموقف الفردي individual attitude.

والمواقف قد تكون إيجابية positive attitudes. وهنا يكون الفرد معجباً بلغة ما وأهلها، راغباً في تعلم هذه اللغة والاقتراب من أهلها. وقد تكون المواقف سلبية negative attitudes. وهنا يقاوم الفرد تعلم هذه اللغة وينفر من أهلها. وفي حالة المواقف السلبية من ل٢، يتباطأ تعلم ل٢ ويزداد تدخل ل١ فيها، كما ذكرنا في فصل سابق.

والمواقف البشرية نحو الناس والأشياء والأحداث لا تكون مسألة أبيض أو أسود، أي مسألة من نوع نعم أو لا. بل هي مسألة درجة. فالإعجاب درجات والبغض درجات. ولهذا جعلت هناك مقاييس لقياس الاتجاهات نوعاً وكماً.

ويجب أن نلاحظ هنا أن اللغة ليست وسيلة اتصال فقط، بل هي رمز لقوم. فالموقف منها موقف من أهلها. والموقف من أهل لغة ما موقف من لغتهم، إذ يصعب الفصل بين اللغة وأهلها. كما أن اللغة مخزن لقيم الجماعة وأخلاقها وعواطفها وتاريخها ومواقفها من الآخرين. ولذلك يمكن أن نقول إن اللغة هي القوم والقوم هم اللغة. فالموقف من اللغة موازٍ إلى حدٍّ كبير للموقف من قومها والموقف من القوم موازٍ للموقف من لغتهم.

والمواقف مثل العواطف قابلة للتغير. فقد يكون موقف فرد سلبياً من لغة ما، ولكنه يتحول إلى موقف إيجابي نظراً لدوافع داخلية أو ظروف خارجية. وقد يحدث العكس: يكون الموقف إيجابياً، ثم يتحول إلى سلبي. وإمكانية تغير الموقف (من سلبي إلى إيجابي) تعطي أملاً لعلماء التربية والاجتماع والسياسة من أجل إحداث التغيير المرغوب فيه كلما دعت الضرورة إلى ذلك.

عناصر الموقف:

عندما يزدري فرد أو جماعة لغة ما ينسبون إليها صفات من مثل:

١- خشنة فظة وعرة.

٢- صعبة معقدة.

٣- غير منطقية.

٤- غير جميلة.

٥- غير معبرة.

٦- غير نحوية.

وبالمقابل، إذا أحب الفرد لغة يميل إلى وصفها بأنها ناعمة وسهلة، منطقية، جميلة، معبرة، نحوية. ومن العبارات الفكهة التي تروى في هذا المجال أن رجلاً قال: "تكلم الألمانية مع حصانك والإنجليزية مع صديقك والفرنسية مع زوجتك". إذ هو يرى أن الألمانية خشنة (فهي مع الحصان أصلح) والإنجليزية أقل خشونة (فهي مع الصديق مناسبة) والفرنسية ناعمة (فهي مع الزوجة).

وفيما يخص موقف الفرد من جماعة ما، فإن هذا الموقف يتكون من رأي الفرد في الجماعة من حيث صفاتهم وأخلاقهم: هل يصلحون للقيادة؟ هل لديهم ثقة بأنفسهم؟

هل هم اجتماعيون؟ هل فيهم وسامة؟ هل هم متدينون؟ هل لديهم طموح؟ هل فيهم لطف؟ هل يعتمد عليهم؟ هل فيهم طيبة؟ هل هم أذكياء؟ هل هم أقوياء الأجسام؟ هل هم نشيطون؟ هل لديهم وفاء؟ هل يميلون إلى البشاشة؟.... الخ.

قياس المواقف:

لقياس موقف الفرد من لغة ما (غير لغته الأولى)، تقدم له صفات اللغة على شكل خط استمراري ذي خمس أو سبع درجات. ويطلب منها بيان رأيه في اللغة عن طريق بيان رأيه في كل صفة من الصفات. وعلى سبيل المثال هكذا:

منطقية

غير منطقية

ويمكن أن يصاغ المطلوب بطريقة أخرى: ضع للغة درجة من ١- ٧ لكل صفة من الصفات الآتية. ويقدم الجدول الآتي (على سبيل المثال):

صفة اللغة	٧ (ممتاز)	٦	٥	٤	٣	٢	١ (ضعيف)
المنطقية							

ولقياس الموقف من أهل اللغة، يمكن استخدام أحد الأساليب الآتية:

١- تقدم جمل تصف شعباً ما. ويطلب من الفرد أن يعلق على كل جملة باختيار واحد من خمسة اختيارات: أوافق بقوة، أوافق إلى حد ما، لا أدري، أعارض إلى حد ما، أعارض بقوة. ويدعى هذا الأسلوب سلم الموقف .attitude scale

٢- تقدم كل صفة وضدها على طرفي خط استمراري، ويقسم الخط إلى خمس أو سبع درجات. ويطلب من الفرد أن يبين رأيه باختيار الدرجة التي يراها.

مثال ذلك:

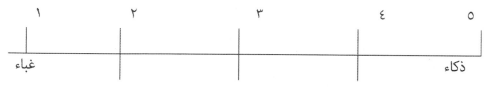

ومن مزايا هذه الطريقة سهولة تحليل الاستجابات ومعالجتها إحصائياً، وخاصة في حالة العينات كبيرة الحجم. ويدعى هذا الأسلوب طريقة التمييز الدلالي . semantic differential technique

٣- يسجل حديث لشخص ما بلغتين. ويطبق الأسلوب ذاته على عدة أشخاص كل منهم يسجل حديثاً تسجيلاً صوتياً باللغة س واللغة ص. ثم نطلب من الأفراد المراد قياس مواقفهم أن يستمعوا إلى الأشرطة بعد خلط الأشرطة بحيث لا يسمع الشخص الواحد مرتين متتاليتين. ويطلب من المستمعين أو المحكمين محاولة معرفة صفات المتحدثين من أصواتهم عن طريق اختيار درجة الصفة على سلم التمييز الدلالي. ولقد دلت التجارب أن حكم المستمعين على شخصية المتحدث من خلال صوته هو في الواقع موقف المستمع من اللغة وناطقيها الأصليين. ويمكن أن ندعو هذه الطريقة طريقة التسجيلات الثنائية، ووجدت هذه التسمية أفضل وأدل من الترجمة الحرفية ل matched guise technique) (٥: ١١٨).

المؤثرات على المواقف:

لقد دلت بعض البحوث على أن المواقف من اللغة الأخرى (غير اللغة الأولى) تتأثر بعوامل عديدة منها (٥: ١١٩):

١- **الجنس.** الإناث أكثر تسامحاً من الذكور ومواقفهن أكثر إيجابية وأقل سلبية فيما يختص بموقفهن من اللغة الأخرى ($ل_٢$) وأهل $ل_٢$.

٢- **العمر.** الأطفال دون العاشرة أكثر إيجابية في مواقفهم من $ل_٢$ وأهل $ل_٢$ من الأطفال فوق العاشرة.

٣- **المستوى الاقتصادي الاجتماعي.** أفراد الطبقات الفقيرة أكثر إيجابية في مواقفهم من $ل_٢$ وأهلها من أفراد الطبقات الغنية.

٤- **الثنائية اللغوية.** الأفراد ثنائيو اللغة أكثر إيجابية في مواقفهم من $ل_٢$ وأهلها من الأفراد أحاديي اللغة.

تأثيرات المواقف:

إذا كان الموقف من ل$_{٢}$ سلبياً، فإن ذلك سيؤدي إلى عدة نتائج. أولها أن الموقف السلبي من ل$_{٢}$ يعيق سرعة تعلم ٢، بل يعني مقاومة تعلمها. وثانيها أن متكلم ل$_{٢}$ صاحب الموقف السلبي منها يظلم نفسه من حيث تقديره الذاتي لمهارته في ل$_{٢}$. وثالثها أن من يزدري لغة يتجنب استخدامها علانية، بل قد ينكر أنه يعرفها في بعض الحالات. ورابعها أن من يزدري لغة يرفض أن يقترض منها أن يتحول إليها في كلامه.

اختيار اللغة:

إذا كان الفرد ثنائي اللغة، فعليه عندما يتكلم أن يختار أية لغة يستخدم. وهذا الاختيار يتوقف على عدة عوامل. فإذا كان المستمع أحادي اللغة، فعلى المتكلم ثنائي اللغة أن يختار اللغة التي يعرفها المستمع، ولا مفر له من ذلك لضمان حدوث اتصال وتفاهم. وهناك عامل طبيعة الموضوع موضع الاتصال: هل موضوع المحادثة عمل أم تسلية أم رياضة أم علم؟ وهناك عامل إطار المحادثة: هل هو مائدة الطعام أم حفلة أم قاعة محاضرات؟ وهناك عامل وظيفة الاتصال: هل هي طلب أم دعاء أم استفهام... الخ؟

تتفاعل العوامل السابقة معاً في كل حالة على حدة. وحسب نتيجة هذا التفاعل يقرر المتكلم اختيار ل$_{١}$ أو ل$_{٢}$ في موقف ما. وفي الواقع إن عملية اختيار اللغة تشبه عملية اختيار يقوم بها الشخص أحادي اللغة. فالأحادي اللغة حين يتكلم يقوم بعملية اختيار ضمن لغته. إنه يختار الأسلوب الذي يناسب الموقف الذي هو فيه. وقديماً قيل بحق "لكل مقامٍ مقال". وقيل أيضاً مناسبة المقال لمقتضى الحال. وهاتان العبارتان على عموميتهما يعنيان بالضبط ما نحن بصدده الآن: أن يناسب الكلام المقام والحال.

ولنفرض مثلاً أن شخصاً عطشان يريد أن يطلب ماءً. فهو أمام عدة خيارات لغوية ضمن لغته الوحيدة التي يعرفها. هذا الشخص الأحادي اللغة قد يقول إحدى العبارات الآتية:

١- أريد ماءً، من فضلك.

٢- أريد ماءً.

٣- ماء.

٤- أنا عطشان.

٥- عطشان.

٦- أعطني ماء.

٧- إن الحر يثير العطش.

٨- هل يمكن أن أشرب؟

٩- أتسمح لي بشربة ماء؟

وهناك عبارات أخرى كثيرة تؤدي كلها المعنى ذاته وهو المطالبة بالماء. ولكن ما الذي يجعل المتكلم يختار واحدة من هذه العبارات دون سواها في مقام معين؟ طبعاً هناك عدة عوامل، كما ذكرنا. ولا شك أن أهم هذه العوامل هو طبيعة العلاقة بين المتكلم والمستمع: هل هو والد يتكلم إلى ابنه؟ أم صديق إلى صديقه؟ أم أم إلى ابنتها؟ أم ولد إلى والده؟ أم رجل إلى خادمه؟ أم رجل إلى زوجته؟ أم مريض إلى ممرضته؟ كما أن سن المتكلم أمر هام: هل هو طفل أم بالغ؟ شاب أم كهل؟

هذه العوامل التي تؤثر في اختيار الشخص أحادي اللغة للأسلوب الذي يتكلم فيه لها ما يماثلها تماماً من العوامل التي تؤثر في اختيار الشخص ثنائي اللغة ليقرر أية لغة يستخدم. وهكذا نرى أن اختيار الأسلوب style choice لدى الشخص أحادي اللغة يوازي اختيار اللغة language choice لدى الشخص ثنائي اللغة. كلا الشخصين يقوم بعملية اختيار، وكلاهما يختار حسب المقام ومقتضى الحال، كما قال أجدادنا الأوائل من علماء اللغة والبلاغة.

وليس هذا فقط. فالشخص أحادي اللغة لا يقوم باختيار الأسلوب فقط. إنه يختار اللهجة أيضاً. فمن المعروف أن أحادي اللغة يكون عادة ثنائي اللهجة أو متعدد اللهجات: أي أنه يعرف أكثر من لهجة واحدة للغته الوحيدة. فقد يعرف عدة لهجات محلية، وقد يعرف لهجة فصيحة ولهجة محلية. وهو حين يتكلم يقوم بعملية اختيار لهجة من بين اللهجات التي يعرفها. ويتم اختياره حسب المقام. وفي الواقع، أفضل كلمة المقام لتعني situation لأنني أريد كلمة موقف لتدل على attitude. وهكذا فإن اختيار اللهجة لدى أحادي اللغة يوازي اختيار اللغة لدى ثنائي اللغة. بل إن أحادي اللغة الذي يختار لهجة ما هو في الواقع ثنائي اللهجة. ولهذا فإن اختيار ثنائي اللهجة للهجة ما في مقام ما

يوازي اختيار ثنائي اللغة للغة ما في مقام ما.

عملية الاختيار اللغوي:

وإذا دققنا أكثر، فإننا نلاحظ أن ثنائي اللغة، قبل أن يتخذ قراره النهائي، قد يقوم بعدة اختيارات معقدة تسير على النحو الآتي:

١- هل المستمع أحادي اللغة أم ثنائي اللغة؟

٢- إذا كان المستمع أحادي اللغة، فما هي اللغة التي يعرفها؟

٣- إذا كان المستمع ثنائي اللغة، فما هي ل١ و ل٢ لديه؟

٤- إذا كان المستمع يتكلم ل١ فقط، فما هي اللهجة التي يفضلها أو يعرفها؟

٥- إذا كان المستمع يتكلم ل٢ فقط، فما هي اللهجة من ل٢ المفضلة لديه أو التي يعرفها.

٦- إذا كان المستمع ثنائي اللغة، فما هي اللغة التي يفضلها أو التي هو أقدر فيها؟

٧- إذا كان المستمع يفضل ل١ أو ل٢، فأية لهجة منها يفضل أو يعرف؟

٨- إذا كان المستمع يفضل ل١ وكان المتكلم يفضل ل٢، فماذا سيفعل المتكلم؟ وماذا سيفعل المستمع؟

وهكذا نرى أن الاختيار اللغوي عملية معقدة تدخل فيها عوامل متشابكة. ولهذا تنشأ حالة التحول اللغوي: بعد اتخاذ القرار لاستعمال ل١ مثلاً وبعد بدء الحديث بها، يتحول المتكلم عن قراره ويستخدم ل٢ لمدة دقيقة مثلاً، ثم يعود إلى ل١. طبعاً هناك عوامل ودوافع تحكم عملية التحول. وسنعالج موضوع التحول في مبحث خاص لاحق في هذا الفصل إن شاء الله.

أمثلة على الاختيار اللغوي:

لقد تمت دراسة عدة حالات لأسر ثنائية اللغة. وتمت متابعة الاختيارات اللغوية لهذه الأسر. وكانت النتيجة طريفة حقاً ومعقدة أيضاً. وهذه بعض الأمثلة من تلك الدراسات (٥: ١٣٣- ١٣٥).

الدراسة الأولى كانت لأسر أمريكية أصلها من بورتوريكو أجراها فشمان fishman

وزميلاه. ولقد دلت الدراسة على ما يلي:

١- الإسبانية يغلب استعمالها في البيت.

٢- تفاهم الوالدين مع أبنائهم بالإسبانية، ولكن الواجبات المدرسية كانت تبحث بالإسبانية والإنجليزية.

٣- الأطفال يستخدمون الإسبانية مع الأجداد في البيت، واللغتين مع والديهم، والإنجليزية فيما بينهم.

٤- المزاح في البيت بالإسبانية.

٥- الإسبانية في الحوانيت التي يملكها ذوو أصل بوتوريكي والإنجليزية في الحوانيت التي يديرها أمريكيون.

٦- في الشارع، كبار السن يتكلمون الإسبانية واليافعون يتكلمون الإنجليزية.

٧- في المدرسة، تستخدم اللغتان في التعليم.

٨- في الأعمال الرسمية، يستخدمون الإنجليزية.

٩- في الطقوس الكنسية، ٥٥% من المسيحيين يستخدمون الإسبانية، و ٢١% منهم يستخدمون الإنجليزية، و ٢٤% منهم يستخدمون كلتا اللغتين.

وهناك دراسة ثانية لمهاجرين ألمان في البرازيل أجراها هاي heye. ولقد دلت الدراسة على الظواهر الآتية:

١- الألمانية في الكنيسة، والبرتغالية في النوادي، وكلاهما في العمل والتجارة.

٢- في البيت، الألمانية على المائدة وللصلاة وتنويم الأطفال وتأنيبهم. والبرتغالية للغناء ورواية القصص.

٣- الألمانية أشيع داخل الأسرة ومع الجيران. وكلتا اللغتين مع الأصدقاء. والبرتغالية مع السلطة والغرباء.

وفي أريزونا قام باربر barber بدراسة ثالثة لأمريكيين من أصل هندي (من الهنود الحمر). وتبينت الظواهر الآتية:

١- في البيت، الياقوية مع المسنين، والإسبانية مع الأطفال، وكلتاهما مع الأنداد من السن ذاته.

٢- الياقوية للطقوس والاحتفالات. والياقوية أو الإسبانية في المزارع (حسب لغة العمال الآخرين). والإنجليزية مع صاحب العمل.

٣- عند الذهاب إلى المدن، الإنجليزية والإسبانية.

٤- في البنوك كلتا اللغتين. وفي الحوانيت الإسبانية.

٥- مع الأصدقاء، الإسبانية والياقوية. وإذا كان الصديق لا يعرف إلا الإنجليزية، فالإنجليزية هي اللغة المستخدمة في هذه الحالة.

٦- في المحاكم الإنجليزية.

وهكذا نرى أن عملية الاختيار اللغوي ليست سهلة. إنها عملية معقدة فعلاً متعددة العوامل والمقامات والمتطلبات. وسنرى في المبحث التالي العوامل التي تؤثر في عملية الاختيار بشيء من التفصيل.

عوامل الاختيار اللغوي:

ما هي العوامل التي تؤثر في عملية الاختيار اللغوي والتي تجعل الفرد يختار لغة ما من بين لغتين أو لغات يعرفها للتفاهم بها في مقام معين؟ هناك عدة عوامل نذكر منها ما يلي:

١- **المقدرة اللغوية للمتكلم.** أحياناً يختار المتكلم لغة ما لأنه أقدر فيها من سواها. فهو يختار اللغة التي يعبر فيها عن نفسه بسهولة.

٢- **المقدرة اللغوية للمستمع.** في بعض الحالات، يختار المتكلم ل$_1$ أو ل$_2$ حسب مقدرة المستمع. فهو يختار ل$_1$ إذا كان المستمع أقدر فيها ويختار ل$_2$ إذا كان المستمع أقدر فيها من ل$_1$. ويتدخل هذا العامل بقوة إذا كان المتكلم ذا قدرة متساوية في ل$_1$ و ل$_2$.

٣- **عادة التحادث.** إذا اعتاد شخصان على التفاهم باستخدام ل$_1$ فهما يستخدمانها كلما تحادثا متأثرين بحكم العادة.

٤- **العمر.** يميل الكبار إلى استخدام ل$_1$ ويميل الأطفال إلى استخدام ل$_2$، وخاصة في حالات المهاجرين إلى بلد لغته ل$_2$، إذ يفضل الكبار إظهار مزيد من الولاء للغة ١ ويفضل الصغار إظهار مزيد من التكيف والتقرب من ل$_2$، رغم أنهم جميعاً (الكبار والصغار) يعرفون ل$_1$ و ل$_2$.

٥- **المكانة الاجتماعية.** في بعض الحالات والبلدان، تفضل الطبقة الأرستقراطية لغة على أخرى. ففي كينيا يستخدم الأرستقراطي السواحيلية مع الكيني الفقير والإنجليزية مع أرستقراطي مثله (٥: ١٣٧).

٦- **درجة العلاقة.** في بعض الحالات، عند اللقاء لأول مرة يتم التحادث بلغة ما. وعندما تتحول العلاقة إلى صداقة حميمة يتم التحادث بلغة أخرى. هناك لغة مع الغرباء ولغة مع الأصدقاء.

٧- **نوعية القرابة.** في بعض الحالات، يختار الفرد ل١ مع والديه و ل٢ مع زوجته وأولاده. وقد يختار ل١ مع زوجته ووالديه و ل٢ مع أولاده.

٨- **علاقة العمل.** أحياناً يتم الاختيار اللغوي حسب علاقات العمل. فالرئيس يستخدم لغة ما مع مرؤوسيه وقد يستخدم لغة أخرى مع نظيره. والمرؤوسون قد يتكلمون لغة مع رئيسهم ولكنهم يتكلمون لغة أخرى فيما بينهم.

٩- **العلاقات العرقية.** قد يستخدم أفراد أقلية عرقية ل١ فيما بينهم و ل٢ مع أفراد من خارج الأقلية.

١٠- **الضغط الاجتماعي.** إذا كان مجتمع ما يكره لغة ما لسبب سياسي أو تاريخي. فإن الفرد يتجنب استخدام هذه اللغة خارج البيت ويقصر استخدامها داخل البيت هروباً من الحرج ورضوخاً لضغط المجتمع الذي يعيش فيه.

العوامل العشرة السابقة تتعلق بالمتكلم أو المستمع أو العلاقة بينهما. ولكن هناك عوامل تتعلق بالمقام، منها:

١١- **المكان.** في بعض الحالات، يتحكم المكان في اختيار اللغة. فترى الشخص ثنائي اللغة يوزع لغتيه بشكل تكاملي أو وظيفي على الأماكن المتنوعة التي يتواجد فيها. وهذا ما يدعى الثنائية التكاملية أو الوظيفية. ويتم اختيار اللغة حسب المكان بتوزيع يقرره الفرد ذاته: هل هو في البيت أم في المدرسة أم في الشارع أم في العمل؟ هل هو في هذا البلد أم في ذاك؟ داخل بلده أم خارجه؟

١٢- **مستمع طارئ.** أحياناً تبدأ المحادثة بلغة ما، ثم يحضر شخص ثالث لا يعرف هذه اللغة. هنا يتدخل عامل جديد يتطلب اختيار لغة يعرفها الشخص الثالث. ولذا يتم التحول إلى لغة أخرى من باب التأدب والمجاملة.

١٣- **درجة الرسمية.** عندما يتكلم شخص في موقف رسمي، مع طبيب، مع محامٍ،

مع قاض، مع مدرس، يختار لغة ما. وعندما يتكلم مع أصدقائه وأفراد أسرته يتكلم لغة أخرى. أي يختار لغة للعلاقات الرسمية ولغة للعلاقات الودية.

وهناك عوامل تؤثر في اختيار اللغة تتعلق بموضوع المحادثة:

١٤- **الموضوع.** في بعض الحالات يتحكم الموضوع في اختيار اللغة. فقد يختار شخص لغة ما للحديث عن العمل أو تخصصه العلمي ويختار لغة أخرى في غير ذلك. وقد يختار شخص لغة ما للحديث عن الدين ولغة أخرى في غير ذلك. وقد يختار شخص لغة ما للشتائم مثلاً. طبعاً يعتمد الأمر على العادة وعلى توفر المصطلحات والمفردات اللازمة لموضوع معين في لغة معينة وعلى اللغة التي تعلم بها تخصصه وعلى اللغة التي يتكلمها أثناء العمل.

وهناك عوامل تؤثر في الاختيار اللغوي تتعلق بوظيفة المحادثة منها (٥: ١٤١- ١٤٣):

١٥- **رفع المكانة.** أحياناً يختار شخص ما لغة ما بعينها للتحدث بها من أجل أن يرفع مكانته لدى المستمعين، وخاصة عندما تكون هذه اللغة مرموقة اجتماعياً أو علمياً. هنا يتم الاختيار لتحقيق هدف هو رفع مكانة المتحدث أو تحقيق اقتراب من قلوب المستمعين عن طريق اختيار اللغة التي يحبونها.

١٦- **زيادة المسافة الاجتماعية.** جاء شخص وتكلم لغة ما مع رئيسه فرد عليه الرئيس بلغة أخرى. ما تفسير مثل هذا السلوك؟ أراد المرؤوس استخدام ل$_1$ مثلاً مع رئيسه وكأنه يقول لرئيسه: أنا وأنت ننتمي إلى أصل واحد وأقلية واحدة، ولهذا أتوقع منك معاملة خاصة. فرد الرئيس عليه بلغة أخرى (ل$_2$) وكأنه يقول له: أنا هنا رئيسك وأنت مرؤوسي، دعك من الأصل المشترك، فنحن هنا في عمل رسمي، والمسافة بيننا يجب أن تبقى مناسبة، فلا تقترب مني أكثر، ولا مكان هنا لمعاملة خاصة. إذاً هنا الغرض من اختيار اللغة كأن الإبقاء على مسافة اجتماعية بين المتكلم والمستمع أو زيادة هذه المسافة.

١٧- **الاستثناء (أي الإقصاء).** مثال ذلك طبيب يتكلم مع مريض مستخدماً ل$_1$، ثم ينظر إلى زميله أو الممرضة ويبدأ باستخدام ل$_2$. لماذا اختار ل$_2$ للحديث مع زميله؟ ربما كان يقصد عدم إشراك المريض في المحادثة، لأنه يريد أن يتكلم عن خطورة مرض المريض فلا يريده أن يعرف ما يدور من الكلام. وفي حالات أخرى، يكون المعنى قاسياً جداً، إذ قد يفهم الشخص الثالث أن اختيار لغة لا يعرفها يعني أن عليه أن يترك المكان

أو أنه شخص غير مرغوب فيه.

١٨- الواسطة اللغوية. في بعض الحالات، تختار لغة ما للكلام وأخرى للكتابة. مثال ذلك بعض الهنود الحمر في أمريكا في مستوطنة نافاجو. المناقشات في الجلسات بالنافاجو ومحاضر الاجتماع بالإنجليزية. نص نشرة الأخبار مكتوب بالإنجليزية والنشرة تذاع بالنافاجو. والمرافعات تتم بالنافاجو ومحاضر المحاكمة تكتب بالإنجليزية (٥: ١٤٢).

وهكذا نرى أن شبكة من العوامل تعمل معاً في وقت واحد، ويقوم المتكلم باتخاذ القرار واختيار اللغة المناسبة بسرعة رغم تعدد العوامل، إذ تصبح لدى المتكلم خبرة في الاختيار فيستطيع اتخاذ القرار المناسب بسرعة تكاد تكون تلقائية. وكما رأينا، فهذه العوامل بعضها يتعلق بالمتكلم، وبعضها يتعلق بالمستمع، وبعضها يتعلق بالمقام، وبعضها يتعلق بالموضوع، وبعضها يتعلق بوظيفة الاتصال.

وعندما تتعارض العوامل، ماذا يحدث؟ قد توجب بعض العوامل اختيار ل$_{١}$ ويوجب بعضها اختيار ل$_{٢}$. في هذه الحالة يحدث أحد أمرين. إما أن تتغلب مجموعة من العوامل على المجموعة الأخرى، فترجح كفة اختيار ل$_{١}$ على كفة اختيار ل$_{٢}$ أو كفة اختيار ل$_{٢}$ على ل$_{١}$، وإما أن يختار المتكلم ل$_{١}$ و ل$_{٢}$ معاً أي أنه يتكلم ل$_{١}$ لفترة من الزمن ثم يتكلم ل$_{٢}$ ثم ل$_{١}$ وهكذا. وفي حالة الاختيار الثاني، أي تكلم ل$_{١}$ ول$_{٢}$ معاً، يكون المتكلم قد اختار خلط اللغتين كبديل لاختيار أحدهما. ويكون أيضاً قد دخل في عملية الاختيار المتكرر: أي عليه أن يختار اللغة التي يبدأ بها، ثم عليه أن يختار بين حين وآخر متى يتحول إلى اللغة الأخرى، ثم عليه أن يختار متى يعود إلى اللغة التي بدأ بها. وبعبارة أخرى، إن اختيار خلط اللغتين قد يكون أصعب من اختيار أحدهما، لأن اختيار أحد اللغتين يتم مرة واحدة، ولكن اختيار خلط اللغتين يستدعي اتخاذ قرارات متعددة لاختيار اللحظات المناسبة للتحول من لغة إلى أخرى. متى يتحول ولماذا من ل$_{١}$ إلى ل$_{٢}$ ومن ل$_{٢}$ إلى ل$_{١}$؟ هذا ما سنبحثه في المبحث التالي في هذا الفصل.

التحول اللغوي:

التحول اللغوي هو أن يتحول المتكلم من لغة إلى أخرى أثناء محادثة واحدة ومقام

واحد. ويختلف التحول عن التدخل من حيث أن الأول شعوري إرادي والثاني لا شعوري لا إرادي. كما يختلفان في الطبيعة: فالتحول يظهر على شكل جمل طويلة في ل١ متبوعة بجمل طويلة في ل٢ ثم في ل١ ثم في ل٢... الخ. أما التدخل فيظهر على المستويات الصوتية أو النحوية أو المفرداتية أو الدلالية. وهناك اختلاف في الوضوح: فالتحول ظاهر بادٍ للعيان، أما التدخل فقد يكون دقيقاً خفياً لا يكتشفه سوى الباحث المتعمق. وهناك اختلاف في الدور: فالتحول له دور وهدف، أما التدخل فلأنه غير شعوري فلا هدف له. وهناك اختلاف في النتيجة: فالتحول كما ذكرنا قد يكون مرغوباً فيه، أما التدخل فهو تلوين غير مرغوب فيه تقوم به لغة في أخرى. وهناك اختلاف في اطراف التعامل اللغوي: فالتحول يستدعي وجود متكلم ومستمع، أما التدخل فقد يحدث في الكتابة، أي دون وجود طرف تحاوري ثانٍ. وهناك اختلاف في الثنائية اللغوية: فالتحول يستدعي وجود متكلم يعرف ل١ و ل٢ ومستمع يعرف ل١ و ل٢ أيضاً، أما التدخل فلا يستدعي أن يعرف المستمع لغتين بل يستلزم أن يعرف المتكلم لغتين.

ويختلف التحول عن الاختيار اللغوي. فالأول نتيجة للثاني. عندما يختار المتكلم ل١ ليتكل بها، تبدأ المحادثة. وبين الحين والآخر يراجع المتكلم قراره: هل أستمر مع ل١، أم أتحول إلى ل٢؟ إذا قرر الاستمرار مع ل١، لا يحدث التحول. وإذا قرر العدول عن ل١ إلى ل٢، يحدث التحويل. وهكذا فالتحول والاختيار عمليتان مختلفتان ولكنهما في الوقت ذاته عمليتان مرتبطتان، فلا تحول من غير اختيار.

ويثير التحول اللغوي في نفوس أحاديي اللغة ردود فعل مختلفة أكثرها سلبي. بل ويثير ردوداً مماثلة لدى ثنائيي اللغة الذين يكثرون من التحول. ومن هذه الردود ما يلي (٥: ١٤٧-١٤٨):

١- التحول ناتج عن كسل المتكلم.

٢- التحول تدمير للغة ١ واللغة ٢.

٣- التحول خطر على الاتصال اللغوي.

٤- التحول إهانة للمستمع أحادي اللغة.

٥- المتحول، أي الشخص الذي يحول من لغة إلى أخرى، شخص لا لغة له؛ إنه لا لغوي nonlingual.

٦- المتحول ضعيف في اللغتين، إنه نصف لغوي .semilingual

٧- التحول يجعل اللغة (سلطة) لفظية عجيبة.

ولكن هناك من يدافع عن التحول من ثنائيي اللغة. وتأتي هذه الدفاعات على شكل التبريرات الآتية:

١- يساعد التحول على الاتصال.

٢- يحقق أهدافاً متعددة.

٣- لا مفر منه في المجتمعات ثنائية اللغة.

أسباب التحول:

إذا كان التحول كما ذكرنا عملية شعورية إرادية، فإنه يخضع للسؤال التالي: ما أسبابه أو دوافعه؟ لماذا يتحول المتكلم من لغة إلى أخرى؟ وماذا يحقق من هذا التحول؟ هناك أسباب عديدة للتحول تختلف من حالة إلى أخرى. من هذه الأسباب ما يلي (٥: ١٥٢- ١٥٧):

١- **التأثير.** هناك من يتحول ليؤثر في سامعيه. وكأنه يقول لهم: انظروا كم أنا طليق ماهر في ل٢ وفي ل١، إنني أعرف لغتين بطلاقة، لا تظنوا أنني أعرف ل١ فقط أو ل٢ فقط، أنا أعرف لغتين معرفة ممتازة.

٢- **الحاجة.** أحياناً يحدث التحول بنية بريئة سليمة، بقصد التوضيح لا يقصد التباهي والتفاخر بمعرفة ل٢. يتكلم المرء مستخدماً ل١، وفجأة يحتاج كلمة أو مصطلحاً أو جملة من ل٢، فيضطر إلى التحول إلى ل٢. وما أن تنتهي الحاجة إلى ل٢ حتى يعود إلى ل١ ويبقى معها ما وسعه ذلك.

٣- **الاستمرارية.** أحياناً يحدث التحول لسبب ما. فيتحول من ل١ إلى ل٢ مثلاً ولكن بما أنه قد تحول إلى ل٢ وانتهى الأمر إلى أنه صار مع ل٢، فهناك ميل محتمل إلى الاستمرار مع ل٢، لأن الرجوع إلى ل١ قد يشكل إعياء لدى المتكلم أو المستمع، وخاصة إذا لاحظ المتكلم أن المستمع لا يحبذ كثرة التحول.

٤- **الاقتباس.** قد يحدث التحول لأن المتكلم يريد اقتباس مثل أو بيت شعر أو قول مأثور أو حكمة من لغة أخرى. وهذا التحول، كما هو واضح، آني طارئ.

٥- **تحديد المخاطب.** قد يتحول المتكلم من لغة إلى أخرى إذا كان يتكلم إلى جماعة. ويقصد بهذا التحول توجيه الكلام إلى شخص ما في الجماعة أو مجموعة من الأشخاص باللغة التي هي لغتهم الأولى.

٦- **الانتماء.** قد يتحول شخص من ل₁ إلى ل₂ ليعطي إشارة إلى المستمع أن ل₂ هي لغتهما الأم وأنهما ينتميان إلى أصل واحد ولغة واحدة وأقلية واحدة. لنفرض أن أمريكياً من أصل عربي يتكلم مع أمريكي من أصل عربي بالإنجليزية. فإذا تحول أحدهما إلى العربية، فإن الإشارة الضمنية هنا قد تكون: لا تنس أننا من أصل واحد، يا صديقي.

٧- **انفعال معين.** إذا اعتاد شخص أن يتكلم مع آخر بلغة ما، وفجأة وعلى غير العادة تحول إلى لغة أخرى، فالأغلب أن مرد هذا هو نقل إشارة الانفعال أو الغضب أو الضيق. مثال ذلك والد اعتاد أن يتكلم مع أطفاله باللغة١، ثم تضايق منهم أو غضب، لذا تراه يتحول إلى ل₂ وكأنه يقول لهم: انتهى المزاح، وأنا الآن أكلمكم جاداً غير هازلي، وأنا على وشك الغضب الشديد إذا لزم الأمر.

٨- **السرية.** يتكلم شخص مع آخر باللغة ١. وفجأة يقترب منه ويهمس في أذنه باللغة ٢ أو يتحول إلى ل₂ دون همس أحياناً. وكأن التحول معناه ما يلي: اسمع، ما سأقوله لك أمر سري، وقد خصصتك به لأني أثق بك، فلا تذع الأمر.

٩- **الإقصاء.** يتكلم شخص مع جماعة مستخدماً ل₁ وأثناء الحديث، أراد أن يقول شيئاً لواحد من الجماعة دون سواه، أو لجزء من الجماعة دون الجزء الآخر. هنا قد يتحول إلى لغة معروفة لدى فئة وغير معروفة لدى فئة أخرى. إذاً التحول هنا الغرض منه إقصاء جماعة من المستمعين وقصر التفاهم على جماعة أخرى. وبالطبع إن هذا الإقصاء يثير حساسيات اجتماعية وهو إجراء غير مقبول في العادة، إلا أنه مع ذلك يحدث أحياناً.

١٠- **توسيع المسافة الاجتماعية.** يتكلم شخص بلغة ما مع شخص آخر. ثم يفطن المتكلم أن استخدام هذه اللغة قد يعطي لدى المستمع انطباعاً بأن المسافة بينهما قريبة. لذا يتحول إلى لغة ثانية وكأنه يقول لمحادثه: أذكرك بالمسافة التي بيننا، فلا تقترب أكثر مما ينبغي، هناك حدود وهناك مسافة.

١١- **التوكيد.** قد يتحول المتكلم من ل₁ إلى ل₂ لمجرد توكيد الجملة. أي يقول المعنى الواحد بلغتين بدلاً من أن يكرر الجملة ذاتها باللغة ذاتها. الغاية فقط هي لفت النظر إلى أهمية الفكرة.

أنواع التحول:

لابد من الإشارة إلى بعض أنواع التحول. فهناك التحول الإنتاجي productive .code – switching وهو تحول يقوم به المتكلم أو الكاتب. وهو تحول يقرره الفاعل اللغوي في كلامه أو كتابته. وفي كل مرة يحدث فيها تحول إنتاجي يحدث تحول من نوع آخر، ألا وهو التحول الاستقبالي receptive code- switching. وهو تحول يقوم به المستمع أو القارئ. فكلما تحول المتكلم من ل₁ إلى ل₂، كان على المستمع أن يتحول من ل₁ إلى ل₂ أيضاً. وكلما تحول الكاتب من ل₁ إلى ل₂ مثلاً، كان على القارئ أن يتحول معه.

والتحول الإنتاجي نوعان: تحول كلامي وتحول كتابي. والأول أشيع من الثاني، لأن الكتابة بطبيعتها رسمية لا تحتمل خلط لغتين، كما أن موضوعاتها تكون غالباً من النوع الذي لا يقبل خلط اللغتين. والتحول الاستقبالي قد يكون أصعب من التحول الإنتاجي، لأن المنتج هو الذي يختار اللغة ويختار التوقيت ويختار توزيع اللغتين على المقامات والموضوعات المختلفة، في حين أن المستقبل يفاجأ بالتحول وتوقيته وموضوعه. كما أن المنتج يتحول وهو واثق من قدرته على التعبير باللغة التي يتحول إليها، أما المستقبل فيما عليه إلا أن يستقبل وقد يكون قادراً على الاستيعاب أو غير قادر. كما أن المنتج يتوقع التحول قبل أن يقوم به فيستعد له، أما المستقبل فيفاجأ بالتحول وقد يستغرق وقتاً قبل أن يحول جهازه الاستقبالي إلى اللغة الجديدة.

نظام التحول:

التحول، كما رأينا، ليس عملية خلط عشوائي للغتين. إنه عملية واعية لها أهدافها النفسية والاجتماعية والاتصالية. وإذا حدث التحول بسرعة وتلقائية، كما هو حاله غالباً، يدل على براعة لغوية مزدوجة، أي ثنائية لغوية متوازنة.

والتحول لا يقع في أية نقطة على مسلسل الاتصال اللغوي، بل له أنظمته وقوانينه ومواقعه الخاصة به. فلا يقال مثلاً:

١- the ولد أخذ كتابي. لا يكون التحول بين أل التعريف والاسم المعرف.
٢- The أزرق book. هذا تحول نادر وغير مقبول.

٣- ذهب to المدرسة. هذا تحول نادر وغير مقبول.

٤- We نعرف ماذا سنفعل. هذا أيضاً نادر وغير مقبول.

فالتحول لا يقع اعباطياً. ولابد إذا كان التحول ضمن الجملة الواحدة من أن تناسب اللغة الطارئة اللغة الأصلية: أي إذا كان أكثر الجملة باللغة ١ وحدث تحول ضمن الجملة إلى ل$_{٢}$، فلابد أن تحل ل$_{٢}$ بشكل نحوي صحيح محل بديلاتها من ل$_{١}$. ولهذا يرى البعض أن عملية التحول ضمن الجملة هي عملية استبدال لغة بأخرى. ولهذا يعتقد أن المتكلم يستغرق وقتاً ليتحول، ولكن المستمع لا يلاحظ الوقت المستغرق لأن المتكلم يتوقع التحول الذي سيقوم به ويستعد له وهو يتكلم، أي أنه يستعد للتحول إلى ل$_{٢}$ وهو يتكلم ل$_{١}$.

والتحول قد يتم داخل حدود الجملة أو خارج حدودها. ويمكن أن ندعو الأول تحولاً داخلياً والثاني تحولاً خارجياً. ففي التحول الداخلي، يتحول المتكلم من ل$_{١}$ إلى ل$_{٢}$ أو من ل$_{١}$ إلى ل$_{٢}$ إلى ل$_{١}$. وفي هذه الحالة، قد يكون التحول على مستوى المفردات أو شبه الجملة. وفي حالة التحول الخارجي، يتم التحول بعد انتهاء الجملة السابقة: ل$_{١}$ ثم ل$_{٢}$، ثم يكرر النموذج التناوبي السابق، أو يستمر مع ل$_{٢}$ ولا يعود إلى ل$_{١}$، أو يعود إلى ل$_{١}$.

ويمكن تلخيص نماذج التحول الداخلي على النحو التالي:

(١) ل$_{١}$ + ل$_{٢}$

(٢) ل$_{١}$ + ل$_{٢}$ + ل$_{١}$

(٣) ل$_{١}$ + ل$_{٢}$ + ل$_{١}$ + ل$_{٢}$.

في الحالة (١)، يحدث التحول مرة واحدة في الجملة الواحدة. في الحالة (٢)، يحدث التحول مرتين: إلى ل$_{٢}$ ثم العودة إلى ل$_{١}$. وفي الحالة (٣)، يتكرر التحول ثلاث مرات: إلى ل$_{٢}$ ثم إلى ل١ ثم إلى ل$_{٢}$.

أما نماذج التحول الخارجي فيمكن تلخيصها كما يلي:

(٤) ل$_{١}$ + ل$_{٢}$ ......

(٥) ل$_{١}$ + ل$_{٢}$ + ل$_{١}$ ......

(٦) ل$_{١}$ + ل$_{٢}$ + ل$_{١}$ + ل$_{٢}$ + ل$_{١}$ + ل$_{٢}$ + ...

في الحالة (٤)، حدث التحول من ل$_{١}$ إلى ل$_{٢}$ واستمرت الجمل التالية في ل$_{٢}$. في الحالة (٥)، حدث التحول من ل$_{١}$ إلى ل$_{٢}$، ثم إلى ل$_{١}$، واستمرت الجمل التالية في ل$_{١}$. في الحالة (٦)، حدث التحول إلى ل$_{٢}$، ثم إلى ل$_{١}$، ثم إلى ل$_{٢}$، واستمرت الجمل متناوبة بين ل$_{١}$ و ل$_{٢}$.

التحول اللهجي:

هناك تحولات موازية يقوم بها أحادي اللغة، مما يدل على أن التحول مهارة ليست مقصورة على ثنائي اللغة، بل مقدرة لغوية عامة لها وظائفها. علينا أن نتصور شخصاً يتكلم بلهجة محلية معينة (مثلاً باللهجة التونسية)، ثم يتحول ليتكلم بلهجة محلية أخرى (مثلاً اللهجة السودانية). أو دعنا نتصور شخصاً يتكلم بالعربية الفصيحة ثم يتحول إلى اللهجة العامية أو شخصاً يتكلم بالعربية العامية ثم يتحول إلى العربية الفصيحة. لابد من أهداف في كل حالة ولابد من أسباب. وقد تكون الأسباب هنا غير مختلفة كثيراً عن أسباب التحول من لغة إلى أخرى. ومن الممكن تصور الأسباب الآتية:

١- البحث عن تعبير أدق.

٢- الإفهام والاتصال الأفضل.

٣- إرسال إشارة ضمنية تقول: أنا من بلدك، يا أخي، ألا تراني أعرف لهجتك.

٤- الاقتراب. وكأن التحول يعني: صحيح أنا من ..... ولكن كلنا عرب وأنا أعرف لهجتك.

٥- الرسمية. وخاصة عند التحول من العامية إلى الفصيحة.

٦- الإبعاد. وكأن التحول يعني: ابتعد عني، لا تقترب كثيراً، أنا أنا وأنت أنت.

٧- مناسبة الموضوع. فاللهجات العامية تناسب موضوعات الحياة اليومية وأما الفصيحة فتناسب الموضوعات العلمية.

الفصل السادس

قياس الثنائية اللغوية

الفصل السادس

قياس الثنائية اللغوية

في كثير من الحالات نرغب في قياس الثنائية اللغوية لدى الفرد أو المجتمع. نريد أن يعرف مثلاً اللغة المهيمنة لدى الفرد dominant language واللغة الأقل هيمنة، أو نريد أن نعرف مدى اتقان الفرد لكل من اللغتين. وقد نريد أن نعرف اللغات المستخدمة في مجتمع ما وحدود استعمال كل لغة ونوع هذا الاستعمال، وهذا ما يدعى بالإحصاء العام اللغوي language census. فما هي وسائل جمع المعلومات أو ما وسائل القياس؟

يمكن أن نقول إن وسائل القياس في حالة الثنائية اللغوية تشبه وسائل القياس في حالة مجالات أخرى عديدة. ومن أشهر هذه الوسائل الاختبار والاستبيان والمقابلة. وفي كثير من الحالات، وخاصة في الاستبيان والمقابلة، تنشأ مشكلات عديدة منها:

١- **التحريف المتعمد.** فإذا سئل شخص عن اللغات التي يعرفها فقد يحرف الحقيقة عن طريق زيادة لغات لا يعرفها أو حذف لغات يعرفها. وقد يفعل ذلك طمعاً أو خوفاً أو لهواً وهزلاً أو استهانة بقيمة الاستبيان.

٢- غموض "يعرف". فإذا سألنا ما اللغة التي تعرفها، فقد يفهم المستجيب أن "يعرف" معناها معرفة كاملة في حين أن الباحث يقصد أية درجة من المعرفة أو درجة معقولة من المعرفة. وقد يفهم المستجيب أن "يعرف" معناها أية معرفة ولو ضئيلة جداً في حين أن الباحث يقصد المعرفة الجيدة التي تصل إلى حد الاتقان.

٣- غموض "يتكلم، يقرأ، يكتب". فإذا سألنا ما اللغة التي تتكلمها، فقد يفهم المستجيب من ذلك التكلم المتقن أو البدائي في حين أن الباحث يقصد عكس ذلك. وينطبق الوضع نفسه على القراءة والكتابة.

٤- الأسئلة العامة. إن سؤالاً من نوع "هل تتكلم لغة كذا؟" سؤال عام لا يفيد الباحث كثيراً. فقد يعني هذا السؤال القدرة على الكلام دون ممارسته في الحياة اليومية. كما أنه لا يدل على كمية الكلام باللغة من مقارنة بالكلام باللغة ص، فقد يتكلم اللغة س بمعدل دقيقة في اليوم أو جملة واحدة في اليوم وقد يتكلمها بمعدل بضع ساعات أو

آلاف الجمل يومياً. إن الجواب بنعم أو لا لمثل هذا السؤال العام لا يعطي إضافة هامة دقيقة.

وبعبارة أخرى، إن إجابة نعم أو لا ليست هي الإجابة الأفضل في أغلب الحالات. وهذا يستدعي صياغة السؤال بطريقة أخرى تتطلب إجابة متدرجة. ففي حالة "يعرف"، يحسن السؤال عن مستوى المعرفة: هل هو ممتاز، جيد جداً، جيد، مقبول، ضعيف، لا يعرف. وفي حالة يتكلم ويقرأ ويكتب لغة ما، يحسن السؤال عن مستويات معرفية مماثلة. كما يحسن السؤال عن المستويات الكمية في الاستعمال الفعلي على أساس سلم اختيارات: كثيراً جداً، كثيراً، قليلاً، نادراً، أبداً. كما يحسن إعطاء كل اختيار قيمة عددية مثلاً ٥، ٤، ٣، ٢، ١، صفر، لتوازي ممتاز، جيد جداً، مقبول، ضعيف، لا أعرف على الترتيب، وإعطاء ٤، ٣، ٢، ١، صفر لتوازي كثيراً جداً، كثيراً، قليلاً، نادراً، أبداً على الترتيب. هذه القيم العددية تسهل المعالجة الإحصائية للاستجابات وتسهل عملية وصف الاستجابات والتعامل معها.

ويجب عند إعداد الاستبيانات والمقابلات الانتباه إلى الفروق بين اللغة الأولى واللغة المهيمنة واللغة المفضلة، فهذه المصطلحات ليست مترادفة على الإطلاق. فاللغة الأولى لدى شخص ما هي اللغة التي اكتسبها أولاً، وهي اللغة الأم، أي اللغة التي اكتسبها من والديه عادة وهي أول لغة عرفها في حياته منذ ولادته، علماً بأنه في بعض الحالات قد يكتسب الطفل لغتين أولبين (٢ ل١) كما في حالة الثنائية اللغوية المتزامنة. ولكن هذه اللغة الأولى قد لا تبقى المهيمنة، بمعنى أن ل$_1$ قد تتراجع أمام ل$_2$. فقد يجد الطفل نفسه في ظروف الهجرة مثلاً فينسى ل$_1$ شيئاً فشيئاً وتحل ل$_2$ محل ل$_1$، فتصبح ل$_1$ أقل هيمنة وتصبح ل$_2$ هي المهيمنة، أي الأكثر استعمالاً والأكثر طلاقة. وهذا لا يعني أن ل$_1$ تفقد الهيمنة في جميع الحالات، إن ل$_1$ قد تتخلى عن الهيمنة للغة ٢ في بعض الحالات. وهناك حالات تكون اللغة المفضلة مختلفة عن ل$_1$ وعن ل$_2$. ويقصد باللغة المفضلة اللغة التي يفضل المرء استخدامها في ظرف معين أو مكان معين أو لغرض معين: فقد يفضل الفرد استخدام ل$_1$ في البيت ول$_2$ في العمل ولهجة معينة من ل$_1$ مع صديق ما ولهجة معينة من ل$_2$ في الخطابات الرسمية، وهكذا. إذاً هناك ثلاثة مصطلحات مختلفة: اللغة الأولى the first l واللغة المهيمنة the dominant l واللغة المفضلة the preferred l .

وبما أن اللغة الأولى لا تعني أنها المهيمنة دائماً أو أنها الأكثر طلاقة دائماً أو أنها الأكثر استعمالاً دائماً، وبما أن اللغة المهيمنة قد لا تكون هي المفضلة في جميع الحالات، فإنه من المناسب التركيز على الاستفسار عن اللغة المفضلة (أي اللغة الأكثر استعمالاً) في المجالات المختلفة: البيت، العمل، المدرسة، الأصدقاء، الأحلام، الغناء، التفكير، الحساب الذهني. إذا سألنا الفرد عن اللغة المفضلة لديه في كل حالة من الحالات السابقة، نحصل على معلومات ذات قيمة أفضل من سؤالنا عن لغته الأولى أو لغته المهيمنة نظراً لأن اللغة الأولى من المحتمل أن تكون قد تراجعت أمام ل$_2$ ونظراً لأن هيمنة لغة قد لا تكون في كل المجالات.

قياس الثنائية اللغوية المجتمعية:

لقياس الثنائية اللغوية في مجتمع ما ضمن إحصاء لغوي أو ضمن إحصاء عام، لابد مما يلي:

١- إعداد وسيلة قياس فعالة شاملة خالية من الغموض.

٢- تجريب هذه الوسيلة بشكل استطلاعي لتنقيح الوسيلة وإكسابها مزيداً من الشمول والدقة والوضوح.

٣- اختيار عينة ممثلة للمجتمع المراد إحصاؤه.

٤- تدريب مقابلين ماهرين للقيام بجمع المعلومات.

وفي بعض الحالات، يقوم بالإحصاء اللغوي باحث ما لأغراض البحث العلمي فقط. ولكن في بعض الحالات الأخرى، تقوم الحكومة بهذا الإحصاء لأسباب إدارية أو سياسية. فقد تستخدم نتائج الإحصاء في اتخاذ قرارات إدارية أو سياسية من مثل تقسيم البلاد إلى مقاطعات أو ولايات بالاسترشاد بالحدود اللغوية بين السكان. وقد تستخدم النتائج لتقرير ثنائية التعليم أو ثنائية وسائل الإعلام أو تبني الدولة للثنائية رسمياً، أي جعل البلاد ثنائية اللغة. ولهذا إذا كانت الأهداف تتجاوز البحث العلمي، فقد يكون الإحصاء عاماً لكل السكان، دون الاكتفاء بعينة ممثلة منهم.

ومن أجل قياس الثنائية المجتمعية لا يمكن بالطبع استخدام الاختبارات، إذ لا يمكن اختبار الناس في منازلهم أو اختبار مئات الآلاف أو الملايين منهم. ولكن من الممكن

تضمين الاستبيان questionnaire أسئلة تعتمد على التقدير الذاتي self- rating من نوع: ما مدى اتقانك للغة من كلاماً؟ كتابة؟ قراءة؟ فهماً للمسموع؟ ويكون الجواب على سلم مصنف بالكلمات من نوع ممتاز، جيد جداً، جيد، مقبول، ضعيف، لا أعرفها.

قياس الثنائية اللغوية الفردية:

يمكن لقياس ثنائية الفرد استخدام وسائل عديدة يكمل بعضها بعضاً أو يغني بعضها عن البعض الآخر في بعض الحالات. من هذه الوسائل ما يلي:

١- الاستبيانات.

٢- الاختبارات.

٣- المقابلة.

٤- التقديرات الذاتية.

٥- تقديرات ذوي العلاقة.

الاستبيانات:

لقياس الخلفية اللغوية لفرد ما، لابد من جمع المعلومات عن الآباء والأمهات وسلوكهم اللغوي ومقدراتهم اللغوية. مثال ذلك (١١: ١٦):

١- ما اللغة التي تتكلمها الأم مع الأطفال في البيت؟

(أ) ل١ فقط (القيمة صفر) (يذكر اسم لغة محددة)

(ب) ل٢ فقط (القيمة صفر) (يذكر اسم لغة محددة)

(جـ) ل١ + ل٢ (القيمة ١) (تحدد اللغتان)

٢- ما اللغة التي يتكلمها الأب مع الأطفال في البيت؟

(أ) ل١ فقط

(ب) ل٢ فقط

(جـ) ل١ + ل٢

٣- ماذا يتكلم الأطفال مع بعضهم البعض في البيت؟

(أ) ل١ فقط

(ب) ل٢ فقط

(جـ) ل١ + ل٢

	أبداً	قليلاً	بشكل مقبول	بطلاقة
٤- هل تتكلم الأم ل١	٠	١	٢	٣
٥- هل تقرأ الأم ل١	٠	١	٢	٣
٦- هل تفهم الأم ل١	٠	١	٢	٣
٧- هل تكتب الأم * ل١	٠	١	٢	٣
٨- هل تتكلم الأم ل٢	٠	١	٢	٣
٩- هل تقرأ الأم ل٢	٠	١	٢	٣
١٠- هل تفهم الأم ل٢	٠	١	٢	٣
١١- هل تكتب الأم ل٢	٠	١	٢	٣
١٢- هل يتكلم الأب ل١	٠	١	٢	٣
١٣- هل يقرأ الأب ل١	٠	١	٢	٣
١٤- هل يفهم الأب ل١	٠	١	٢	٣
١٥- هل يكتب الأب ل١	٠	١	٢	٣
١٦- هل يتكلم الأب ل٢	٠	١	٢	٣
١٧- هل يقرأ الأب ل٢	٠	١	٢	٣
١٨- هل يفهم الأب ل٢	٠	١	٢	٣
١٩- هل يكتب الأب ل٢	٠	١	٢	٣

مثل هذا الاستبيان يساعد في جمع المعلومات عن الخلفية اللغوية للفرد في البيت، عن اللغات التي يعرفها الوالدان، وعن مدى استخدام كل لغة في البيت، مما يعطي مؤشراً على اللغة المهيمنة واللغة المفضلة في البيت. ويمكن أن تدعو مثل هذا الاستبيان استبيان الوالدين، لأنه يعني أساساً بالوضع اللغوي للوالدين ويجيب عنه الوالدان مباشرة.

وهناك استبيان عن اللغات المفضلة في المقامات المختلفة. ويكون السؤال على مثل هذا النحو:

ما اللغة التي تستعملها عادة في كل حالة مما يلي:

١- مع والدك ــــــــ

٢- مع والدتك ــــــــ

٣- مع جدك ــــــــ

٤- مع جدتك ______

٥- مع الأقارب من خارج الأسرة ______

٦- مع زوجتك ______

٧- مع أطفالك ______

٨- في المدرسة ______

٩- مع الأصدقاء ______

١٠- في النادي ______

١١- في السوق ______

١٢- في العمل ______

١٣- وأنت مريض ______

١٤- وأنت تلعب ______

١٥- وأنت متعب ______

١٦- في الغناء ______

١٧- في الأحلام ______

ويمكن أن يتضمن الاستبيان أسئلة خاصة عن كل لغة من النوع الآتي:

	كثيراً جداً	كثيراً	قليلاً	نادراً	لا
١- هل تقرأ مجلات باللغة س؟	٤	٣	٢	١	٠
٢- هل تقرأ جرائد باللغة س؟	٤	٣	٢	١	٠
٣- هل تسمع إذاعات باللغة س؟	٤	٣	٢	١	٠
٤- هل تشاهد أفلاماً باللغة س؟	٤	٣	٢	١	٠
٥- هل تقرأ كتباً باللغة س؟	٤	٣	٢	١	٠

ويجب أن نلاحظ أن الأسئلة من ١- ٥ أمام كل منها سلم من خمس درجات: كثيراً جداً، كثيراً، قليلاً، نادراً، لا. وتعطى لكل درجة قيمة عديدة هي ٤، ٣، ٢، ١، صفر على الترتيب. ويمكن بالطبع تكرار الأسئلة ذاتها بالنسبة للغة ص. ويمكن أن ندعو هذا الاستبيان استبيان التعرض اللغوي language exposure.

وهناك استبيان الدوافع motive questionnaire الذي يقيس نوعية وكمية الدوافع التي تجعل شخصاً يتعلم لـ٢. ويمكن أن يكون هذا الاستبيان على شكل جمل يبين الفرد رد فعله لها على سلم من خمس أو سبع درجات طرف منه يشير إلى تأييد الجملة تماماً والطرف الآخر يشير إلى رفضها تماماً. وهذا مثال على هذا النوع من الاستبيانات والمثال مأخوذ من بحث أجريته على معلمي العربية من غير العرب:

تعلمت اللغة العربية لأنها:

١- تساعدني في فهم العرب وطريقة حياتهم.

٢- تساعدني في الحصول على وظيفة.

٣- تساعدني على تكوين أصدقاء عرب.

٤- تزيد من مكانتي الاجتماعية بين قومي.

٥- تجعلني مثل العرب سلوكاً وتفكيراً.

٦- تزيد من ثقافتي.

٧- أحب العرب.

٨- تساعدني في فهم الإسلام.

٩- قريبة من لغتي الأولى.

ويوضح أمام كل جملة أو تحتها سلم من سبع درجات هكذا:

ليس هذا شعوري ١ ٢ ٣ ٤ ٥ ٦ ٧ هذا شعوري تماما.

وهناك استبيان يقيس المواقف (أو الاتجاهات) تجاه لـ١ و لـ٢ عن طريق سؤال الفرد عن موقفه من أهل لـ١ وأهل لـ٢ من حيث رأيه فيهم وفي صفاتهم مثل العمل، الوسامة، الأمانة، الوفاء، الصدق، الجد، الشجاعة، الكرم، حب المساعدة، التدين، الصبر، التسامح... الخ. ويوضع أمام كل صفة سلم من خمس درجات أو سبع، طرف منه يدل على أقصى درجة للصفة والطرف الآخر معناه نقيض هذه الصفة.

وهكذا نرى أن قياس الخلفية اللغوية linguistic background يتطلب استخدام عدة أنواع من الاستبيانات هي:

١- استبيان الوالدين parent questionnaire

٢- استبيان اللغات المفضلة Preferred- l questionnaire

٣- استبيان التعرض اللغوي l- exposure questionnaire

٤- استبيان الدوافع Motivation questionnaire

٥- استبيان المواقف Attitude questionnaire

ومما يساعد على إكمال الصورة تقديم استبيان عن تأثير الثنائية اللغوية ومردوده على الفرد. ويمكن أن ندعو هذا الاستبيان استبيان التأثير أو المردود .outcome questionnaire ويمكن أن يشمل هذا الاستبيان أسئلة من هذا النوع، يرد عليها الفرد باختيار: أوافق بقوة، أوافق إلى حد ما، أعارض إلى حد ما، أعارض بقوة: ما تأثير معرفتك ل٢ على حياتك؟

١- صرت محتاراً إلى أي شعب تنتمي.

٢- صرت محتاراً إلى أية ثقافة تنتمي.

٣- صرت محتاراً إلى أية لغة تنتمي.

٤- صار عندك صراع في القيم.

٥- صارت ل١ أضعف في الكلام.

٦- صارت ل١ أضعف في القراءة.

٧- صارت ل١ أضعف في الكتابة.

٨- نظر إليك قومك نظرة شك.

٩- زاد أصدقاؤك في بلدك.

١٠- زاد أصدقاؤك خارج بلدك.

١١- زادت ثقتك في نفسك.

١٢- زاد راتبك.

١٣- تحسن مستواك المعيشي.

١٤- زادت مكانتك الاجتماعية.

١٥- ابتعدت عن ثقافتك الأولى.

١٦- ابتعدت عن قومك.

١٧- ابتعدت عن لغتك الأولى.

١٨- تشعر أنك غريب في بلدك.

هذه الأسئلة، كما ذكرنا، تبين تأثير ل$_٢$ على انتماء الفرد للغة ١ والثقافة ١ وقومه، ومدى اقترابه من ل$_٢$ والثقافة ٢، ومدى الصراع بين الثقافتين ودرجة شعوره بالغربة، والفوائد أو المصاعب التي جناها من ل$_٢$، وتأثير ل$_٢$ على اتقانه للغة ١، وعلى المردود النفسي واللغوي والاجتماعي والثقافي والاقتصادي للغة ٢. وفي الواقع قد يكون من الأفضل أن تتخذ جميع الجمل اتجاهاً واحداً: الجانب الإيجابي أو الجانب السلبي للمردود، وهذا سيكون أفضل من ناحية إحصائية ولمعالجة البيانات. أو يمكن تجميع الجمل الإيجابية متتالية والجملة السلبية متتالية لتسهيل المعالجة الإحصائية. وهذا أفضل من خلط النوعين من الجمل.

الاختبارات المتوازية:

إن الاستبيانات لا تعطي معلومات كمية دقيقة عن قدرات الفرد في ل$_١$ و ل$_٢$، ولكنها تعطي معلومات عامة احتمالية عن هذه القدرات. فعندما يعطي الاستبيان معلومة من نوع أن تعرض الفرد للغة ١ أكثر من تعرضه للغة ٢، يمكن أن يدل هذا على أن ل$_١$ أقوى لديه من ل$_٢$. ولكن الاختبار يعطي معلومات قاطعة في هذا المجال ويبين كم هو الفرق بين اتقان ل$_١$ واتقان ل$_٢$، ويبين هل ثنائيته اللغوية طلقة أو غير طلقة، متوازنة أو غير متوازنة.

ويمكن أن تسير الاختبارات في عدة اتجاهات. يمكن أن نقيس كل لغة على حدة بوساطة اختبارات لغوية متوازية في درجة الصعوبة والطول والزمن ونوعية المهارة المقاسة، ويمكن أن نسمي هذه الطريقة طريقة الاختبارات المتوازية parallel tests. وهذا يعني أن نضع اختباراً في ل$_١$ واختباراً في ل$_٢$ بشرط أن يتكافأ الاختباران في عدد الأسئلة، مستوى الصعوبة، الزمن، طريقة الإجابة، نوع الأسئلة، موضوع الاختبار، ظروف إجراء الاختبار. ويمكن أن ندعو هذه الاختبارات أيضاً الاختبارات المتكافئة equivalent tests نظراً لتكافؤ أو تساوي الاختبارين في العوامل العديدة التي ذكرناها.

وليكون الاختبار صادقاً يستحسن أن يزيد المجال الذي يغطيه ليشمل الجوانب اللغوية المختلفة. فهناك مهارة الكلام ومهارة الكتابة ومهارة فهم المقروء ومهارة فهم

المسموع. هذه هي المهارات اللغوية الأربع الرئيسية. وهناك مهارات لغوية فرعية عديدة. ولقياس هذه المهارات هناك اختبارات عديدة منها اختبارات الأصوات التي يمكن أن تتخذ أحد الأشكال الآتية:

١- اختبار القراءة الجهرية لقياس نطق الأصوات.

٢- اختبار التمييز بين الثنائيات لقياس القدرة على تمييز الأصوات: هل تسمع كلمتين مختلفتين أم كلمة واحدة مكررة مرتين؟

٣- اختبار نطق الكلمات المكتوبة لقياس القدرة على النطق الصحيح.

وهناك اختبارات التراكيب النحوية التي يمكن أن تتخذ أحد الأشكال الآتية:

٤- تعديل الصيغة. عدل الكلمة التي بين قوسين لتناسب السياق. مثال: (يأتي) الولد أمس.

٥- ملء الفراغ: املأ الفراغ بكلمة واحدة مناسبة. مثال: أراد- يتعلم.

٦- الدمج. ادمج الجملتين في واحدة باستعمال الكلمة التي بين قوسين. مثال: درس الولد + نجح الولد + (لو).

٧- كشف الخطأ. ضع خطاً تحت الخطأ ثم صحح الجملة. مثال: كان جرى فسقط في الماء.

٨- إكمال الجملة. أكمل الجملة الآتية مثال: إن تسأل ــ

٩- الإعراب. أعرب ما تحته خط.

١٠- التحويل. حول الجمل الآتية من ماض إلى مضارع، أو من مفرد إلى جمع، أو من مذكر إلى مؤنث، أو من إخبار إلى استفهام، أو من مثبت إلى منفي... الخ.

١١- الاختيار من متعدد. اختر الجواب الصحيح من بين أربع إجابات.

١٢- إعادة الترتيب. أعد ترتيب هذه الكلمات لتكون جملة مفيدة.

وهناك اختبار المفردات الذي يمكن أن يشمل الأشكال الآتية أو بعضها:

١٣- الاختيار من متعدد. اختر الكلمة المناسبة للفراغ. مثال: أكل الولد- (الماء، الشراب، الطعام، الدواء).

١٤- المترادفات. أعط الكلمة المرادفة لكل مما يأتي.

١٥- الأضداد. أعط الكلمة المضادة لكل ما يأتي.

١٦- الشرح. اشرح معنى كل كلمة مما يأتي.

١٧- الاشتقاق. اشتق اسم الفاعل أو اسم المفعول أو المصدر أو فعل الأمر ... الخ مما يلي.

١٨- ملء الفراغ. املأ الفراغ بكلمة مناسبة من عندك.

١٩- المزاوجة. اختر من القائمة ب كلمة ترادف كل كلمة في القائمة أ.

وهناك اختبارات الإملاء أو التهجية والتي يمكن أن تجري بعدة أشكال منها:

٢٠- الإملاء المباشر. اكتب ما تسمع مع الكلمات أو الجمل.

٢١- كشف الخطأ. ضع خطأ تحت الكلمة التي فيها خطأ إملائي وصحح هذا الخطأ.

٢٢- الاختيار من متعدد. اختر الكلمة الصحيحة إملائياً من كل مجموعة مما يلي.

٢٣- الحرف المحذوف. أضف تاء مربوطة أو تاء مفتوحة لكل مما يلي. أو أضف ألفاً ممدودة أو ألفاً مقصورة.

٢٤- الاشتقاق. مثلاً أعط اسم الفاعل (على وزن فاعل) من الأفعال الآتية: سأل، ملأ، قال.

٢٥- الدمج. ادمج الكلمتين في كلمة واحدة مع إحداث التغيير اللازم إذا دعت الحاجة: عن + ما؟ إلى + ما؟ أن + لا.

وهناك اختبارات الخط التي تهدف إلى قياس جودة الخط في ل١ أو ل٢:

٢٦- انسخ الجملة الآتية.

٢٧- اكتب سطرين من عندك عن أي موضوع تختاره.

وهناك اختبارات لقياس فهم المقروء وفهم المسموع. والفرق بينهما مصدر المادة اللغوية: في فهم المقروء تكون المادة مكتوبة يقرؤها الفرد وفي فهم المسموع يسمع الفرد المادة اللغوية من شريط تسجيل أو من قارئ مباشرة. ويمكن أن تكون الأسئلة بعد القراءة أو الاستماع على النحو الآتي:

٢٨- أسئلة استيعاب مباشرة. أجب عن الأسئلة الآتية.

٢٩- الاختيار من متعدد. اختر الجواب الصحيح من بين عدة إجابات.

٣٠- الصواب والخطأ. ضع (خطأ) أو (صواب) بعد كل جملة مما يلي حسب

مقتضيات النص.

٣١- ملء الفراغ. أضف الكلمة المناسبة لكل جملة حسب متطلبات النص.

٣٢- المزاوجة. زاوج بين الجمل في المجموعة أ وما يكملها في المجموعة ب.

٣٣- الترتيب. رتب الجمل الآتية حسب تسلسل حدوثها زمنياً.

٣٤- التلخيص. لخص ما فهمت من النص.

وهناك اختبارات الكتابة الحرة:

٣٥- كتابة الفقرة. اكتب فقرة في أحد الموضوعات الآتية.

٣٦- كتابة المقال. اكتب مقالاً من ثلاث فقرات في الموضوع الآتي.

٣٧- تحويل المخطط. حول المخطط الآتي إلى فقرات مناسبة.

وهناك اختبارات التلخيص:

٣٨- أسئلة على النص. أجب عن الأسئلة الآتية لتكون ملخصاً للأصل.

٣٩- السؤال الشامل. أجب عن هذا السؤال لتعطي ملخصاً للأصل.

٤٠- التلخيص المباشر. لخص النص التالي إلى الربع أو الثلث.

وهناك اختبارات الترجمة:

٤١- من ل١ إلى ل٢. ترجم الجمل الآتية أو الفقرة الآتية من ل١ إلى ل٢.

٤٢- من ل٢ إلى ل١. ترجم الجمل أو الفقرات الآتية من ل٢ إلى ل١.

وهناك اختبارات الترقيم (أي وضع فاصلة، نقطة، علامة استفهام ... الخ):

٤٣- الإضافة المحددة بالنوع. أضف فاصلة (مثلاً) حيث يلزم في الفقرة الآتية.

٤٤- الإضافة غير المحددة. أضف آية علامة ترقيم تلزم إلى النص الآتي.

٤٥- الإضافة المحددة بعدد. أضف خمس فواصل حيث يلزم إلى النص التالي. أو أضف خمس علامات ترقيم حيث يلزم إلى النص التالي.

٤٦- الإضافة المحددة بالموقع. أضف في المواقع المبينة علامة الترقيم اللازمة في النص الآتي.

وهناك اختبارات التعبير الشفوي:

٤٧- الموضوع الحر. تحدث في أي موضوع تختاره.

٤٨- سؤال وجواب. أجب شفهياً عن الأسئلة الآتية.

٤٩- شريط وجواب. استمع إلى الشريط وأجب عن الأسئلة التي تسمعها وتوقف عن الإجابة عندما تسمع السؤال التالي.

٥٠- صورة وتعليق. ماذا ترى في هذه الصورة؟

٥١- حوار. تحاور مع زميلك حول موضوع كذا.

هذا عرض موجز لأنواع الاختبارات المختلفة (٢: ١٠٣- ١١٠). ويمكن عند قياس الثنائية اللغوية لدى فرد ما أن نقيس المهارات الأربع في كل لغة أو أن نقيس إحدى هذه المهارات أو أن نقيس مهارة واحدة إنتاجية ومهارة واحدة استقبالية أو نقيس أي عدد من المهارات الفرعية، مثلاً الترقيم ونطق الأصوات. وبالطبع كلما زاد عدد المهارات المقاسة، كان القياس أصدق وأثبت وأعم. وعند المقارنة يجب أن نتذكر أن نقارن المهارات المتماثلة بعضها ببعض، فلا يجوز مقارنة الكتابة في ل₁ مع الكلام في ل₂. ولا يجوز أن نقارن اختبار المفردات في ل₁ باختبار التراكيب النحوية في ل₂. علينا أن نقارن الكلام في ل₁ مع الكلام في ل₂ مثلاً أو الترقيم في ل₁ مع الترقيم في ل₂، أو الكتابة الحرة في ل₁ مع الكتابة الحرة في ل₂.

ويمكن بالطبع أن نقارن الدرجة العامة في ل₁ مع الدرجة العامة في ل₂. ويقصد بالدرجة العامة مجموع الدرجات في المهارات الأربع. هذه المقارنة في كل مهارة على حدة أو في الدرجة العامة توصلنا إلى الاستنتاج المطلوب من حيث مدى القدرة في كل مهارة في كل لغة على حدة ومن حيث الكفة الراجحة في كل مهارة: هل ترجح الكفة لصالح ل₁ أم لصالح ل₂ في كل مهارة على حدة؟ كما نتوصل إلى الإجابة عن الكفة الراجحة في اللغة عموماً: هل ترجح كفة ل₁ أم كفة ل₂ بشكل عام في مجموع المهارات. وهل الفرق بين اتقان اللغتين فرق صغير أم كبير؟

الاختبارات الخاصة:

الاختبارات المتوازية التي تحدثنا عنها في المبحث السابق يمكن أن نسميها اختبارات أحادية أو اختبارات أحادية اللغة، لأن الاختبار الواحد يقيس لغة واحدة دون الأخرى. ولكن في هذا المبحث سنعرض لاختبارات خاصة بقياس الثنائية اللغوية نشرحها واحداً واحداً فيما يلي.

١- **اختبار رد الفعل.** يعتمد هذا الاختبار على قياس الزمن الذي يستغرقه رد الفعل لدى لرد معين لمثيرات بشكل لغة على حدة، ثم مقارنة الزمن في حالة ل₁ مع الزمن في حالة ل₂. وبالطبع إذا قل زمن رد الفعل في ل₁ (مثلاً) عن الزمن في ل₂، دل هذا على هيمنة ل₁ على ل₂، أي أن الفرد موضع الدراسة أمهر في ل₁ منه في ل₂. ويمكن أيضاً أن ندعو هذه الطريقة اختبار زمن الاستجابة reaction- time test.

ويمكن أن يتم هذا الاختبار إجرائياً بطريقة عرض مجموعة من الصور لأشياء مختلفة مثل أنواع من النباتات والحيوانات والمصنوعات والحيوانات والمصنوعات والأدوات، ويطلب من الفرد أن يسميها باللغة ١ ثم باللغة ٢، ويحسب الزمن في كل حالة. ولإعطاء اللغتين فرصة متساوية في ترتيب العرض، يسمى النصف الأول من الصور باللغة ١ والنصف الثاني باللغة ٢، ثم يسمى النصف الأول باللغة ٢ والنصف الثاني باللغة ١.

ويمكن أن يتخذ اختبار رد الفعل شكلاً آخر. تعرض مجموعة من الأسئلة شفوياً يجاب عنها باللغة ١ ثم باللغة ٢ ويحسب الزمن المستغرق في كل لغة على حدة. وكيلا يكون هناك تحيز للغة ما دون الأخرى، يجاب عن النصف الأول من الأسئلة باللغة ١ والنصف الثاني باللغة ٢. ثم يجاب عن النصف الأول باللغة ٢ والنصف الثاني باللغة ١. ويحسب زمن ل₁ وزمن ل₂. والزمن الأقصر يدل على هيمنة لغة محددة.

ويجب ألا ننسى مهما كان نوع الاختبار عاملي الصدق والثبات اللذين يتطلبان بالضرورة زيادة عدد بنود الاختبار. كلما زاد عدد بنود الاختبار أو عدد الأسئلة، زاد صدق الاختبار وزاد ثباته، أي زادت درجة الاعتماد عليه كمؤشر لما يراد منه. ففي حالة اختبار رد الفعل، لا يجوز الاكتفاء بخمسة مثيرات لكل لغة، ولا بعشرة. قد نحتاج مثلاً خمسين مثيراً على الأقل، للكشف عن الفرق بين ل₁ و ل₂ لدى فرد ما.

٢- **اختبار اقتران الكلمات** word- association test. في هذا الاختبار تعطى سلسلة من الكلمات في اللغتين بالتناوب: كلمة من ل₁، ثم كلمة من ل₂، ثم من ل₁، ثم من ل₂... وهكذا. ويطلب من الفرد موضع الفحص أن يقرن بكل كلمة أية كلمات تخطر بباله بلغة الكلمة ذاتها. مثلاً، إذا كانت الكلمة (مدرسة)، يستطيع الفرد أن يقول: معلم، كتاب، مدير، تعليم، صف، كلية، جامعة، أستاذ، تلميذ، طالب... الخ. ويضبط الوقت

بحيث لا يتعدى دقيقة واحدة لكل كلمة. ثم يحسب عدد الكلمات في كل لغة على حدة، ويقارن بين العددين. واللغة التي يزيد عدد كلماتها عن الأخرى تكون هي المهيمنة لدى ذلك الفرد. وإذا تعادل العدد في اللغتين، دل ذلك على أن الفرد ذو ثنائية متوازنة.

٣- **اختبار الاستخلاص.** هنا تعطى كلمات لا معنى لها في ل١ ولا في ل٢. ويطلب من الفرد أن يستخلص من حروف كل كلمة كلمات من ل١ وكلمات من ل٢. مثال ذلك كلمة dansonodend. يمكنه أن يكون منها الكلمات الإنجليزية الآتية: sand, on, odd, ... send, son, no, an, and, end ... الخ. وإذا كانت ل٢ لديه هي الفرنسية، فعليه أن يستخرج أو يستخلص من الكلمة ذاتها الكلمات الفرنسية التي يستطيع تذكرها. والافتراض هنا أن اللغة المهيمنة هي التي ستحظى بالعدد الأكبر من الكلمات المستخلصة. ويصلح هذا الاختبار في حالة اللغات التي تكتب بنظام ألفبائي واحد، مثل اللغات الأوروبية. ولا يصلح مثلاً في حالة الإنجليزية والعربية نظراً لاختلاف النظام الكتابي بينهما.

٤- **اختبار القراءة المختلطة.** تخلط عشرون أو ثلاثون كلمة من ل١ مع عشرين أو ثلاثين كلمة من ل٢ تناظرها في المعنى. ويطلب من الفرد أن يقرأها قراءة جهرية بصوت عال. ويحسب زمن القراءة العام ليدل على درجة الثنائية اللغوية لدى الفرد. كلما زادت درجة الثنائية، قل الزمن المستغرق.

ويمكن تعديل هذا الاختبار بحيث تفصل كل لغة على حدة. ويقرأ الفرد كلمات ل١ ثم كلمات ل٢، ويحسب الزمن في كل حالة على حدة، ثم يقارن. ولابد هنا من اعتبار عامل الصحة، عن طريق زيادة زمن معين لكل قراءة خاطئة. واللغة الأقصر زمناً هي اللغة الأكثر هيمنة.

٥- **اختبار التدخل.** يتكلم الفرد أو يكتب بحرية أو استجابة لأسئلة معينة. أي ينتج اللغة ١ ثم اللغة ٢. ثم يجري تحليل لما قال أو كتب في ل١ أو ل٢. فإذا وجدنا أن ل١ تتدخل في ل٢، فهذا يعني أن ل١ هي المهيمنة. وقد نجد تدخلاً باتجاهين: ل١ تتدخل في ل٢ و ل٢ تتدخل في ل١. في هذه الحالة، نقارن بين قوة التدخلين. فإذا كان تدخل ل١ هو الأقوى، كانت الهيمنة للغة ١. وإذا كان تدخل ل٢ هو الأقوى، كانت الهيمنة للغة ٢.

وهناك اختبار خاص من اختبارات التدخل (٣: ٧٥). تعطى قائمة من كلمات مشتركة بين ل١ و ل٢. ويطلب من الفرد قراءتها جهرياً باللغة ١ ثم قراءتها جهرياً باللغة ٢. ويراقب نطقه: هل تتدخل ل١ وهو ينطق باللغة ٢؟ وإلى أي مدى؟ وهل تتدخل ل١ وهو ينطق باللغة ١؟ وإلى أي مدى؟ وهذا الاختبار، كما ذكرنا، يقيس التدخل الصوتي بوجه خاص. فإذا كان يميل إلى تغليب أصوات ونبر ل١، كانت ل١ هي المهيمنة لديه. وإذا كان يميل إلى تغليب أصوات ونبر ل٢، كانت ل٢ هي المهيمنة. وإجرائياً، يكسب الفرد درجة واحدة لكل كلمة ينطقها صحيحة ضمن ل١ أو ضمن ل٢. أي يعطى الفرد درجة للغة ١ ودرجة للغة ٢. وفي حالة الثنائي المتوازن، نراه يأخذ درجتين متعادلتين تقريباً.

٦- **الاختبار تحت ظروف خاصة.** يستند هذا النوع من الاختبارات إلى فرضية تقول إن اللغة المهيمنة تكون هي المفضلة، أي الأكثر استعمالاً، في حالات المرض أو التعب أو التوتر. فإذا كان الشخص مريضاً مثلاً، تراه يتكلم باللغة الأقوى لديه، لأنها الأيسر إنتاجاً. ويبدو أن اللغة الأضعف تكلفه جهداً أكبر لا يستطيع أن يبذله وهو في حالة المرض أو التعب. واستناداً إلى هذا الافتراض، تجري اختبارات لغوية للفرد يطلب منه فيها أن يستجيب بأية لغة يشاء لأسئلة توجه إليه بلغتين. وتوجيه السؤال ذاته باللغتين ضروري لتحييد عامل لغة المثير. فإذا سألت شخصاً ما باللغة ١ فهناك احتمال أن يرد عليك باللغة ١ لأنك سألته بها. ثم تجري دراسة استجاباته: هل يستجيب باللغة ١ أم باللغة ٢؟ أو هل استجاباته باللغة ١ أكثر أم باللغة ٢ أكثر؟ إذا كانت الاستجابات باللغة ١ مثلاً فقط رغم أنه كان يسأل باللغتين، فهذا يدل على أن ل١ هي المهيمنة. وإذا كانت أكثر استجاباته باللغة ١ مثلاً، فهذا يدل على هيمنة ل١ أيضاً. وإذا كانت الاستجابات باللغتين متساوية في عددها أو كميتها زمنياً، فهذا يدل على أنه ثنائي متوازن.

٧- **اختبار التوافق الدلالي.** في هذا الاختبار تعطى أفعال في جمل بكل لغة على حدة، ثم يطلب من الفرد أن يختار الحال الملائم للفعل من بين عدة أحوال. وفي اللغة الإنجليزية، يناظر الحال ما يدعى **adverb of manner**. مثال ذلك: قاتل الجندي، (كريماً، ضاحكاً، مستبسلاً). ومن المعروف أن قدرة المرء على التوافق الدلالي الصحيح بين الفعل والحال ترتبط ارتباطاً موجباً بقدرته اللغوية العامة في لغة ما. ثم تقارن درجته في ل١ مع درجته في ل٢ للاستدلال على هيمنة لغة ما على أخرى لديه أو على توازن اللغتين.

ومثل هذا الاختبار يصح أن يعد من بين الاختبارات المتوازية، وسبب وضعه بين الاختبارات الخاصة أنه شاع استخدامه لقياس الثنائية اللغوية. ويدعى هذا الاختبار بالإنجليزية semantic- congruity test.

٨- **اختبار الاستيعاب المتناوب.** تستخدم هنا مادة قرائية مختلطة الجمل. تبدأ الفقرة باللغة ١، ثم تقدم المعاني باللغة ٢، ثم باللغة ١ وهكذا. أي تتناوب اللغتان كوسيلة للتعبير. وهذا لا يعني أن المعنى الواحد يقدم باللغة ١ ثم باللغة ٢، أو أن الجملة الواحدة تقدم باللغة ١ ثم تترجم إلى ل$_2$. بل يعني أن الفقرة تحتوي على جمل تتناوب اللغتان في أدائها وأن كل جملة تكمل ما قبلها ولا تكررها، ولكن تختلف عنها في اللغة فقط. بعد أن يقرأ الفرد المادة، تقدم له أسئلة تقيس مدى استيعابه. ويمكن أن تكون الأسئلة باللغة ١ أو باللغة ٢ أو باللغتين متناوبتين. فإذا كان ل$_1$ هي المهيمنة لديه، تراه يجيب أفضل عن الأجزاء التي ظهرت في النص باللغة ١. وإذا كانت ل$_2$ هي المهيمنة، كانت إجاباته أفضل عن الأجزاء المكتوبة باللغة ٢. وإذا كان متوازن الثنائية، كانت درجته عن الأجزاء المكتوبة باللغة ١ معادلة لدرجته عن الأجزاء المكتوبة باللغة ٢. ويكن أن توضع له درجة استيعاب عامة دون الالتفات إلى ل$_1$ أو ل$_2$ للكشف عن درجة ثنائيته. فكلما علت درجة استيعابه للنص الثنائي، زادت درجة ثنائيته اللغوية. ويدعى هذا الاختبار بالإنجليزية language- alternation test.

٩- **اختبار الاستماع المزدوج.** هنا يستمع الفرد إلى مادتين لغويتين مختلفتين، مادة باللغة ١ بالأذن اليمنى ومادة باللغة ٢ بالأذن اليسرى، في وقت واحد عن طريقة سماعة خاصة بكل أذن متصلة بمصدر صوتي مختلف. ثم تتغير الأذن المستقبلة في منتصف المادة اللغوية: أي تستقبل الأذن اليمنى ل$_2$ بدلاً من ل$_1$ وتستقبل الأذن اليسرى ل$_1$ بدلاً من ل$_2$. وهذا التغيير في الأذن المستقبلة ضروري لتحييد هيمنة الأذن اليمنى عادة أو الأذن اليسرى في بعض الحالات. ثم تقدم أسئلة استيعاب خاصة بكل لغة وتوضع درجة لكل لغة، ثم تقارن الدرجتان لتحديد اللغة المهيمنة أو تقرير حالة التوازن. ويدعى هذا الاختبار بالإنجليزية dichotic listening test.

١٠- **اختبار ستروب** stroop test (نسبة إلى العالم الذي صممه). في هذا الاختبار تكتب كلمات مثل أحمر، أزرق، أخضر، أبيض، أي كلمات يدل معناها على ألوان،

تكتب باللغة ١ واللغة ٢ بالتناوب، وتظهر الكلمة بحبر يخالف معناها. فكلمة أحمر مثلاً تكتب بحبر أسود. ويطلب من الفرد أن يسمي لون الحبر باللغة ٢ إذا كانت الكلمة المكتوبة على بطاقة باللغة ١ وباللغة ١ إذا كانت الكلمة مكتوبة باللغة ٢. مثال ذلك إذا كانت كلمة أحمر مكتوبة بحبر أسود، فعليه أن يقول .black وإذا كانت كلمة white مكتوبة بحبر أخضر، فعليه أن يقول أخضر. ثم توضع له درجة لكل لغة وتقارن درجتاه. أو توضع له درجة عامة توضح درجة ثنائيته. وتوضع الدرجة هنا على أساس احتساب الزمن اللازم لانتقال الذهن من $ل_١$ إلى $ل_٢$ ومن $ل_٢$ إلى $ل_١$. وكلما قل الزمن، زادت درجة الثنائية واقتربت الثنائية من التوازن.

وفي مثل هذا الاختبار من الممكن استخدام كلمات لا تعني ألواناً. ولكنها مكتوبة بألوان مختلفة. وعلى الفرد أن يسمي اللون بلغة غير لغة الكلمة المكتوبة. ووجد هنا أن الوقت اللازم للاستجابة أقل منه في حالة استخدام كلمات تعني ألواناً.

ويقارن الوقت الذي يستغرقه الفرد بوقت معياري يتوصل إليه عن طريق احتساب معدل الأوقات التي يستغرقها أفراد ذوو ثنائية طلقة متوازنة أخذوا الاختبار ذاته وتبين أنهم متوازنو الثنائية من خلال مقاييس أخرى أو من خلال دراسة حالاتهم الفردية.

١١- **اختبار قوائم الكلمات.** في هذا الاختبار يستمع الفرد إلى قائمة كلمات تحتوي على ست إلى عشر كلمات متناوبة باللغتين: أي كلمة من $ل_١$ وكلمة من $ل_٢$ وكلمة من $ل_١$ وكلمة من $ل_٢$... الخ بشرط أن تتساوى كلمات اللغتين من حيث درجة المألوفية والسهولة والحقل الدلالي. ويحتوي الاختبار على عدة قوائم مماثلة. بعد أن يستمع الفرد إلى القائمة، يطلب منه أن يعيد ما سمع. وتوضع لكل قائمة درجتان: درجة لما تذكر من كلمات $ل_١$ ودرجة لما تذكر من كلمات $ل_٢$. ثم تجمع درجات $ل_١$ ودرجات $ل_٢$ في سائر القوائم. فيكون للفرد درجة في $ل_١$ ودرجة في $ل_٢$. والافتراض أن الفرد يستعيد اللغة المهيمنة أفضل من استعادته اللغة الأضعف. فإذا كانت درجة $ل_١$ في تذكر قوائم الكلمات أعلى، كانت $ل_١$ هي المهيمنة. وإذا كانت درجة $ل_٢$ أعلى، كانت $ل_٢$ هي المهيمنة.

ويتوجب أن نتذكر في الاختبارات جميعاً ضرورة مناسبة الاختبار للهدف منه، وضرورة

ملاءمته لعمر الأفراد موضع الدراسة، وضرورة أن يكون طول الاختبار مناسباً حتى يزداد صدقه وثباته. وإذا أريد استخدام الاختبار عدة مرات فلابد من تقنينه أو تعييره، وهذا يستدعي تجريبه وتنقيحه والتأكد من معامل صدقه ومعامل ثباته، كما يستدعي وضع سلم لدرجاته لتفسير دلالة كل درجة.

المقابلة:

من الممكن استخدام المقابلة لجمع البيانات أو استخدامها للتأكد من معلومات وردت بطريق آخر كطريق الاختبار أو طريق الاستبيان. كما أن المقابلة قد تكون ضرورية في مرحلة إعداد الاستبيان اللغوي، وذلك للتأكد من أن الأسئلة واضحة المعنى، لا غموض فيها، تنقل المعنى الذي يقصده الباحث، ولا تنقل معنى آخر. ويتحقق هذا الهدف عن طريق تفاعل المقابل مع المقابل وما يصحبه من استفسارات واستيضاحات.

وفي الحالات الثلاث (أي المقابلة لجمع البيانات والمقابلة للمتابعة والمقابلة للإعداد)، لابد من أن تعتمد المقابلة على استبيان معد سلفاً. ففي حالة المقابلة لجمع البيانات، لابد من وجود استبيان مع المقابل الذي يقوم بتوجيه الأسئلة التي يحتوي عليها الاستبيان ويقوم هو أيضاً بملء الاستبيان وفقاً لإجابات المقابل. وفي حالة المقابلة للمتابعة، follow- up , interview يذهب المقابل إلى الشخص ليسأله بعض الأسئلة الواردة في الاستبيان ذاته الذي سبق أن ملأه الشخص ذاته بقصد الاستيضاح أو التأكد من ثبات الجواب. وفي حالة المقابلة للإعداد، يذهب المقابل أو الباحث إلى المقابل ومعه استبيان تجريبي يجيب عنه المقابل بحضور المقابل أو على الأقل يقرؤه المقابل بحضور الباحث ليطلع الأخير على ردود الفعل ومواضع الغموض. وفي ضوء هذه الردود، يقوم الباحث بإعادة صياغة الاستبيان وتعديل الجمل الغامضة.

وفي الواقع، لابد من الانتباه إلى أمر هام هنا. وهو أن بعض الاستبيانات تسمح بالمقابلة، أي لا تتعارض طبيعة أسئلتها مع طبيعة المقابلة ولكن بعض الاستبيانات لا تسمح بالمقابلة، لأن المقابلة تقضي على حرية الشخص في الاستجابة. فإذا كان الاستبيان يحتوي على أسئلة خاصة لا يرغب المقابل أن يعرفها الناس عنه، فإن المقابلة تصبح عائقاً ويجب عدم استخدامها.

التقديرات الذاتية:

هذه وسيلة أخرى لقياس الثنائية اللغوية. وهنا يسأل الفرد أسئلة مباشرة عن تقديره هو لمستوى أدائه في كل من ل١ و ل٢، كلاماً وقراءة وكتابة واستماعاً. ويعطي الجواب على سلم يتكون من خمسة اختيارات: ممتاز، جيد جداً، جيد، مقبول، ضعيف. ويمكن أن يضاف إليها اختيار سادس هو (لا أعرفها).

كما يمكن أن نستخدم التقديرات الذاتية في أسئلة تتعلق بمدى استخدام كل لغة في حالات متعددة. ويمكن أن يكون شكل هذا الاستبيان هكذا على سبيل المثال، مع التقديم له بسؤال عن ما هي درجة استخدامك للغة كذا واللغة كذا في كل من الحالات المذكورة.

الحالة	**اللغة**	**التقدير**				
		كثيراً جداً	**كثيراً**	**قليلاً**	**نادراً**	**لا**
١.مشاهدة التلفزيون	ل١					
	ل٢					
٢.الاستماع إلى الإذاعة	ل١					
	ل٢					
٣. قراءة الكتب	ل١					
	ل٢					
٤. قراءة الجرائد	ل١					
	ل٢					
٥. قراءة المجلات	ل١					
	ل٢					
٦. مع الأصدقاء	ل١					
	ل٢					

الحالة	اللغة	التقدير				
		كثيراً جداً	كثيراً	قليلاً	نادراً	لا
٧. في البيت	ل$_{١}$					
	ل$_{٢}$					
٨. في الملعب	ل$_{١}$					
	ل$_{٢}$					
٩. في المدرسة	ل$_{١}$					
	ل$_{٢}$					

والتقديرات الذاتي تتخذ شكل استبيان يقوم الفرد بالإجابة عنه مقدماً معلومات مباشرة عن قدرته في كل لغة وعن استخدامه لكل لغة. وهو بذلك يختلف عن استبيانات الوالدين واستبيانات الدوافع واستبيانات المواقف، حيث إن هذه الاستبيانات يملؤها الوالدان (كما في حالة استبيان الوالدين) أو يملؤها الفرد نفسه ولكنها تتعلق بالمواقف والدوافع وليس بالمقدرة اللغوية. كما أن استبيان التقدير الذاتي يختلف عن استبيان التعرض. لأن الأول يهتم بالمقدرة اللغوية أو الاستخدام اللغوي (أي التعرض اللغوي)، في حين أن الثاني يهتم بالتعرض اللغوي فقط.

تقديرات ذوي العلاقة:

يمكن جمع المعلومات عن الثنائية اللغوية لفرد ما من أناس ذوي علاقة قوية به، مثل والده ووالدته ومعلميه. ويمكن أن توجه إليهم الأسئلة ذاتها التي وردت في مبحث التقديرات الذاتية، أي بدلاً من أن يجيب هو يجيب والده أو معلمه أو والدته. ويمكن أن تشمل هذه الأسئلة أسئلة عن قدرته في ل$_{١}$ و ل$_{٢}$ في المهارات اللغوية الرئيسية (الكلام والكتابة والقراءة والاستماع). كما يمكن توجيه أسئلة عن اللغات التي يتكلمها في حالات مختلفة وعن مدى استخدامه أو تعرضه لها

الفصل السابع

التعليم الثنائي

الفصل السابع

التعليم الثنائي

لقد استخدم مصطلح التعليم الثنائي اللغة ليؤدي معاني مختلفة. فلقد استخدمه البعض ليدل على أية مدرسة فيها لغتان بما في ذلك اللغة الأجنبية. وهذا يعني أن كل مدرسة تعلم لغة غير اللغة الأولى توصف بأن فيها تعليماً ثنائي اللغة. وبذلك تصبح معظم برامج التعليم في العالم من هذا النوع، لأن معظم البرامج، إن لم تكن جميعها، تعلم لغة أجنبية واحدة أو أكثر في مدارسها. وعلى سبيل المثال، جميع المدارس المتوسطة والثانوية في البلاد العربية تعلم اللغة الإنجليزية أو اللغة الفرنسية، فهي بذلك تقدم تعليماً ثنائي اللغة بموجب هذا التعريف.

ولكن بعض الباحثين يستخدم هذا المصطلح، أي مصطلح التعليم الثنائي اللغة، ليدل على شيء مختلف عن المعنى السابق. يقصدون بالمصطلح مدرسة تستخدم لغتين كواسطة للتعليم، مثلاً ل‍١ لتعليم العلوم ول‍٢ لتعليم الآداب. وبهذا المعنى، لا تدخل برامج تعليم اللغات الأجنبية تحت مصطلح التعليم الثنائي اللغة.

ويرى البعض أن التعليم الثنائي يجب أن يتميز بالمكونات الآتية (١٧: ٢٢٣ - ٢٢٤):

١- يجب أن تقدم التعليمات وبرامج التوعية والإرشادات المدرسية للطالب المستجد باللغة التي يعرفها. فإذا كان الطالب لا يعرف لغة الأكثرية، يجب أن تقدم له الإرشادات المدرسية بلغته هو، لا بلغة تفرض عليه، أو بلغة لا يعرفها.

٢- إذا كان الطالب لا يتقن أو لا يعرف لغة الأكثرية (ل‍٢)، فمن حقه أن تقوم المدرسة بتعليمه لغته الأولى (ل‍١) استماعاً وكلاماً وقراءة وكتابة، إذ لا يجوز تعليمه ل‍٢ قبل اتقانه جميع مهارات ل‍١.

٣- بعد أن يتقن الطالب المهارات الأربع في لغته ل‍١، تعلمه المدرسة المهارات الأربع في ل‍٢.

٤- تعلم المدرسة الطالب المواضيع الدراسية المختلفة باللغة التي يتقنها. فلا يجوز تعليمه باللغة ٢ إذا كان ضعيفاً فيها. والأحرى تعليمه باللغة ١ التي يتقنها.

٥- تبدأ المدرسة بتعليم الموضوعات الدراسية باستخدام لـ٢ تدريجياً وحسب تقدم الطالب في لـ٢.

٦- تهتم المدرسة بتقديم برامج تلتصق بالثقافة الأولى للطالب لتعزيز ثقته بنفسه وكرامته. وهذا يعني أن تقدم المدرسة لغتين وثقافتين، فيكون التعليم فيها ثنائي اللغة وثنائي الثقافية معاً.

موقف الدولة:

وفي الحقيقة إن التعليم الثنائي اللغة يعتمد وجوده ونوعه وحجمه بالدرجة الأولى على سياسة الدولة الاجتماعية واللغوية والداخلية. فعلى الدولة قبل أن تقرر السماح بالتعليم الثنائي اللغة أن تجيب عن أسئلة كثيرة منها:

١- ما تأثير التعليم الثنائي اللغة (ت ث ل) على تماسك الأمة؟

٢- هل سيؤدي ت ث ل إلى حركات انفصالية تطالب بالاستقلال؟

٣- هل سيؤدي ت ث ل إلى طمع الأقليات في مزيد من الحكم الذاتي والهوية الذاتية؟

٤- هل سيؤدي ت ث ل إلى مشكلات إدارية؟

٥- هل سيهدد ت ث ل الوحدة الثقافية في البلاد؟

٦- هل سيهدد ت ث ل الولاء السياسي للأقليات ويجعلها تتطلع خارج الحدود؟

٧- هل سيتطلب ت ث ل مزيداً من النفقات الاقتصادية لإعداد برامج ومناهج تعليمية خاصة؟

٨- هل ستسمح الدولة لكل مدرسة أو مقاطعة بحرية الاختيار بين تعليم أحادي اللغة وتعليم ثنائي اللغة أم ستقوم الدولة بتحديد الجهات التي يسمح لها باستخدام ت ث ل؟

٩- هل سيتطور ت ث ل، إذا بدأ، إلى تعليم متعدد اللغات؟

١٠- هل يسمح توزيع السكان من حيث الكثافة وتمركز الأقليات بإقامة ت ث ل؟

١١- هل تريد الدولة دمج الأقليات والتخلص منها أم تريد لها البقاء؟

١٢- هل سيحل ت ث ل المشكلات أم سيوجد مشكلات يصعب حلها فيما بعد.

١٣- ما هي المكاسب من ت ث ل وما هي المحاذير؟ وأيهما ترجح كفته؟

على واضعي سياسة الدولة الداخلية أن ينظروا في هذه الأسئلة اللغوية. وليس هناك تناقض بين الأسئلة السياسية والأسئلة اللغوية، فاللغة من ألصق الأمور بالسياسة، لأن اللغة معناها الفكر والثقافة والولاء والاتصال. إن اللغة هي الحياة. ولابد للسياسي من الإجابة عن هذه الأسئلة عند رسم السياسة اللغوية في بلده.

معارضة التعليم الثنائي اللغة:

هناك من يعارض ت ث ل لأسباب مختلفة، بل منهم من يعارضه رغم أن ت ث ل قد اقترح أساساً من أجله ومن أجل أبنائه. وعلى سبيل المثال، بعض الآباء، من المهاجرين الجدد إلى بلد مثل أمريكا، قد عارض أن تعلم المدرسة ابنه باللغة الإسبانية (ل١). إنه يريد أن يتعلم ابنه باللغة الإنجليزية (ل٢)، لغة الولايات المتحدة الأمريكية. هذا الأب يرى في ت ث ل تهديداً لمستقبل ابنه. إن ابنه بحاجة إلى ل٢ أكثر من حاجته للغة ١، لذا يرى أن استخدام ل١ في التعليم يكرس عزل ابنه عن المجتمع الأمريكي ويكرس ضعف ابنه في ل٢، وضعفه في الدراسة بالتالي وضيق فرص العمل في وجهه مستقبلاً.

إن بعض الآباء يرى في المدارس الثنائية اللغة إضعافاً لمستوى الدراسة. فالطفل موزع بين لغتين، وهو في رأيهم سيكون ضعيفاً فيهما معاً. كما أن بعض الآباء يشكون في الفائدة من هذا النوع من التعليم.

وبعض الآباء ينظر إلى ت ث ل على أنه يهدد ذكاء الطفل ويجعله مشغولاً بلغتين منذ أول حياته الدراسية، ويجبره على أن يحفظ كلمتين لكل شيء يراه في حياته، مما يسبب له عبئاً في الحفظ والذاكرة. ويرون أن ت ث ل يهدد التحصيل الدراسي للطفل ويهدد طريقة تفكيره وشخصيته، على أساس أن الطفل سيتعامل مع نظامين للتعبير والتفكير، بل ومع ثقافتين.

ويرى البعض أن ت ث ل يعيق أو يؤجل تعلم الطفل للغة ٢ التي هي لغة المجتمع الذي يعيش فيه. وهذا يؤثر سلبياً على تكيفه الاجتماعي وسرعة اندماجه في المجتمع الجديد.

والبعض يرى في ت ث ل خطراً على وحدة الأمة لأنه يثير الأقليات ويجعلها تحن إلى أصولها وقد تطالب بما هو أكثر من لغتها، قد تطالب بالانفصال والاستقلال أو الحكم الذاتي. ويرون أن ت ث ل سيؤدي إلى ثنائية لغوية في وسائل الإعلام. كما أن خطره قد يزداد فتطالب الأقلية باعتبار لغتها لغة رسمية، فيصبح البلد ثنائي اللغة أو متعدد اللغات رسمياً. ويرى البعض أن ت ث ل قد يدمر الوحدة الثقافية والفكرية في البلد الواحد، وهذه مقدمة لزعزعة الاستقرار السياسي في البلاد.

ويرى البعض أن ت ث ل قد يدمر مستوى التعليم في البلد، ويضعف من فعالية الإجراءات الإدارية، ويعقد العمل الإداري، ويزيد من نفقات التعليم، لأن ت ث ل يستدعي إعداد المعلمين والبرامج وإجراء بحوث وإعداد اختبارات خاصة. كل ذلك يتطلب وقتاً وجهداً ومالاً.

وعلى هؤلاء المعارضين لـ ت ث ل أن يستعدوا للرد على المؤيدين الذين يقدمون حججاً لا تقل إقناعاً ولا تقل عدداً عن حجج المعارضين.

تأييد التعليم الثنائي اللغة:

تبدو حجج معارضي ت ث ل قوية ومقنعة. ولكن عندما نسمع حجج المؤيدين لـ ت ث ل، تختلف الصورة. ومن الحجج التي يسوقها مؤيدو ت ث ل ما يلي:

إذا دخل الطالب، طالب من الأقلية، لا يعرف لغة التدريس في المدرسة، لا يعرف لغة الأكثرية ل$_{٢}$، أو لا يعرف منها سوى القليل، وبدأ تدريسه باللغة ٢ وهو يكاد لا يتقن لغته ل$_{١}$، فماذا ستكون النتيجة؟ إنه يعرف ل$_{١}$ كلاماً ولكنه لم يتعلمها قراءة وكتابة، بل لا يعرف من كلامها إلا المهارات الأساسية. وبدأ تعليمه الموضوعات الدراسية المختلفة باللغة ٢ التي لا يعرفها، وعومل كأنه طالب يتقن ل$_{٢}$. النتيجة واضحة: الرسوب والفشل في معظم المواد الدراسية. وهذا يعني التسرب وترك الدراسة آجلاً أو عاجلاً.

عندما تفشل المدرسة في الاتصال مع الطفل وتجعله يهرب منها بعد أن ذاق فيها مرارة الفشل والقهر، يصبح هذا الطفل ناقماً على المدرسة وعلى المجتمع. وبعد أن يغادر الطفل المدرسة، أو بالأحرى تجبره المدرسة على ذلك لأنها تعلمه بلغة لا يعرفها، يصبح مرشحاً قوياً للانحراف بكل أنواعه، ومن ثم نزيلاً لدور الأحداث، وفيما بعد نزيلاً أو زبوناً للسجون.

وإذا استمر الطفل في الدراسة رغم كل العوائق فسيبقى فيها في ذيل القائمة من حيث التحصيل بسبب العائق اللغوي، وسيبقى موصوماً بالبلادة أو الكسل أو الغباء أو التخلف. فإذا أنهى المرحلة الابتدائية، فقد لا ينهي المرحلة المتوسطة من التعليم. وإذا أنهى المرحلة المتوسطة، فقد لا ينهي المرحلة الثانوية. وإذا أنهى المرحلة الثانوية. فقد لا ينهى المرحلة الجامعية. وإذا أنهى المرحلة الجامعية الأولى، فقد لا يستطيع دخول الدراسات العليا بسبب انخفاض معدلاته في دراسته السابقة.

ستبقى ل٢ وضعفه فيها شبحاً يطارده من مرحلة إلى مرحلة. وفي مجال القبول في الجامعات على أساس تنافسي حسب المعدلات، فإن العائق اللغوي سيحول بينه وبين الدخول في جامعات مرموقة أو تخصصات مرموقة، وبالتالي تحول اللغة بينه وبين الوصول إلى مهن معينة.

كما أن ت ث ل يحافظ على كرامة الأقليات فرادى وجماعات. إنه يتيح لأبنائهم الاتصال باللغة ١ والاقتراب من ل٢. إنه حل وسط يبقي للأقلية جذورها اللغوية عن طريق المحافظة على ل١. وفي الوقت ذاته يساعد الأقلية على الاندماج في المجتمع عن طريق تقديم ل٢ بطريقة تدريجية.

إن ت ث ل يحافظ على نوع من الثنائية الثقافية. فالأقلية تتعلم ل١ وثقافة ١ (أي ثقافتها الأصلية). وفي الوقت ذاته تتعلم ل٢ وثقافة ٢ بالتدريج. وهذا يساهم على المدى البعيد في تقريب الفجوة الثقافية بين الأقلية والأكثرية.

إن ت ث ل يخفف شعور أبناء الأقلية بالصدمة الثقافية. فبدلاً من أن يفاجأ الفرد منهم بثقافة جديدة ويفاجأ بأن ثقافته الأولى لا وجود لها ولا ذكر لها ولا احترام لها، بدلاً

من ذلك يجد أن ثقافة ١ وثقافة ٢ تعيشان معاً ويعيشهما معاً. وفي هذا تهدئة لمشاعره واحترام له ولثقافته وتطبيب لخاطره، وهذا يجعله يشعر بالارتياح بدلا من الصراع الثقافي المرير في داخله.

إن ت ث ل يخفف الشعور بالغربة. فابن الأقلية الذي يجبر على تعلم ل٢ والتعلم بها ويجبر على نسيان ل١ سيشعر بالسخط تارة والندم تارة. سيشعر بالغربة في المجتمع الجديد، بالندم على ترك بلده الأول، بالانطواء والعزلة، بالقلق وهو يرى ل١ تذبح على يد ل٢. إن ت ث ل يجعله يعيش مع ل١ ومع ل٢ معاً. وفي هذا تقليل من شعوره بالغربة في المجتمع الجديد.

وهكذا فإن ت ث ل حل إنساني واجتماعي وتربوي لمشكلات عديدة. فهو يخفف من الصدمة الثقافية ومن الشعور بالغربة. وهو حل وسط بين لغتين وثقافتين. كما أنه حل عادل بالنسبة للطالب الذي لا يعرف ل٢ أو لا يعرفها بمستوى فكري أكاديمي، فيتعلم باللغة ١ إلى أن يتقن ل٢. كما أنه يمتص سخط الأقليات ويضمن رضاها، لذا فهو حل سياسي أيضاً. وهو يمنع تسرب الأطفال من المدارس ويحول بينهم وبين الإجرام والانحراف والحرمان، لذا فهو حل اجتماعي أيضاً. وهو يعطي الأطفال ذوي اللغات الأولى المختلفة فرصاً متساوية، فكما أن طفل الأكثرية يتعلم بلغته الأولى يحق لطفل الأقلية أن يتعلم بلغته الأولى التي يتقنها. ولذا فإن ت ث ل حل إنساني أيضاً.

ولكن حتى إذا أخذت الدولة قراراً يسمح بتبني ت ث ل حسب ظروفها الخاصة، فلديها قرارات أخرى كثيرة تتعلق بالأمر. فهناك أنواع مختلفة وأهداف مختلفة ضمن ت ث ل. وعلى الدولة أن تختار ما يتناسب مع ظروفها الخاصة وأهدافها التي ترتضيها لنفسها وشعبها.

أهداف التعليم الثنائي اللغة:

إن البلدان التي توافق على ت ث ل تفعل ذلك لأهداف مختلفة أو لمجموعة مختلفة من الأهداف. ومن هذه الأهداف ما يلي (١٧: ١٦٤):

١- **الدمج.** في بعض الحالات يساعد ت ث ل في دمج الأقليات والأفراد في

مجتمع الأكثرية، إذ يقد ت ث ل فرصة نادرة لذلك عن طريق قبول الفرد على حاله. فهو واقعياً لا يعرف سوى $ل_1$ (لغته الأولى التي جاء بها من بلده). فماذا نفعل به؟ يقبله ت ث ل على ما هو عليه ويعمله بواسطة $ل_1$. وفي أثناء ذلك، يعلمه $ل_2$ (التي هي لغة البلد المضيف). بالتدريج سيتقن $ل_2$. وهكذا فإن ت ث ل يساعد هذا الفرد على التأقلم والاندماج التدريجي في المجتمع الجديد. وعلى مستوى الأقليات، يصعب حرمانها تماماً من $ل_1$ فجأة ودون سابق إنذار. ولهذا يقوم ت ث ل بدور ممتاز في تحقيق الدمج التدريجي ودون مقاومة أو اعتراض الأقليات، إذ لا يكون لديها ما تعترض عليه: إنها تتعلم $ل_1$ لغة الأقلية، وتتعلم $ل_2$ للتفاهم مع الأكثرية. ولا يوجد حل أفضل من هذا الحل، سواء بالنسبة للأكثرية أم بالنسبة للأقلية، فكلاهما مستفيد من هذا الحل. فالأكثرية لغتها أصبحت معروفة لدى الأقلية. والأقلية تعرف $ل_1$ وهذا يرضي شعورها الذاتي، وتعرف $ل_2$ للتفاهم والاتصال بالأكثرية.

٢- **توحيد المجتمع.** بواسطة ت ث ل تستطيع الدولة أن توحد الأقليات المختلفة وترضيها في نفس الوقت. فكل أقلية يسمح لها باستخدام $ل_1$ (لغتها الأولى). ولكن على الجميع أن يتعلم لغة واحدة، هي اللغة الرسمية أو لغة الأكثرية أو لغة تحددها الدولة. فتكون هذه اللغة الأخيرة وسيلة توحيد لجميع الأقليات. لكل أقلية لغتها الخاصة، ولكن هناك لغة مشتركة. وهذا يتحقق بواسطة ت ث ل. فكل مدرسة في بلد ما تعلم بلغة محلية، ولكن على المدارس جميعاً أن تعلم لغة أخرى معينة لتكون هذه اللغة المشتركة لجميع السكان. وهذا الحل شبيه بما يطبقه الاتحاد السوفيتي منذ زمن بعيد وبما بدأت تطبقه الولايات المتحدة الأمريكية بشكل أوسع منذ عهد قريب.

٣- **الاتصال الخارجي.** إن السماح لنظام ت ث ل يغني البلاد لغوياً. إنه يعني توفير الملايين من الناس الذي يتقنون لغتين، وهذا يسهل اتصال السكان والبلاد بالعالم الخارجي لتحقيق مكاسب تجارية وسياسية واقتصادية وتفاوضية وثقافية. فاللغة تعني التقارب والتفاهم. وبواسطة ت ث ل تحافظ البلاد على أعداد كبيرة من ثنائيي اللغة الذين يتقنون أنواعاً مختلفة من الثنائيات اللغوية. وهذا مكسب في مجال الاتصال والعلاقات الدولية.

٤- **إرضاء الأقليات.** بدلاً من منع الأقليات من استخدام لغاتها الأولى، ومن ثم إثارة

هذه الأقليات، يقدم ت ث ل حلاً يرضي الأقلية من ناحية ويرضي الأكثرية من ناحية أخرى. وهكذا يمكن تجنب قلاقل واضطرابات أهلية خطيرة العاقبة. ويأتي هذا الإرضاء في إطار السيادة الوطنية ومن دون الإخلال بوحدة البلاد والعباد.

٥- **حل مشكلات تعليمية.** كما ذكرنا سابقاً، إذا كان في بلد ما مئات الأطفال الذين بلغوا سن التعليم وهم لا يعرفون سوى لغتهم الأم ولا يعرفون لغة التعليم في مدارس الأكثرية، فالحل العادل هو قبولهم في مدارس تعلم باللغة التي يعرفونها، ثم تقوم هذه المدارس بتعليمهم لغة الأكثرية تدريجياً. وهذا الحل هو البديل عن حل آخر غير عادل هو إجبار هؤلاء الأطفال على دخول مدارس تعلم بلغة لا يعرفونها على مبدأ (اسبح أو اغرق). إن ت ث ل يغير مبدأ (اسبح أو اغرق) إلى مبدأ آخر هو (علمه السباحة فلا يغرق). إن ت ث ل لا يجبر طفلاً على التعلم بلغة لا يعرفها، وبهذا يساعد الطفل على النجاح والتحصيل الدراسي، بدلاً من الفشل والرسوب والتسرب من المدرسة.

٦- **المساواة بين اللغات.** إن ت ث ل ينطلق من مبدأ النظر إلى اللغات المختلفة في بلد ما نظرة مساواة في بعض الحالات، على أساس أن $ل_{١}$ ليست أفضل من $ل_{٢}$ ول $ل_{٢}$ أفضل من $ل_{١}$. دع اللغتين تعيشا معاً في كل مكان بما في ذلك المدرسة وغرفة الصف. وفي هذا مجاملة لأهل اللغة الأدنى مكانة واسترضاء لهم.

٧- **مكاسب اقتصادية.** إن ت ث ل يساعد على ازدهار تعلم اللغات المختلفة في بلد ما. وهذا يعني توفر حشد كبير من أناس يعرفون عدة لغات. وهذا بدوره يساعدهم في الحصول على وظائف داخل بلادهم وخارجها. وهذا مكسب اقتصادي للأفراد الذين يحصلون على وظائف ومكسب للدولة التي ينتمون إليها.

٨- **روابط دينية.** في بعض الحالات يحقق ت ث ل روابط دينية. ولدى سؤال مؤلف هذا الكتاب لعدد من معلمي العربية من غير العرب عن سبب تعلمهم العربية أو أسباب هذا التعلم ذكر جميعهم أن أحد الأسباب بل وأهمها هو دافع فهم الإسلام والارتباط به. ولهذا السبب ذاته يدخل تعليم العربية في كثير من المدارس الخاصة والحكومية في البلاد الإسلامية غير العربية. إنهم يتعلمون العربية لتقربهم من الإسلام.

٩- **فرض لغة ما.** إذا أرادت جهة ما فرض لغة ما، فما هو الحل الذي لا يستثير الناس؟ الحل هو ت ث ل. وهذا ما كانت تفعله كثير من الدول الاستعمارية حين أرادت فرض لغتها على الشعوب المستعمرة. كانت تضيف لغتها إلى برامج التعليم فتجعل التعليم ثنائي اللغة كيلا تضر بمركز اللغة المحلية. وكانت تتسلل تلك الدول عبر ت ث ل للوصول إلى. هدفها الكامل، فكانت بالتدريج تصل إلى قلب الوضع. يبدأ ت ث ل بقليل من لغة المستعمر، مثلاً ١٥% من ساعات الدراسة. وبعد مرور بضع سنوات يصبح ت ث ل لا يحتوي إلا على ١٥% من اللغة المحلية. وبعبارة أخرى، تصبح اللغة المحلية كأنها لغة أجنبية تدرس كلغة فقط وتدرس موضوعات العلوم الطبيعية والإنسانية بلغة المستعمر.

١٠- **تعليم النخبة.** قد تدخل مدرسة ما برنامج ت ث ل من أجل اجتذاب نخبة من الطلاب أو نخبة من الناس، أي لاجتذاب الأذكياء أو لاجتذاب الأغنياء أو كليهما. فتجد في هذه المدرسة لغتين أو أكثر من اللغات العالمية المرموقة. وهذا إغراء لبعض الناس وبعض الطبقات في كل مكان، وخاصة فيما يعرف بالمدارس الدولية التي يقصدها أناس يقيمون في بلاد غير بلادهم، كما هو الحال مع أبناء الدبلوماسيين في عواصم العالم المختلفة.

١١- **إتاحة الفرصة.** بينما المدرسة تعلم الطفل بلغته الأولى وتسير الأمور سيراً حسناً هنا، يتاح للطفل الوقت الكافي لتعلم ل$_{٢}$. إن تعليمه ل$_{٢}$ بهذه الصورة لا يتعارض مع دراسته ولا يؤثر سلبياً على علاقاته الاجتماعية أو تحصيله الدراسي أو حالته النفسية. فهو يتعلم ل$_{٢}$ في جو هادئ، غير مفعم بالتوتر أو الإحباط. يتقدم في دراسته مع ل$_{١}$ وفي الوقت ذاته يتعلم ل$_{٢}$. وهكذا فإن ت ث ل يتيح الفرصة لتعلم ل$_{٢}$ دون ضياع الوقت ودون الإضرار بالفرد. بل إن تعلم ل$_{١}$ واتقانها سيساعد في تعلم الطفل ل$_{٢}$، إذ يكتسب مهارة عامة في تعلم اللغات من خلال تعلم ل$_{١}$ في شتى جوانبها ومهاراتها.

قضايا التعليم الثنائي اللغة:

إن قضايا التعليم بوجه عام قضايا متعددة ومعقدة في الوقت ذاته. ولا يشذ ت ث ل عن هذا التعدد والتعقد في قضاياه. ومن قضاياه ما يلي:

هل سيكون ت ث ل إجبارياً أم اختيارياً؟ هل ستختار المدرسة اللغات التي تريدها ضمن حرية كاملة أم تختار المدرسة لغة من بين عدة لغات تحددها الدولة؟ وهل ستكون هناك لغات إجبارية أم لغتان إجباريتان أم لغة واحدة إجبارية؟ وهل سيكون الاختيار على مستوى المدرسة أم على مستوى المقاطعة أم على مستوى الولاية إذا كان هناك ولايات في البلد؟ وبالنسبة للأفراد، هل سيجبرون على دراسة لغات معينة أم سيكون لهم الاختيار الحر أم الاختيار ضمن خيارات محدودة؟ وهل إذا كان هناك ت ث ل كنظام مسموح، هل سيكون للأفراد الحق في رفضه وإرسال أبنائهم إلى ت أ ل (تعليم أحادي اللغة)؟ وهل سيكون بعض الأفراد مجبرين وبعضهم مخيرين وفق شروط معينة بالنسبة للالتحاق بنظام ت ث ل؟

وهناك قضية السن. ما هو سن الأطفال الذين يلتحقون بنظام ت ث ل؟ هل هو # ٦ (سن السادسة تقريباً)؟ هل هو # ١١ (سن الحادية عشرة تقريباً)؟

وهناك قضية الأموال اللازمة لنظام ت ث ل. إن وجود لغتين يتطلب نفقات إضافية لإعداد نوعين من المناهج، نوعين من المعلمين، نوعين من الكتب (كتب باللغة ١ وكتب باللغة ٢). وهذا يتطلب مالاً ووقتاً وجهداً. من سينفق؟ ومن أين ستأتي هذه الأموال؟ هل ستأتي من ميزانية المقاطعة أم الولاية أم من الميزانية المركزية في البلاد التي تتبع نظاماً لا مركزياً من هذا النوع؟ هل هناك حاجة إلى ضريبة خاصة لرصد الأموال اللازمة؟ أم ستكون هناك رسوم دراسية يدفعها المستفيدون من ت ث ل؟ وهل تستطيع الدولة من ناحية اقتصادية أن تنفق على ت ث ل و ت أ ل، أي على نظامين من التعليم؟.

وهناك قضية المبادرة بالإنشاء والإشراف على ت ث ل. هل سيكون ت ث ل ومدارسه ضمن مسؤولية الدولة أم ضمن مسؤولية القطاع الخاص؟ بعض الدول تترك ت ث ل ومدارسه ومنشآته للمبادرة الفردية أو لمبادرة الأقليات. الأقلية التي لا تعجبها مدارس الدولة لسبب ما تقوم بإنشاء مدارس خاصة بها على نفقتها بدعم محدود من الدولة أو من غير دعم. ثم تتولى الدولة الإشراف الفني على مثل هذه المدارس، مع اختلاف درجات هذا الإشراف من حالة إلى أخرى حسب درجة تسامح الدولة مع الأقليات وحسب تقديرها لخطورة الموقف. وبعض الدول ترى أن من واجبها المسؤولية

الكاملة عن ت ث ل مثلما هي مسئولة مسؤولية كاملة عن ت أ ل، فتنشئ المدارس وتعد المناهج والمعلمين وتوظفهم وتكون مسئولة فنياً ومالياً عن ت ث ل بكل مستوياته.

وهناك قضية أهداف ت ث ل. فلكل بلد ظروفه الاجتماعية والسياسية والاقتصادية والتاريخية. ولذا فلكل بلد. أهدافه الخاصة من ت ث ل. وفي ضوء هذا الهدف يتقرر نوع ت ث ل ومداه وشروطه وتطبيقه ومدته وشكله. فبعض الدول ترى في ت ث ل حالة دائمة: إنها ترى أن لا سبيل سوى تعايش لغتين معاً وثقافتين معاً، ولا مخرج غير هذا. ويدعى هذا النوع من ت ث ل التعليم الثنائي المستمر maintained bilingual. education وبعض الدول ترى أن ت ث ل وضع انتقالي مرحلي لحل مشكلة المهاجرين الجدد وأبنائهم لدى التحاقهم بالمدارس وهم لا يعرفون لغة الأكثرية، وأنه عند انقطاع سيل المهاجرين من جنسية معينة في منطقة معينة تتوقف الحاجة إلى ت ث ل في تلك المنطقة. ويدعى هذا النوع من ت ث ل التعليم الثنائي الانتقالي transitional bilingual. education وفي هذه الحالة الأخيرة، يكون ت ث ل على نطاق ضيق لحل مشكلة جماعة في مدينة ما. كما يكون ت ث ل لمدة محدودة، مثلاً لمدة جيل واحد، ويتوقف البرنامج فور انتفاء الحاجة إليه.

وهناك قضية الأحادية الثقافية والثنائية الثقافية. هل ستكون هناك لغتان ($ل_١$ + ٢) في ت ث ل بثقافة واحدة أم بثقافتين؟ وإن كان بثقافة واحدة، فهل هو ثقافة ١ أم ثقافة ٢؟ وإن بثقافتين، فهل الأولوية للثقافة ١ أم للثقافة ٢ أم تعطى الاثنتان وزنين متساويين؟ من الممكن أن تكون هناك لغتان في المدرسة، ولكن هناك ثقافة واحدة. وقد تكون سياسة المدرسة من النوع الذي يريد الاحتفاظ بثقافة غير ثقافة البلد المضيف. أما إذا كانت المدرسة تابعة للدولة، فلا مفر من أن تكون الثقافة الواحدة هي ثقافة الأكثرية المضيفة. وقد ترى الدولة إمكانية السماح للغتين وثقافتين بالعيش معاً. وتبقى هذه قضية هامة تحسمها أهداف الدولة أو أهداف المدرسة أو أهداف الآباء: لغتان بثقافة واحدة أم لغتان بثقافتين؟ وما هي هذه الثقافة؟ هل هي ثقافة ١ أم ثقافة ٢؟

وهناك شروط الالتحاق. من هم الطلاب الذين يسمح لهم بالدخول في مدارس ت ث ل؟ هل يحق الالتحاق للجميع؟ هل هناك أناس من دين معين لا يحق لهم الدخول؟ هل هناك قيود في اللون أو الجنس أو العرق أو الدين؟ هل الالتحاق مقصور

على سكان منطقة ما أو سكان من أصل ما أو متكلمي لغة ما؟ هل هناك قيد من حيث عدد سنوات الوصول، مثلاً على ألا يكون قد مضى عليه في البلاد ثلاث سنوات؟

وهناك مدى ت ث ل. هل سيكون عاماً لكافة أنحاء البلاد أم خاصاً ببعض المقاطعات أو المدن أو الولايات أو المناطق... الخ؟ هل سيكون إلزامياً في بعض المناطق واختيارياً في بعضها؟

وهناك عدد الطلاب. إذا أقر نظام ت ث ل، فما هو العدد من الطلاب الملزم بفتح صف أو مدرسة تتبع ت ث ل؟ بعض الأنظمة تشترط وجود عشرين طالباً على الأقل ممن تستدعي حالتهم ت ث ل. فإذا توفر هذا العدد، وجب على المدرسة أن تفتح لهم صفاً يتبع نظام ت ث ل على نفقة الدولة. وإذا كان العدد أقل من عشرين، فعلى الآباء حل مشكلة أبنائهم بطريقتهم الخاصة وعلى نفقتهم. وبالطبع إن العدد الأدنى الموجب لفتح صف يتبع نظام ت ث ل ليس عدداً ثابتاً؛ إنه مرن تقرره الدولة حسب إمكانياتها الاقتصادية.

وهناك عدد الساعات. ما نصيب ل$_{١}$ في البرنامج الدراسي وما نصيب ل$_{٢}$؟ كم ساعة لكل لغة؟ وكيف يتغير التوزيع النسبي على مر السنين؟ هنا يتدخل الهدف من ت ث ل. فإذا كان الهدف انتقالياً، بدأ التعليم كله باللغة ١ التي يعرفها الطفل. وبعد عدة أشهر تدخل ل$_{٢}$ بنسبة ١٠- ١٥% من ساعات التدريس، وتدخل ل$_{٢}$ كمادة دراسية، أي يبدأ الطفل بتعلم ل$_{٢}$ دون استخدامها كواسطة لتعليم المواد الدراسية الأخرى. وفي السنة التالية ترتفع نسبة ل$_{٢}$ في ساعات البرنامج الدراسي. ثم مع تقدم الطفل في اتقان ل$_{٢}$ يبدأ استخدامها في تعليم مواد دراسية أخرى مثل العلوم وسواها. وفي آخر المرحلة الثانوية، قد تصبح نسبة ل$_{٢}$ ٩٠% من ساعات البرنامج وتبقى ١٠% للغة ١. وإذا كانت ل$_{١}$ لغة غير مرموقة ولا حاجة ماسة لها، فقد تختفي. أما إذا كان هدف ت ث ل الاستمرارية، فإن ل$_{٢}$ تبدأ بنسبة منخفضة تتراوح بين ١٠- ١٥% بهدف تعليمها أولاً، ثم ترتفع نسبة ل$_{٢}$ إلى أن تتعادل مع ل$_{١}$، أي ٥٠% لكل منهما. وبالطبع إن عدد الساعات المخصصة لكل لغة مسألة هامة تؤثر فيها عوامل عديدة، مثل هدف البرنامج والأهمية النسبية لكل لغة. وفي العادة، نسبة الساعات في أول البرنامج التعليمي تعكس المعرفة باللغة أو الجهل بها. فاللغة المعروفة لدى الطفل تأخذ حوالي ٩٠% من ساعات البرنامج، واللغة المجهولة

تأخذ حوالي ١٠% من الوقت. وفي نهاية البرنامج، تعكس نسبة الساعات أهمية اللغة أو الأهمية النسبية لها: فاللغة الأهم في رأي المخطط هي التي تأخذ النسبة الأعلى.

وبالطبع تختلف هذه النسب من برنامج إلى آخر. فهناك تفاوت كبير في نسب التوزيع الأولي، ونسب التوزيع المتحرك ونسب التوزيع الختامي. ونقصد بالتوزيع الأولي توزيع الساعات على اللغتين في المرحلة الأولى من البرنامج التعليمي، وهي عادة الصف الأول الابتدائي. وكما ذكرنا، ما يحكم التوزيع هنا هو اللغة التي يعرفها الطفل، فهي التي تأخذ معظم ساعات البرنامج. ونقصد بالتوزيع المتحرك تعديل توزيع الساعات على اللغتين في كل سنة دراسية وفق خطة تتناسب مع الأهداف من ت ث ل. وهذا التعديل تختلف سرعته ونسبه من حالة إلى أخرى، فقد يتم التعديل بنسبة ٥% لصالح ل٢ في كل سنة أو بنسبة ١٠% أو بنسبة أكثر أو أقل حسبما تمليه الظروف الخاصة لكل برنامج. وأما التوزيع الختامي فهو توزيع الساعات عندما يصل البرنامج إلى حالة الثبات النهائي، الذي قد يأتي بعد ٦- ١٢ سنة من بداية التعليم الابتدائي. وبعد هذا التوزيع الختامي تستقر نسب التوزيع، أي تتخذ كل لغة لنفسها دوراً ونسبة خاصة ثابتة حتى نهاية التعليم الثانوي. وتعكس هذه النسبة الختامية الأهمية النسبية لكل لغة في رأي مصمم المنهج وفقاً للسياسة التربوية واللغوية في بلد ما.

وهناك قضية المواد الدراسية واللغة. ما هي المواد الدراسية التي تدرس باللغة ١ وما هي المواد التي تدرس باللغة ٢؟ هل تدرس العلوم باللغة ١ أم باللغة ٢؟ هل تدرس المواد الاجتماعية باللغة ١ أم باللغة ٢؟ هل ستخصص لغة معينة لمادة معينة (مثلاً ل١ للعلوم) طيلة مراحل التعليم من الأول الابتدائي حتى نهاية المرحلة الثانوية أم سيجري في مرحلة ما (مثلاً في المرحلة الثانوية) إجراء تبادل لغوي: أي تدريس المادة التي كانت تدرس باللغة ٢ باللغة ١ وما كان يدرس باللغة ١ باللغة ٢؟ هل سيكون توزيع اللغات على المواد الدراسية إجبارياً على مستوى الدولة أم إجبارياً على مستوى المدرسة أم سيكون اختيارياً على مستوى المدرسة وإجبارياً للطالب فيها أم سيكون في المدرسة لغتان للمادة الواحدة وللطالب حق اختيار اللغة التي يدرس بها مادة معينة؟

وهذا يعني مجموعة من الحلول: مثلاً اللغة س لتدريس العلوم في البلاد كلها بشكل إجباري واللغة ص لتدريس المواد الأخرى. وقد يترك للمدرسة أو المقاطعة أو الولاية الخيار

في لغة المواد الأدبية وتفرض عليها اللغة س لتدريس العلوم. وقد يكون في المدرسة الواحدة اللغة س واللغة ص لتدريس العلوم واللغة ص واللغة س لتدريس الآداب، وعلى الطالب أن يختار إما البرنامج س ص أو البرنامج ص س، أي (س للعلوم ص للآداب) أو (ص للعلوم س للآداب).

وهناك قضية المناهج والكتب والمواد الدراسية. إن عدد الساعات وتوزيعها نسبياً على ل$_{١}$ و ل$_{٢}$ في كل سنة دراسية من مراحل التعليم وتوزيع اللغات على الموضوعات في كل سنة دراسة أيضاً وتحرك هذين التوزيعين عبر سنوات التعليم في برامج ت ث ل يرتبط كما ذكرنا بالأهداف والمناهج ويؤثر فيهما ويتأثر بهما. وهنا تنشأ مشكلة وضع المناهج، ثم إعداد الكتب والمواد الدراسية الملائمة. ويجب إعداد هذه المواد بلغتين أو أكثر حسب تنوع الأقليات. ويجب إخضاع هذه المواد للتجريب والتقييم والتعديل والتطوير. ولا تخفى صعوبة القيام بهذا العمل، أي تطوير المناهج، في لغة واحدة، وعلينا أن نتصور مدى صعوبته عندما يكون في لغات عديدة في بلد واحد وآن واحد.

وهناك قضية المعلمين. هل سيعلم ل$_{١}$ معلمون ناطقون أصليون بها أم معلمون يعرفونها كلغة ثانية؟ ومن سيعلم ل$_{٢}$: معلمون ناطقون أصليون أم معلمون يعرفونها كلغة ثانية؟ وهل سيعلم ل$_{١}$ أو ل$_{٢}$ معلمون أحاديو اللغة أم معلمون ثنائيو اللغة؟ وهل سيعلم في مدارس ت ث ل معلمون يحترمون ل$_{١}$ و ل$_{٢}$ بقدر متساوٍ أم معلمون يزدري كل منهم اللغة التي لا يعلمها أو لا يعرفها؟ وهناك مسألة تدريب هؤلاء المعلمين. فهم بحاجة إلى تدريب خاص يختلف عن زملائهم الذين يدرسون في مدارس ت أ ل (تعليم أحادي اللغة).

وهكذا نرى أن قضايا ت ث ل متعددة. وهي تتناول جوانب مثل أحادية الثقافة أو ثنائية الثقافة، السن المناسب لبدء ت ث ل، السنة الدراسية التي يتوقف عندها ت ث ل، توزيع اللغتين على المواد الدراسية المختلفة، توزيع ساعات الدراسة على اللغتين، شروط القبول في برنامج ت ث ل، توفير الأموال اللازمة للبرنامج جعل البرنامج اختيارياً أو إجبارياً على مستوى المنطقة والمدرسة والفرد، عدد الطلاب في الصف الثنائي اللغة، إعداد المناهج، وإعداد المعلمين.

أنواع البرامج:

تعمل برامج ت ث ل (التعليم الثنائي اللغة) ضمن إطارات شديدة التنوع والتباين. وسنرى في هذا المبحث هذه الأنواع من البرامج ومدى تباينها.

من حيث التوزيع الزمني، يمكن أن يتخذ البرنامج أحد الأشكال الآتية:

١- ل₁ و ل₂ بالتناوب في اليوم الدراسي الواحد. وهذا يعني أن الحصة الأولى في الجدول الدراسي تكون مثلاً باللغة ١ والحصة الثانية باللغة ٢ والحصة الثالثة باللغة ١ وهكذا.

٢- ل₁ في النصف الأول من اليوم الدراسي و ل₂ في النصف الثاني منه. يتم التدريس في الحصص الثلاث الأولى باللغة ١ وفي الحصص الثلاث التالية باللغة ٢. أو يتم التدريس من الساعة ٨ إلى الساعة ١١ باللغة ١ ومن الساعة ١١ إلى الساعة ٢ بعد الظهر باللغة ٢.

٣- ل₁ و ل₂ بالتناوب مع أيام الأسبوع. مثلاً السبت ل₁ والأحد ل₂ والاثنين ل₁ والثلاثاء ل₂ وهكذا. وهذا يعني أن التدريس يكون طيلة ذلك اليوم بلغة معينة وفي اليوم التالي بلغة أخرى بالتناوب.

٤- ل₁ في النصف الأول من الأسبوع و ل₂ في النصف الثاني منه، أي ل₁ في السبت والأحد والاثنين و ل₂ في الثلاثاء والأربعاء والخميس مثلاً.

٥- ل₁ في ساعات متفرقة في الجدول الدراسي الأسبوعي و ل₂ في الساعات الأخرى حسب نسبة توزيع معينة.

٦- ل₁ لمواد دراسية معينة (مثلاً مواد اجتماعية) و ل₂ للمواد الدراسية الأخرى (أي العلوم وسواها) أو بالعكس.

وهكذا نرى أن التوزيع الزمني يمكن تصنيفه على النحو التالي:

١- الحصص المتناوبة.

٢- اليوم المنصف.

٣- الأيام المتناوبة.

٤- الأسبوع المنصف.

٥-   التوزيع النسبي.

٦-   التوزيع بالمواد.

ومن حيث الأهداف، هناك نوعان هامان من برامج ت ث ل. وهما:

١- **البرنامج الانتقالي.** يقدم هذا البرنامج ل$_1$ (لغة الطفل الأولى) للطفل ويعلمه إياها قراءة وكتابة ويعمله بها بقية المواد الدراسية بينما يتم تعليمه ل$_2$. وخلال بضع سنوات، وبعد أن يتقن الطفل ل$_2$ يبدأ استخدام ل$_2$ في تعليم المواد الدراسية فتحل محل ل$_1$. وفي نهاية الأمر، تختفي ل$_1$ من البرنامج الدراسي وتحل محلها ل$_2$ بشكل كامل.

٢- **البرنامج المستمر.** يقدم هذا البرنامج ل$_1$ للطفل ويعملها له ويعمله بها المواد الدراسية المختلفة، بينما يبدأ تعليمه ل$_2$. وإلى هنا يتشابه البرنامج المستمر مع البرنامج الانتقالي. وبالتدريج تبدأ زيادة ساعات ل$_2$. وعند اتقانها، يبدأ استخدامها في تدريس بعض المواد الدراسية حسب خطة معينة. وتستمر ساعات ل$_2$ في الزيادة إلى أن تصل النسبة المقررة المخصصة لكل من ل$_1$ و ل$_2$. وهنا يستقر التوزيع اللغوي حسب النسبة الزمنية وحسب توزيع اللغات على المواد الدراسية، وتعيش اللغتان معاً في البرنامج الدراسي بشكل دائم وثابت.

ومن ناحية الثقافة، هناك نوعان من برامج ت ث ل. وهما:

١- **البرنامج الأحادي الثقافة.** يستخدم البرنامج ل$_1$ و ل$_2$ في التعليم. ولكنه يتبنى ثقافة واحدة، إما ثقافة شعب ل$_1$ وإما ثقافة شعب ل$_2$، وذلك حسب أهداف المدرسة أو الدولة.

٢- **البرنامج الثنائي الثقافة.** هنا يستخدم لغتين وثقافتين معاً، أي لا يكتفي البرنامج بالتعليم بلغتين، بل يهدف إلى الإبقاء على الثقافتين ثقافة ل$_1$ وثقافة ل$_2$.

ومن ناحية مكانة اللغتين، فهناك الأنواع التالية من برامج ت ث ل:

١-   ل$_1$ هي اللغة الأم للطلاب و ل$_2$ هي لغة أخرى.

٢-   ل$_1$ لغة مرموقة، ل$_2$ لغة غير مرموقة.

٣- ل١ لغة هامة، ل٢ لغة غير هامة.

٤- ل١ لغة الأكثرية، ل٢ لغة الأقلية.

وكما نرى، إن العلاقة بين ل١ و ل٢ والوضع النسبي لهما يؤثر إلى حد ما في طريقة التعامل معهما وفي نصيب كل منهما من برنامج الدراسة وفي الوضع النهائي لكل منهما كناتج للبرنامج.

ومن ناحية الاختيار، فهناك نوعان من البرامج على الأقل:

١- **البرنامج الاختياري.** وهنا في العادة يختار آباء من الأكثرية أن يرسلوا أولادهم إلى برنامج ت ث ل من أجل أن يتعلم أبناؤهم لغة الأقلية كبادرة حسن نوايا وتعاطف مع الأقلية لضرب مثل في التسامح والتعايش الطائفي أو العرقي أو اللغوي.

٢- **البرنامج الإجباري.** هنا يجد الآباء الذين ينتمون إلى الأقلية أن لا مناص من إرسال أبنائهم إلى مدارس تعلمهم لغة الأكثرية وفي الوقت نفسه تحافظ على لغة الأقلية، إذ لا توجد أمامهم فرص أو خيارات أخرى. فلا يستطيع أبناؤهم العيش في مجتمع لا يعرفون لغته، التي هي لغة الأكثرية، لأن لغة الأقلية محدودة الفائدة من ناحية اتصالية وعملية. كما أن أفراد الأقلية يكونون في العادة من ذوي الدخل المحدود ولا يستطيعون تحمل نفقات تعليم خاص لأبنائهم، فيجدون في التعليم الحكومي ثنائي اللغة والمجاني فرصة يجب ألا تفوتهم.

ومن ناحية اللغات التي تستخدم في التعليم في غرفة الصف، تتنوع البرامج على الوجه التالي:

١- التعليم باستخدام ل١ في تدريس المواد، واستخدام ل٢ لتعليم ل٢ كلغة فقط.

٢- التعليم باستخدام ل٢ في تدريس المواد، واستخدام ل١ لتعليم ل١ كلغة فقط.

٣- استخدام ل١ في تدريس بعض المواد، و ل٢ للبعض الآخر.

٤- استخدام ل١ و ل٢ لتدريس كل مادة: أي يستخدم المعلم الواحد لغتين وهو يدرس المادة الواحدة في الحصة الواحدة.

ومن ناحية لغات الكتب الدراسية، تتنوع البرامج على هذا النحو:

١- جميع الكتب الدراسية باللغة ١ ما عدا كتب تعليم ل١.

٢- جميع الكتب الدراسية باللغة ٢ ما عدا كتب تعليم ل١.

٣- بعض الكتب (في موضوعات معينة) باللغة ١ وباقي الكتب (في الموضوعات الأخرى) باللغة ٢.

٤- كل كتاب دراسي تقدم طبعة منه باللغة ١ وطبعة باللغة ٢. ويكون الطالب حراً في الاختيار أو مطالباً بهما معاً حسب خطة البرنامج.

ومن ناحية تجميع الطلاب في الصفوف، تتخذ البرامج أشكالاً متنوعة منها:

١- تجميع الطلاب الذين لغتهم الأولى هي ل١ في صف واحد.

٢- تجميع الطلاب الذين لغتهم الأولى هي ل٢ في صف واحد.

٣- مزج طلاب ل١ مع طلال ل٢ في صف واحد: أي الطلاب الذين لغتهم الأم هي ل١ مع الطلاب الذين لغتهم الأم هي ل٢.

٤- تجميع الطلاب الذين يعرفون ل١ و ل٢ في صف واحد، أي الطلاب ثنائيي اللغة.

٥- تجميع الطلاب أحاديي اللغة (يعرفون ل١ أو ل٢) مع طلاب ثنائيي اللغة (يعرفون ل١ و ل٢).

وهكذا نرى أن البرامج تتنوع على هذا النحو:

١- التوزيع الزمني : ٦ أنواع

٢-الأهداف : ٢ نوع

٣- الثقافة : ٢ نوع.

٤- مكانة اللغتين : ٤ أنواع.

٥- الاختيار : ٢ نوع.

٦- لغات التعليم :٤ أنواع.

٧- لغات الكتب : ٤ أنواع.

٨- تجميع الطلاب : ٥ أنواع.

وبعملية حسابية بسيطة، يمكن أن نستنتج أن عدد أنواع البرامج هو حاصل ضرب هذه الأنواع بعضها في بعض هكذا: ٦×٢×٢×٤×٢×٤×٤×٥= ١٥٣٦٠، أي خمسة عشر ألف وثلاث مئة وستون نوعاً. وهذا يعطينا فكرة عن مدى التنوع الذي يمكن أن يحدث في برامج ت ث ل واقعياً ونظرياً.

تقييم التعليم الثنائي اللغة:

إن التعليم الثنائي اللغة (ت ث ل) يحتاج إلى تقييم من نوع خاص. وفي هذا التقييم لابد من الإجابة عن الأسئلة الآتية (١٧: ٢٧٤- ٢٨١):

أ- ما تأثير الثنائية اللغوية على:

١- ل١

٢- ل٢

٣- الوحدة الوطنية

٤- انسجام الأقليات

٥- النمو العقلي للفرد

٦- النمو الثقافي للفرد

٧- الاستقرار العاطفي للفرد

٨- النمو اللغوي للفرد

٩- التحصيل الدراسي للفرد

ب- ما أهداف برنامج ت ث ل؟

١- هل هي ممكنة؟

٢- هل هي مهمة؟

٣- هل تخدم السياسة اللغوية؟

جـ- من الطلاب الذين يخدمهم البرنامج؟

١- عددهم

٢- أعمارهم

٣- مكان ميلادهم

٤- لغاتهم الأولى

٥-أسرهم

٦- دوافعهم

٧- مواقفهم أو اتجاهاتهم

٨- اللغات التي يتعرضون لها

٩- اللغات التي يستخدمونها

١٠- رأيهم في البرنامج

د- ما المجتمعات التي جاء منها هؤلاء الطلاب؟

١- عدد السكان

٢- كثافة السكان

٣- نوع الإدارة

٤- البطالة

٥- أعمالهم

٦- لغاتهم

٧- أعراقهم

٨- مستواهم الاقتصادي

٩- مستواهم الثقافي

١٠- العلاقات العرقية بين الأقليات

هـ- ما الوضع اللغوي؟

١- اللغات المعنية

٢- العلاقة بين اللغات

٣- اللهجات

و- ما المدارس المتوفرة؟

١- المباني

٢- المواقع

٣- المكتبات

٤- المختبرات اللغوية

٥- الملاعب المدرسية

٦- المطاعم المدرسية

٧- النقل

٨- أهداف المدارس

٩- نوع المدرسة: خاصة أم حكومية؟

١٠- تجميع الطلاب: بالسن، بالمستوى، أم بلغة البيت؟

١١- المدرسون: كفاءتهم، لغاتهم، تدريبهم.. الخ.

١٢- المواد التعليمية.

وهكذا نرى أن تقييم التعليم الثنائي اللغة يتناول جوانب متعددة داخل المدرسة وخارجها. وكما ذكرنا سابقاً، إن عملية التقييم ضرورية لأي عمل، وخاصة إذا كان في مثل الأهمية التي عليها التعليم الثنائي اللغة.

الفصل الثامن

الدماغ الثنائي اللغة

الفصل الثامن

الدماغ الثنائي اللغة

لقد كان هناك باستمرار اهتمام من الباحثين بالفروق بين دماغ الشخص الأحادي اللغة ودماغ الشخص الثنائي اللغة، أي بين الدماغ الأحادي اللغة والدماغ الثنائي اللغة. وكان السؤال دائماً: هل هناك فروق بين الدماغين أم لا توجد فروق؟ وما هي هذه الفروق وجدت؟ وهل هناك معجم في الدماغ لكل لغة أم معجم واحد للغتين؟ وفي أية جهة من الدماغ تتمركز ل١ وفي أية جهة تتمركز ل٢ أم هما في جهة واحدة؟ وكيف تنتظم اللغة لدى الشخص الثنائي اللغة؟ هل هناك نظام لغوي واحد أم نظامان؟ في هذا الفصل سنتناول هذه القضايا بالعرض والتحليل.

المعجم الذهني:

من المعروف أن الأحادي اللغة لديه معجم في ذهنه للغته التي يعرفها، ويدعى هذا المعجم الذهني mental dictionary. وفي هذا المعجم توجد الكلمات المعروفة لدى الفرد، ومع كل كلمة يوجد معناها وتصنيفها النحوي ولفظها واستعمالاتها وطريقة كتابتها (٥: ٢٤٥). والسؤال هو: هل لدى الثنائي اللغة معجم ذهني واحد أم معجمان ذهنيان؟

لقد أعطى الباحثون إجابات مختلفة لهذا السؤال. فدافع بعضهم عن فرضية المعجم الواحد، أي أن اللغتين تشتركان في معجم واحد. ولقد دعا بعضهم هذه الفرضية فرضية التخزين المشترك shared storage hypothesis أو common storage hypothesis. اللغتان تخزنان معاً في معجم واحد شامل مع وسم كل كلمة بسمة اللغة التي تنتمي إليها لتسهيل عملية الاستعادة أو الاسترجاع retrieval. ودافع آخرون عن فرضية المعجمين two- lexicon hypothesis, التي دعيت أيضاً فرضية التخزين المستقل independent storage. وترى هذه النظرية أن كل لغة تخزن في معجم خاص بها مستقل عن معجم اللغة الأخرى، وأن العلاقة بين اللغتين لدى الشخص الواحد هي علاقة لا تتم إلا بالترجمة من لغة إلى أخرى.

ولدعم فرضية المعجم الواحد أجريت عدة تجارب، منها تجربة الاستعادة التي أجراها كولرز kolers (٥: ٢٤٥). في هذه التجربة جرى تكرار كلمات بلغتين في قائمة كلمات، ثم قيست قدرة الأفراد الثنائيي اللغة على الاستعادة. فوجد أن تكرار كلمة في ل١ وما يرادفها في ل٢ عدداً معيناً من المرات في قائمة الكلمات له تأثير في الاستعادة مساو لتأثير تكرار الكلمة في ل١ أو ل٢ عدداً مضاعفاً من المرات. بعبارة أخرى، لو وردت كلمة في ل١ أربع مرات في القائمة ومرادفتها في ل٢ أربع مرات لكانت نتيجة الاستعادة مساوية لتكرار الكلمة في ل١ ثماني مرات. ولقد استدل من هذه التجربة على أن اللغتين لهما تخزين واحد.

وهناك تجربة أخرى لمساندة فرضية المعجم الواحد. وهي تجربة كارامازا وبرونز caramazza & brones (٥: ٢٤٥). وهي تجربة تقوم على المجالات الدلالية واستبعاد الكلمة التي لا تنتمي إلى مجال دلالي معين. مثلاً إذا قلنا "نبات" ثم قلنا "شجرة، نبتة، كرسي، شجيرة"، فإن "كرسي" هي الكلمة التي لا تنتمي إلى مجال "نبات". ولقد دلت التجربة على أنه لا يوجد فرق في زمن رد الفعل سواء أكانت الكلمات بنفس لغة المجال الدلالي أم كانت بلغة أخرى. واستنتج من هذا أن كلمات اللغتين تدخل في تخزين واحد، أي في معجم ذهني واحد.

وأما أصحاب فرضية المعجمين فلم يتأخروا أيضاً في إجراء التجارب لدعم وجهة نظرهم. ومن هذه التجارب تجربة الاقتران التي أجريت على بعض ثنائيي اللغة (٥: ٢٤٦). أعطيت كلمات، وطلب من بعض الأفراد أن يقرنوا بها ما شاءوا من الكلمات باللغة ١ فقط أو اللغة ٢ فقط. وطلب من العض الآخر أن يقرنوا بهذه الكلمات ما شاءوا من الكلمات مع إعطائهم الحرية بالتحول من ل١ إلى ل٢ أو من ل٢ إلى ل١ كيفما شاءوا. فدلت التجربة على أنه رغم الحرية في التحول إلا أن الأفراد أبدوا ميلاً إلى البقاء مع لغة واحدة. وهذا يعني أن العلاقات بين كلمات اللغة الواحدة أقوى من العلاقات بين كلمات ل١ وكلمات ل٢. وهذا يعني وجود تجمعين للكلمات: تجمع لكلمات ل١ وتجمع الكلمات ل٢.

وهناك تجربة استعادة القوائم. وتقوم التجربة على أساس استخدام قوائم في كل منها ١٢-٢٤ كلمة. وقد كانت بعض القوائم أحادية اللغة وبعضها ثنائيــة اللغــة، وبعضهـا

ثلاثية اللغة. فوجد أن الأفراد فوجد أن الأفراد أقدر على استعادة قوائم أحادية اللغة مقارنة بقوائم ثنائية اللغة وأنهم أقدر على استعادة قوائم ثنائية اللغة مقارنة بقوائم ثلاثية اللغة. واستنتج من ذلك أن الاستعادة أسهل في حالة القائمة الأحادية اللغة منه في حالة القائمة الثنائية اللغة لأن بناء نمط تذكري في لغة واحدة أسهل من بناء نمط تذكري في لغتين، لأن لكل لغة نظام تخزين مستقل حسب استنتاجهم.

ولقد وجهت إلى هذه التجارب عدة انتقادات، منها أنها جرت في ظروف تجريب اصطناعية وأنها تركز على الذاكرة قصيرة الأمد دون الذاكرة طويلة الأمد. وكان أقوى انتقاد لها أنها تهمل الفرق بين ذاكرة المفاهيم وذاكرة الكلمات، فالذي يصاب بالحبسة aphasia قد ينسى الكلمات ولكنه لا ينسى المفاهيم المرتبطة بها.

ولهذا جاء بارادس paradis بفرضية ثلاثية التخزين three- store hypothesis (٥: ٢٤٧). وهو يرى أن المخزن الأول تخزن فيه الخبرات والمفاهيم والصور الذهنية للأحداث والكائنات وخواصها ووظائفها، أي المعرفة عن العالم الخارجي. ثم هناك مخزن لكل لغة ترتبط محتوياته بمحتويات المخزن الأول فتظهر هذه المحتويات الأخيرة على شكل كلمات وتعابير. وكلما زاد تماثل كلمتين من لغتين مختلفتين، زاد احتمال ارتباطهما معاً واستعادة واحدة بدل الأخرى. وهذا يفسر سبب النتائج المختلفة لتجارب مختلفة. فأحياناً كانت تبدو الكلمات كأنها تنتمي إلى تخزين واحد أو معجم واحد، وأحياناً كانت تبدو وكأنها تنتمي إلى تخزينين أو معجمين. فعندما تكون الكلمتان من لغتين في حالة تماثل، كانت توهم الباحث أن هناك معجماً واحداً في الذهن. وعندما تكون الكلمتان (أو أزواج الكلمات) في حالة تماثل أقل، كانت توهم الباحث أن هناك معجمين في الذهن.

انفصال اللغتين وتفاعلهم:

عندما يتكلم الشخص الثنائي اللغة، فإنه يستطيع الفصل بين لغتيه. إنه يعرف لكل لغة مفردات خاصة ونظاماً صوتياً صرفياً ونظاماً نحوياً ونظاماً دلالياً خاصاً. وهو قادر على عدم الخلط بين اللغتين إذا شاء. كما أنه في كثير من الأحيان يكون قادراً على التكلم بأية لغة يختار بطلاقة ودون تدخل اللغة الأخرى. وتراه قادراً على تنشيط لغــة

والتحدث بها مع إخماد لغة أخرى كأنه لا يعرفها. وفجأة تراه، إذا دعا الداعي، يخمد اللغة التي كان يتكلم بها وينشط اللغة التي كان قد أخمدها، أي أنه قادر على التحول من لغة إلى أخرى حسبما يستدعي الموقف. كيف يحدث هذا؟

لقد أجاب أحد علماء الأعصاب، وهو بنفيلد penfield, عن السؤال بأن لدى الثنائي اللغة مفتاحاً تلقائياً فعالاً يسمح له بالتحول من لغة إلى أخرى. ويستطيع هذا المفتاح أن يتحكم بأية لغة تكون مفتوحة وأية لغة تكون مغلقة. ولقد رأى آخرون أن مفتاحاً واحداً قد لا يكون كافياً، حيث إن الثنائي اللغة يستطيع أن يتكلم لـ١ وهو يستمع إلى لـ٢. وهذا يعني أن نظام الإنتاج اللغوي منفصل عن نظام الاستقبال اللغوي وأن مفتاحاً واحداً لا يستطيع التحكم بالنظامين في آن واحد.

وقد أدى هذا ببعض العلماء ومنهم مكنمارا macnamara (٥: ٢٤٩) إلى افتراض وجود مفتاحين: مفتاح المخرجات ومفتاح المدخلات، أو مفتاح الإخراج ومفتاح الإدخال. مفتاح الإخراج تحت سيطرة المتكلم الواعية، لأن المتكلم هو الذي يختار متى يتكلم وكيف وبأية لغة. ولا يصبح المتكلم غير واعٍ إلا في حالات الحفظ عن ظهر قلب، ففي هذه الحالة يزول وعي المتكلم باللغة التي يختارها.

وبالمقارنة، فإن مفتاح الإدخال تلقائي لا يسيطر عليه السامع، بل تتحكم فيه اللغة الصادرة من الطرف الآخر، أي المتكلم. هنا يتحول المفتاح تلقائياً إلى اللغة الواردة إلى السامع. فإن كانت هي لـ١ تحول المفتاح إلى لـ١، وإن كانت لـ٢ تحول المفتاح إلى لـ٢. وهذا التحول تلقائي لا سيطرة للسامع عليه، ولا يقدر على مقاومته حتى لو أراد. ولقد دل اختبار ستروب stroop test على أن الفرد لا يستطيع التهرب من تأثير الكلمة التي يراها مكتوبة بحبر لونه يختلف عن معناها سواء أوصف لون الحبر بنفس لغة الكلمة أم بلغة أخرى.

ولقد أجريت تجارب على مسألة الوقت. هل يلزم وقت للتحول من لغة إلى أخرى؟ ولقد أجرى كولرز kolers تجربة استخدم فيها فقرات أحادية اللغة، وفقرات متناوبة اللغة من جملة إلى أخرى، وفقرات ذات جمل مختلطة. وقد وجد أنه في الاستيعاب لا فرق بين هـذه الأنواع الثلاثة من الفقرات. ولكن عند القراءة الجهرية، كانت هنـاك فـروق. فلقـد

استغرق الثنائيون الذين تهيمن عليهم ل١ ٣٠ ثانية لقراءة النص باللغة ٣٦،١ ثانية لقراءة النص المتناوب، ٤٥ ثانية لقراءة النص المختلط. ووجد أن التحول الواحد من لغة إلى أخرى يستغرق ٣ر٠ ثانية. وكان استنتاجه أن التحول يعيق الإنتاج ولا يعيق الاستيعاب.

ولكن بعض العلماء رأوا في تجربة كولرز kolers خلطاً بين وقت تحول الإدخال ووقت تحول الإخراج. فأثناء القراءة الجهرية لنص مختلط، أي نص من لغتين، يعمل مفتاح الإدخال للفهم ويعمل مفتاح الإخراج لنطق النص. ولهذا أجرى مكنمارا (٥: ٢٥١) تجربة على قراءة الأرقام على أساس أن الأرقام لا تتطلب استيعاباً، فقراءتها جهراً تستدعي مفتاح الإخراج فقط. ولقد جعل قائمة الأرقام مختلطة، أي من لغتين، فوجد أن متوسط وقت التحول الواحد هو ٢ر٠ثانية. وهو يعادل نصف الوقت الذي وجده كولرز تقريباً. وهذا هو وقت التحول اللازم للإنتاج. ووجد أن المتكلم الذي يتحول من لغة إلى أخرى في محادثة طبيعية لا يظهر وقت تحوله، لا بسبب عدم وجوده، بل بسبب أن المتكلم يتوقع التحول قبل أن يقع فيستعد له.

ثم أراد مكنمارا أن يقيس وقت تحول الإدخال وحده، كما قاس وقت تحول الإنتاج وحده فطلب من أفراد ثنائيي اللغة أن يقرأوا نصوص كولرز قراءة صامتة. فوجد أن وقت قراءة النصوص المختلطة أطول من قراءة النصوص أحادية اللغة، وأن وقت التحول الواحد في القراءة الصامتة هو ١٧ر٠ ثانية تقريباً مقارنة بالوقت الذي حسبه كولرز وهو ٣ر٠ - ٥ر٠ علماً بأن الوقت الأخير هو وقت تحول الإدخال ووقت تحول الإخراج حيث إن تجربة كولرز كانت على القراءة الجهرية.

ولقد قام مكنمارا وزميل له بتجربة طريفة. قدموا جملاً من ثلاثة أنواع: جملة فيها تحول واحد من لغة إلى أخرى، أي كلمة واحدة مختلفة، وجملة فيها تحولان، وجملة فيها ثلاثة تحولات. وطلب من الأفراد قراءة الجملة قراءة صامتة. والحكم عليها هل هي صحيحة المحتوى أم مغلوطة. فوجد أنه كلما زادت التحولات في الجملة زاد الوقت اللازم لإصدار الحكم عليها من حيث الصحة أو الخطأ، أي زاد زمن رد الفعل. وحسب متوسط زمن التحول الواحد بأنه ٢ر٠ ثانية. وهذا هو متوسط زمن تحول الإدخال. فإذا أضفناه إلى متوسط زمن تحول الإنتاج (أو الإخراج)، وهو ٢ر٠ ثانية، كـان النـاتـج ٤ر٠

ثانية. وهو الزمن الذي اقترحه كولرز للتحول المزدوج (أي تحول الإدخال + تحول الإنتاج)، وقد كان بين ٣ر٠ - ٥ر٠ ثانية.

ويتفق زمن التحول هذا مع عادات الشخص الثنائي اللغة. فهو قد تعود على البقاء مع لغة واحدة. فإذا أجبرته اللغة الواردة على التحول من لغة إلى أخرى، فلابد أن يستغرق هذا التحول وقتاً وجهداً.

ولكن كعادة العلماء، قلما ينجو عالم من انتقادات زملائه في الميدان. فإن هذه التجارب التي أشرنا إليها انتقدت على أساس أنها تمت في جو اصطناعي وكانت المثيرات اللغوية اصطناعية وفي جو مختبري غير طبيعي. كما أن النصوص التي استخدمت لم تكن سليمة نحوياً، بل كانت ملفقة تلفيقاً في بعض الأحيان على يد أناس لا يجيدون لغتين، وكانت التحولات فيها غير سليمة وغير طبيعية. كما أن انتقاداً رئيسياً قد وجه إلى التجارب التي تصور التحول على أنه إعاقة لعملية التحادث، في حين أنه شائع ومقبول بل يلجأ إليه كوسيلة لتسهيل التحادث أحيانا. فكيف يكون ذلك كذلك؟

ولهذا رأى البعض أن نظرية المفتاح الواحد لا تكفي، وأن نظرية المفتاحين لا تكفي، لأنهما لا تفسران استقلال اللغتين وتفاعلهما في آن واحد، ولا تفسران كيف تتدخل لغة في أخرى أثناء الإنتاج، ولا تفسران كيف يتكلم شخص ل₁ مثلاً بينما يعطيها نبراً قريباً من نبر ل₂ أو تنغيماً قريباً من تنغيم ل₂. يبدو أن الفرد يتكلم ل₁ فيغلق مفردات ل₂ ويفتح نبرات ل₂ أو تنفتح نبرات ل₂ بالأحرى، فيحدث التدخل.

ويرى البعض أنه إذا قام المتكلم بتحول أثناء كلامه، أي تحول من ل₁ إلى ل₂، فإن هذه المفاجأة قد تربك المستمع وتجعله غير قادر على الفهم لمدة ثوان، حتى ينفتح مفتاح الإدخال المناسب. ولكن آخرين يرون أن المسألة لا تفسرها مفاتيح الإدخال والإخراج، بل يفسرها نظام المراقبة الذي يقوم بتقنية الرسالة الصوتية الواردة إلى المعجم الذهني الذي تنتمي إليه. ولهذا وبما أنه يصعب قفل لغة قفلاً كاملاً، أي إقصاؤها لمدة معينة، فإن نظام المراقبة هو الذي يمكنه تفسير التحول من لغة إلى أخرى وتفسير التدخل من لغة في أخرى. وعلى هذا فرغم أن ل₁ هي ل₁، و ل₂ هي ل₂، أي أنهما منفصلتان، إلا أنهما في ذهن حاملهما متفاعلتان.

وهكذا، فإن النظريات التي تفصل ل١ عن ل٢ بنظام مفتاح التحكم أو بنظام مفتاحي التحكم لا تستطيع تفسير عملية التدخل اللغوي. ولذا يمكننا أن نتصور نظاماً للتحكم الجزئي لتفسير عملية الإنتاج ونظاماً للفرز لتفسير عملية الاستقبال. ويمكن أن أدعوهما partial control system في الحالة الأولى و sorting system في الحالة الثانية. وأقصد بنظام التحكم الجزئي أنه عندما يتكلم الثنائي اللغوي فإنه يختار ل١ أو ل٢، ولكنه لا يستطيع أن يتحكم إرادياً بالإنتاج اللغوي تماماً، حيث تتدخل ل١ وهو يتكلم ل٢ أو تتدخل ل٢ وهو يتكلم ل١. فهو يتحكم باختيار اللغة هل هي ل١ أم ل٢، ولكنه لا يتحكم بدور اللغة التي لا يختارها. ولذا دعوت النظام نظام التحكم الجزئي، وهو نظام يصلح لتفسير عملية الإنتاج اللغوي language production. أما عند استقبال الفرد للغة قراءة أو استماعاً، فإن نظاماً آخر يعمل هو نظام الفرز. وهنا يتولى النظام استقبال الوارد اللغوي وتصنيفه إلى ل١ أو ل٢، فإذا كان الوارد من ل١ أحاله إلى نظام ل١، وإذا كان الوارد من ل٢ أحاله إلى نظام ل٢. وهو يشبه نظام المراقبة إلى حد ما، علماً بأن مصطلح "الفرز" أدل على وظيفة النظام من مصطلح "المراقبة".

الحبسة لدى ثنائيي اللغة:

إن الحبسة aphasia هي فقدان القدرة على النطق نتيجة أذى أصاب الدماغ، من جراء حادث اصطدام مثلاً أو وقوع جسم على الرأس أو التهاب أو سرطان في الدماغ. ولقد درس الباحثون حالات الحبسة المختلفة من أجل الربط بين موقع الأذى في الدماغ وبين اللغة التي تأثرت لدى الشخص الثنائي اللغة وللإجابة عن سؤال مثل هذا: هل الأذى في الجانب الأيسر أو الجانب الأيمن من الدماغ يؤثر أكثر على ل١ أم على ل٢؟ ما تأثير موقع الأذى في الدماغ على نوعية الاضطراب اللغوي: هل هذا الموقع أو ذاك يؤثر في الكلام أم الاستيعاب أم القراءة أم الكتابة؟ هل هناك مراكز مختلفة لكل مهارة لغوية؟ وعندما يشفى المريض من الحبسة، أية لغة تستعاد أولاً؟ هل هي ل١ أم ل٢؟ هل هي اللغة المهيمنة أم اللغة الأقل هيمنة؟

ولقد لوحظ أن الدراسات التي تمت في الأربعينات من القرن العشرين عن حالات الحبسة لدى ثنائيي اللغة كانت تركز على الحالات الشاذة، لا على الحالات العادية، سعياً وراء الطرافة والغرابة. وكانت كثير من الروايات تروى نقلاً عن مصادر من الدرجـة

الثانية أو الثالثة، أي لم يكن الباحث هو المشاهد الأول. كما أنه لم تكن هناك معلومات عن مدى اتقان المصاب للغتين قبل وقوع الحادث. كما أن بعض الباحثين لم يكن متقناً للغتي المصاب، فكانت أسئلته للمصاب من نوع يصعب فهمه وبالتالي كان يظن أن المصاب فقد القدرة على الاستيعاب، في حين أن السبب الحقيقي كان صعوبة فهم ما يقوله الباحث ذاته.

ورغم هذه الانتقادات، فلقد قام الباحثون بتحليل حالات الحبسة لدى ثنائيي اللغة، ووجدوا أن حوالي نصف الحالات كشفت عن حالات الشفاء المتوازي: إذا كانت لغتان قد اضطربتا لدى شخص ما بقدر متساو، فإن استعادتهما كانت متوازية. ويمكن أن ندعو هذا النمط الاستعادة المتوازية parallel restitution أو الشفاء المتوازي parallel. recovery أو غير المتوازية non- parallel restitution (٥- ٢٥٩)، حيث كانت لغة تستعاد قبل لغة أخرى أو تستعاد بشكل أفضل منها أو لا تستعاد على الإطلاق. وقد ظهر أن ربع الحالات المدروسة كانت من النوع الأخير: أي حالات تستعاد فيها لغة كاملة وتختفي لغة أخرى اختفاء كاملاً دون استعادة، وتدعى هذه الحالات حالات الاستعادة الانتقالية . selective recovery

وكمثال على حالات الاستعادة الانتقائية حالة شخص سويسري لغته الأولى الألمانية السويسرية. وتعلم الألمانية والفرنسية والإيطالية في المدرسة. ثم انتقل إلى مدينة لغتها الفرنسية، فأصبحت الفرنسية لغته المهيمنة. وفي سن الرابعة والأربعين، تعرض لنوبة صرع أدت إلى الحبسة. ثم استعاد الاستيعاب بسرعة، ولكن كانت عليه أن يتعلم من جديد كيف يتكلم. وكانت الفرنسية أول لغة استعادها. ثم تبعت الألمانية، ثم الإيطالية. أما الألمانية السويسرية فلم تعد إليه مطلقاً رغم أنه قضى آخر خمس سنوات من حياته في بيئة هذه اللغة (٥: ٢٥٩).

وهكذا فعندما تكون الإصابة للغتين متوازية، تكون الاستعادة متوازية أو غير متوازية. ولكن هناك حالات تكون إصابة اللغتين متباينة وتكون الاستعادة متوازية أو غير متوازية أيضاً. وهناك حالة رجل يعرف البولندية لغته الأم والألمانية والروسية، أصيب في الحرب برأسه. فغاب عن الوعي ثلاثة أسابيع، ولما صحا تبين أن لغتـه الروسيـة كانت أقل اللغات

الثلاث إصابة، وأن لغته البولندية أصيبت من حيث الإنتاج فقط، وأن لغته الألمانية كانت الأكثر إصابة، إذ لم يستطع سوى إعادة تعابير تعطى له. ومثل هذه الحالة تدعى الإصابة المتباينة differential impairment (٥: ٢٦٠).

وهناك حالات من الحبسة تستعاد فيها اللغتان بالتتابع: لا تظهر لغة إلا بعد اكتمال استعادة أخرى. وتدعى هذه الحالات الاستعادة المتتابعة successive recovery. ومن العوامل المؤثرة هنا ماهية اللغة التي كان يسمعها المصاب أكثر، فإذا كان طبيبه أو ممرضته أو زواره يستخدمون لغة معينة فلهذه اللغة فرصة أكبر في الاستعادة المبكرة.

وهناك نمط عجيب من أنماط الاستعادة، أي استعادة اللغات لدى الثنائي اللغة بعد الحبسة. ألا وهو نمط الاستعادة المتعادية. عندما تستعاد لغة، تبدأ الأخرى بالتراجع وكلما تقدمت واحدة، زاد تراجع الأخرى، كأن اللغتين في عداء. وهناك نمط أكثر غرابة، وهو الاستعادة المتعادية المتناوبة alternate antagonistic recovery. ويدعوها البعض الاستعادة المتأرجحة see- saw recovery. عندما تتحسن ل$_{١}$ تختفي ل$_{٢}$، ولكن بعد أيام تضعف ل$_{١}$ وتتحسن ل$_{٢}$، وبعد يوم أو اثنين يحدث العكس إذ تضعف ل$_{٢}$ وتتحسن ل$_{١}$.

وهناك نمط آخر من أنماط الاستعادة وهو الاستعادة المختلطة mixed recovery. وفي هذه الحالة يستعيد المصاب لغتيه ممزوجتين معاً لا يستطيع الفصل بينهما. فهو إذا تكلم أو كتب استخدمهما في كل جملة معاً.

ولقد حاول الباحثون تفسير هذه الأنماط المختلفة من الاستعادة. ولهذا جاءت عدة فرضيات تفسيرية منها (٥: ٢٦١: ٢٦٣).

١- **فرضية الأولية.** وهي فرضية ربت ribot الذي يرى أن اللغة التي تعلمها المصاب أولاً هي اللغة الأقل إصابة وهي اللغة التي تستعاد أولاً. وهي باختصار: اللغة المتعلمة أولاً تستعاد أولاً. ولكن هذه الفرضية انتقدت على أساس أن اللغة الأولى ليست أولى فقط في العادة، بل هي الأكثر استخداماً أيضاً. ولذا يصعب الفرز بين عامل الأولية وعامل الاستخدام.

٢- **فرضية استخدام الأكثر.** وهي فرضية ألبرت albert وأوبلر obler اللذين يريان

أن اللغة التي كان المصاب يستخدمها أكثر قبل إصابته بالحبسة مباشرة هي اللغة التي تستعاد أولاً. ولقد وجد أن هذه الفرضية تفسر ٦٥% من الحالات موضع الدراسة، في حين أن فرضية الأولية لا تفسر سوى ٤٦% من الحالات.

٣- **فرضية الحالة النفسية.** يرى أصحاب هذه الفرضية، وأولهم منكوسكي cminkowski أن فرضية الأولية وفرضية الاستخدام الأكثر لا تكفيان لتفسير جميع حالات الاستعادة. فهناك حالات من الاستعادة غير المتوازية والاستعادة المتتابعة لا يمكن تفسيرها إلا بالتدقيق في حالة المصاب الانفعالية قبل حادث الإصابة وبعده. فإذا كان المصاب قد تعرض لتجربة قاسية مع شخص لغته ل₁ قبل إصابته فإنه يميل إلى الإبطاء في استعادة ل₁. وإذا كان المصاب قد وجد أن أقاربه الذين يتكلمون ل₂ مثلاً لم يزوروه وهو راقد في المستشفى، فإن هذا قد يؤخر استعادة ل₂. وإذا وجد أن صديقاً له يتكلم ل₁ داوم على زيارته في المستشفى بعد إصابته، فهذا قد يؤدي إلى سرعة استعادة ل₁. وإذا كانت للمصاب ذكريات جميلة قريبة في بيئة ل₁ قبل إصابته، فهذا قد يؤدي إلى سرعة استعادة ل₁.

٤- **فرضية التعرض.** هناك حالات استعادة لا تفسرها الفرضيات السابقة، بل تفسرها فرضية التعرض. وترى هذه الفرضية أن اللغة التي يسمعها المصاب أكثر من غيرها بعد إصابته تميل إلى الاستعادة المبكرة، كأن يسمع المريض ل₁ من الممرضة أو الطبيب أو العاملين في المستشفى. وقد يكون هذا السماع طبيعياً أو من خلال تمارين لغوية علاجية. وهي فرضية يحبذها واتاموري watamori وساسانوما sasanuma (١٩٧٨م).

٥- **مدى المعرفة اللغوية.** هناك عوامل أخرى تتدخل في سرعة الاستعادة، منها مدى معرفة المصاب للغة ما. فإذا كان المصاب يعرف لغة ما قراءة وكتابة وكلاماً، فتميل هذه اللغة إلى الاستعادة الأبكر مقارنة بلغة لا يعرفها إلا قراءة أو كتابة أو كلاماً. أي أنه كلما تعددت المهارات اللغوية المتقنة للغة ما، زاد احتمال استعادتها أولاً. ويبدو هنا أنه إذا بقيت مراكز القراءة والكتابة العصبية سليمة، فإنها تساعد في استعادة الكلام، حيث تعين الصورة المرئية للمكونات اللغوية الصورة الصوتية لها.

٦- **العمر.** إذا كان المصاب كبيراً في السن، فإنه يصعب التنبؤ باللغة الأبكر

استعادة. قد تكون هي الأكثر استخداماً وقد لا تكون. وكلما صغر سن المصاب، كان التنبؤ أسهل وأؤكد.

٧- خطورة الإصابة. كلما زادت إصابة الدماغ، وخاصة قشرة الدماغ التي تحتوي على المراكز اللغوية، زاد احتمال الاكتفاء بالسعادة لغة واحدة فقط. وهو ما دعوناه سابقاً الاستعادة الانتقائية.

وهناك عوامل أخرى عديدة مثل آخر لغة استعملها المصاب قبل الإصابة مباشرة، أول لغة سمعها بعد الصحو من الإصابة، والقيمة العاطفية للغة ما في حياة المصاب. وفي الواقع، إن العوامل لا تعمل فرادى في كل حالة، بل تتشابك معاً بشكل معقد ومختلف من حالة إلى أخرى.

ومن أغرب حالات الحبسة والاستعادة حالة امرأة عمرها خمس وثلاثون سنة، كانت تعرف أربع لغات قبل الإصابة بالحبسة. وبعد عملية استئصال ورم في الدماغ، أصيبت باضطرابات لغوية مختلفة. ل$_{١}$ تتكلمها بصعوبة بالغة ولكن تفهمها جيداً. ل$_{٢}$ تتكلمها بطلاقة ولكن دون معنى، مع مشكلات في الفهم. ل$_{٣}$ و ل$_{٤}$ تارة تشبهان ل$_{١}$ وتارة تشبهان ل$_{٢}$.

ومهما يكن من أمر، فإن اللغة التي لا تستعاد لدى الثنائي اللغة يجب ألا تعتبر مفقودة تماماً. هي هناك في مكان ما في الدماغ. ولكن هناك قصور في نظام الاسترجاع أو الاستعادة. والدليل على ذلك حالات الاستعادة المتعادية المتناوبة، حيث تظهر لغة وتختفي أخرى، ثم تعود المختفية فتظهر وتختفي الظاهرة. إن اللغة المختفية لم تتلاش، فقط كمنت لأنه حدثت إعاقة في نظام الاسترجاع أو التذكر أو التعبير.

جانبية اللغة:

من المعروف لدى علماء علم اللغة العصبي أن النصف الأيسر من الدماغ هو ذو الهيمنة على اللغة، بل فيه مراكز اللغة، وخاصة بالنسبة للذكور اليمن، أي الذين يستخدمون يدهم اليمنى عادة. ولقد ثبتت هيمنة النصف الأيسر على اللغة من خلال حالات الجراحة. فكان عندما يزال النصف الأيمن من الدماغ، لا تتأثر المهارات اللغوية بعد الجراحة. وكان عندما يزال النصف الأيسر من الدماغ، يصاب المريض بحبسة دائمة

في إنتاج اللغة واستقبالها. وهذا يدل على هيمنة النصف الأيسر من الدماغ لغوياً وهناك حالات التخدير التي تثبت الاستنتاج نفسه: إذا خدر النصف الأيسر من الدماغ يتعطل الأداء اللغوي إنتاجاً واستقبالاً. إما إذا خدر النصف الأيمن، فلا يتأثر هذا الأداء. ولقد تبين أن ٢% من المصابين بالحبسة من أحاديي اللغة يهيمن عليهم لغوياً النصف الأيمن من الدماغ وأن ٩٨% منهم يهيمن عليهم النصف الأيسر. هذا حال أحاديي اللغة.

فكيف حال ثنائيي اللغة؟ لقد دلت البحوث على أن ثنائيي اللغة يستخدمون النصف الأيمن من الدماغ أكثر من أحاديي اللغة. ولقد بلغت نسبتهم ١٥% مقابل ٢% فقط لأحاديي اللغة، هذا في حالات المصابين بالحبسة.

ولقد أجريت دراسات على ثنائيي اللغة العاديين، أي غير المصابين باضطرابات لغوية. ولقد قام غينسي genesee وزملاؤه (٥: ٢٦٤) بتجربة على ثلاث جماعات ثنائية اللغة: جماعة اكتسبت اللغتين في مرحلة الطفولة المبكرة (قبل سن الرابعة) وبشكل متزامن، وجماعة اكتسبت ل٢ بين سن ٤- ٦ سنوات، وجماعة اكتسبت ل٢ بعد سن ١٢. وسئل أفراد الجماعات عن اللغة التي تنتمي إليها كل كلمة في قائمة ما. ورووقبت موجات الدماغ عند الاستجابة. فتبين أن أصحاب الثنائية المبكرة (أي أطفال المجموعة الأولى والمجموعة الثانية) تتمركز هيمنتهم في النصف الأيسر من الدماغ، وأن أصحاب الثنائية المتأخرة تتمركز هيمنتهم في النصف الأيمن.

ويتعلق التوزيع السابق لجانبيه اللغة بزمن تعلم ل٢ من حيث كونه اكتساباً مبكراً أو اكتساباً متأخراً، علماً بأن سن ± ١١ هو السن الفارق بين النوعين من الاكتساب. ويقصد بجانبية اللغة ذلك الجانب من الدماغ الذي تتمركز فيه الهيمنة اللغوية: هل تتمركز الهيمنة في النصف الأيمن من الدماغ أم في النصف الأيسر منه؟

وهناك عامل آخر اقترحه أوبلر obler وزملاؤه ووضعوه تحت اسم فرضية المرحلة أو الفرضية المرحلية stage hypothesis. وترى هذه الفرضية أنه في المرحلة الأولى لاكتساب ل٢ ينشط دور النصف الأيمن the right hemisphere, وعندما تتقن ل٢ يتوقف دور النصف الأيمن ويتحول الدور إلى النصف الأيسر كلية the left hemisphere. وعندما تتقن ل٢ يتوقف دور النصف الأيمن ويتحول الدور إلى النصف الأيسر كليةً the left hemisphere.

وهناك نظرية أخرى تربط جانبية اللغة language lateralization بطريقة تعلم ل٢. إذا

كانت ل٢ قد اكتسبت بطريقة طبيعية، فالهيمنة للنصف الأيمن أكثر منها للنصف الأيسر من الدماغ. وإذا كانت ل٢ قد تعلمت في غرفة الصف بطريقة رسمية اصطناعية، فالهيمنة للنصف الأيسر بشكل رئيسي.

وهناك عوامل تتعلق ببعض جوانب اللغة. فيرى بعض العلماء أن اتجاه كتابة اللغة (من اليمين إلى اليسار أو من اليسار إلى اليمين أو من أعلى إلى أسفل) وصفات أصوات العلة وتنغيم اللغة تستدعي اشتراك النصف الأيمن من الدماغ.

ورغم كل ما قيل، فهناك من يرى أنه لا فرق بين أحاديي اللغة وثنائيي اللغة من حيث جانبية اللغة. والبعض يرى أن الاستدلال بحالات الحبسة لدى ثنائيي اللغة استدلال مشكوك فيه، لأن التركيز كان على الحالات الاستثنائية منها، لا على الحالات العادية. كما أن بعض الدراسات التي ترى فرقاً بين الأحاديين والثنائيين من حيث الجانبية اللغوية لم تكن تأخذ في الحسبان عامل الجنس، حيث إن الإناث أقل جانبية لغوية من الذكور. كما أن بعض الدراسات لم تأخذ في الحسبان عامل اليدوية: هل الفرد أيمن أم أعسر؟ وهذا عامل مهم لأن الأعسر الأحادي اللغة تكون الهيمنة اللغوية لنصفه الأيمن عادة. كما انتقدت بعض الدراسات لأنها لم تقس درجة الثنائية اللغوية لدى أفراد الدراسة، أو لأنها لم تعمل على مجموعة ضابطة أحادية اللغة للمقارنة مع مجموعة ثنائية اللغة، أو لأنها عملت على عدد قليل من ثنائيي اللغة قد لا يشجع على التعميم الآمن.

ولهذا أجرى سورس soares وغروسجين grosjean (١٩٨١م* دراسة تحكمت في العوامل المذكورة سابقاً. وقارنت الدراسة بين مجموعة أحادية اللغة وأخرى ثنائية اللغة تعلمت ل٢ بعد سن ١٢. وطلب من الأفراد قراءة كلمات من ل١ و ل٢ قدمت في المجال البصري الأيمن أو الأيسر. ولقد تبين أن أحاديي اللغة يقرؤون الكلمات في المجال الأيمن أسرع مما يقرؤون الكلمات في المجال الأيسر، لأن المجال البصري الأيمن يرتبط مباشرة بالنصف الأيسر من الدماغ، جانب الهيمنة اللغوية. وتبين أيضاً أن ثنائيي اللغة يقرؤون ما في المجال البصري الأيمن أسرع مما هو في المجال الأيسر، مثلهم في ذلك مثل الأحاديين. وتبين أيضاً أن ٨٠% من أفراد المجموعة الأحادية و ٨٠% من أفراد المجموعة الثنائية يهيمن عليهم النصف الأيسر من الدماغ. واستنتجت هذه الدراسة أنه عند تحييد عوامل الجنس واليدوية وسواها من العوامل الفاعلة، فإن الهيمنة اللغوية تكون للنصف

الأيسر من الدماغ لدى معظم الأحاديين والثنائيين على السواء.

تنظيم اللغتين في الدماغ:

إن البحث في تنظيم اللغتين في دماغ الشخص الثنائي اللغة ليس تكراراً للبحث في المعجم الذهني، لأن المعجم الذهني يتعلق بتخزين الكلمات فقط، أما التنظيم فيتعلق بشتى مستويات اللغة صوتياً وصرفياً ونحوياً ودلالياً ومفرداتياً. وهناك فيما يتعلق بتنظيم اللغة فرضيتان.

الفرضية الأولى تدعى فرضية النظام الموسع extended- system hypothesis. وتنظر هذه الفرضية إلى الأمر كما لو كان هناك مخزن كبير واحد يحتوي على جميع عناصر اللغتين. وعندما يتعلم المرء ل٢ فإن أصوات هذه اللغة تدخل في الدماغ كأنها ألوفونات: أي تنوعات، لفونيمات، أي أصوات، ل١. ويستند المدافعون عن هذه الفرضية بالشخص الثنائي اللغة الذي يتكلم ل٢ ويلونها صوتياً ونبرياً بأصوات ونبرات ل١. كما يستندون إلى أنه في معظم حالات الحبسة يفقد المريض جميع لغاته دفعة واحدة.

وهناك فرضية النظام الثنائي dual – system hypothesis. ويرى مؤيدو هذه الفرضية أنه ضمن المنطقة اللغوية العامة الواحدة في الدماغ توجد شبكات مختلفة للاتصالات العصبية لكل مستوى من مستويات اللغة الثلاثة الرئيسية، وهي الأصوات والكلمات والنحو. وهكذا فهناك لكل لغة نظام مستقل. ويجد هؤلاء المؤيدون لهذه الفرضية دعماً في دراسة حالات الحبسة وأنواع الاستعادة اللغوية المختلفة. ويرون أن الاستعادة الانتقائية والاستعادة المتتابعة والاستعادة المتعادية (أو المتأرجحة) للغات بعد الحبسة تدل جميعاً على أن لكل لغة استقلالاً عصبياً عن الأخرى.

ومن الجدير بالذكر أن الإثارة الكهربائية لبعض مناطق الدماغ الثنائي اللغة لا تقدم دليلاً يدعم أياً من الفرضيتين (٥: ٢٦٧). فقد أجريت بعض تجارب الإثارة الكهربائية لبعض المواقع في دماغ بعض ثنائيي اللغة الذين كانوا يعالجون من الصرع. وعرضت على الأفراد موضع التجربة شرائح لأجسام مألوفة وطلب منهم تسميتها بلغة معينة. وكان الغرض من التجربة التعرف على المواقع الدماغية التي تعطي استجابة بلغة واحدة وتلك التي تعطي استجابة بلغتين. ولقد وجد في حالة أحد الأفراد أن هناك ستة مواقع في قشرة

الدماغ كانت تثير استجابة باللغتين وسبعة مواقع كانت تثير استجابة أكثر بلغة واحدة. وكان الاستنتاج من هذه التجربة التي قام بها أوجيمان ووتيكر ojemann & Whitaker أنه في المنطقة اللغوية في الدماغ توجد مواقع مشتركة للغتين (وهذا يؤيد فرضية النظام الموسع) ومواقع خاصة بكل لغة على حدة (وهذا يؤيد فرضية النظام الثنائي). وتبين أيضاً أن ل₂ تأخذ من الدماغ منطقة أوسع من المنطقة التي تأخذها ل₁، وخاصة في المرحلة الأولى من تعلم ل₂، وأن منطقة ل₂ تتناقص كلما زادت مهارة الفرد في ل₂.

ولقد رأى بارادس paradis أنه يمكن اتخاذ حل وسط بين فرضية النظام الموسع وفرضية النظام الثنائي. ولقد أسمى فرضيته فرضية الأنظمة الفرعية. فهو يرى أن اللغتين مخزنتان في نظام موسع واحد. ولكن عناصر كل لغة تتخزن مستقلة في شبكة عصبية فرعية. وهذا يفسر كيف أن الإصابة في حالات الحبسة قد تصيب لغة دون الأخرى وأن الاستعادة للغة ما قد لا ترتبط باستعادة أخرى في حالات الحبسة كما يظهر لنا في حالات الاستعادة غير المتوازية. كما تفسر لنا هذه الفرضية كيف يستطيع الثنائي اللغة التكلم باستخدام ل₁ فقط أو ل₂ أو بالتحول من لغة إلى أخرى.

ومما هو معروف عن الدماغ الأحادي اللغة أن فيه مراكز يختص كل منها باستقبال اللغة أو إنتاجها أو استيعابها. ويرى بعض العلماء أن كل مركز مستقل تماماً عن المراكز الأخرى، غير أن بعضهم يرى أنه رغم استقلالية كل مركز إلا أنه يقوم بدوره بتنسيق ما مع المراكز اللغوية الأخرى.

ورغم الاختلافات بين نتائج البحوث، فيبدو أن هناك اتفاقاً على ثلاثة أمور رئيسية (١٧: ١٢٨). أولها أنه لا يوجد مركز عصبي واحد في الدماغ للغة كلها. وثانيها أن بعض مناطق الدماغ أكثر تخصصاً في الوظائف اللغوية من غيرها. على سبيل المثال، النصف الأيسر من الدماغ لدى أكثر الناس تخصصاً في الأنشطة اللغوية. وثالثها أن هذه المناطق المتخصصة تعمل بتنسيق فيما بينها من أجل معالجة لغوية ناجحة، وهذا يعني أن جزءاً كبيراً من الدماغ يشتغل بالعملية اللغوية بشكل أو بآخر. وهذا لا ينفي وجود نظريات تقول إن الدماغ له قدرة لغوية عامة لا تختص بها منطقة دماغية دون أخرى.

وحتى الآن لم يستطع أحد أن يعين نقطة في الدماغ مسئولة عن قوانين النحو مثلاً أو

معاني الكلمات. ولذا يصعب أو يستحيل إيجاد جواب عصبي، أي يتعلق بالأعصاب، لسؤال من هذا النوع: هل اللغتان تشتركان في نفس الآلية العصبية أم لكل منهما آلية عصبية مستقلة؟

من المحتمل أن المنطقة التي تختص باللغة عادة لدى الأحادي اللغة قد تضطر إلى الانقسام بين لغتين في حالة الدماغ الثنائي اللغة، مما يجعل المادة العصبية الخاصة بكل لغة مما هي عليه في حالة الدماغ الأحادي. وهناك احتمال آخر هو أن المناطق غير اللغوية قد تتحول أجزاء منها إلى وظائف لغوية، وهذا يعني أن المنطقة اللغوية تتوسع على حساب المناطق غير اللغوية، مما يعني أن المناطق غير اللغوية في الدماغ الثنائي اللغة أصغر من مثيلاتها في الدماغ الأحادي اللغة وأن المنطقة اللغوية في الدماغ الثنائي أوسع من مثيلتها في الدماغ الأحادي.

وفي الحقيقة، إن الأبحاث الخاصة بتنظيم اللغتين في الدماغ ما تزال في أول الطريق. ولابد من أن يمر وقت، قصير أو طويل، حتى نحصل على إجابات محددة لأسئلة كثيرة تتعلق باللغة والدماغ والفروق بين الدماغ الأحادي اللغة والدماغ الثنائي اللغة.

جوانب أخرى:

كثيراً ما يحاول الثنائي اللغة أن يوهم الناس بوعي أو غير وعي أنه ذو ثنائية متوازنة، أي أنه يتقن ل١ و ل٢ بنفس الدرجة وأنه طلق فيهما على السواء، وأنه لا هيمنة للغة على الأخرى. ولكن في حالات التوتر الانفعالي أو الاجتماعي أو تحت ضغط المعلومات أو في حالات الإعياء، سرعان ما تظهر اللغة المهيمنة حقاً لديه. في مثل هذه الحالات يبطؤ أداء الشخص في لغته الأضعف (أي اللغة غير المهيمنة)، بل قد يتحول إلى اللغة المهيمنة.

ويعترف ثنائيو اللغة بهذا الحال بأنفسهم. فيقول بعضهم إنهم يحسون بالتعب بعد التكلم باللغة غير المهيمنة لمدة طويلة، وإنهم لو تكلموا باللغة المهيمنة المدة ذاتها لما شعروا بالتعب بهذه السرعة. ويقول بعضهم إنه لا يستطيع أن يستعمل اللغة غير المهيمنة في بعض المواقف العاطفية. وهذا يؤكد أن اللغة المهيمنة لها أدوار لا تستطيع أن تقوم بها اللغة غير المهيمنة لدى فرد ما.

ولقد أجرى بحث للمقارنة بين أحاديي اللغة وثنائيي اللغة ومتعددي اللغة (٥: ٢٥٦). وطلب من المجموعات الثلاث أمران: تسمية أشياء وأرقام وقراءة جهرية. ودل هذا البحث التي أجرته ماجستي magiste سنة ١٩٧٩م على أن الثنائيين أبطأ من الأحاديين في كل المهام موضع البحث وأن متعددي اللغة أبطأ من الثنائيين، حتى في اللغة المهيمنة لديهم. وترى الباحثة أن هذه الظاهرة ترجع إلى أن الشخص الثنائي يستخدم كل لغة لديه أقل من الشخص الأحادي حيث إنه يوزع وقته على لغتين، أو ترجع الظاهرة إلى تداخل اللغتين، مما يؤدي إلى بطء الاستجابة. غير أن بعض الباحثين يرون أن اتخاذ رد الفعل والزمن المستغرق فيه دليلا يحتج به أمر غير مقبول، حيث إن الثنائي اللغة يطور مهارته اللغوية في كل لغة حسب حاجته النفسية والاجتماعية لها، لا حسب متطلبات الباحثين وبحوثهم.

وهناك قضية الترجمة، إذ يرى كثير من الناس أن الثنائي اللغة هو مترجم بطبيعة حاله وأن ثنائيته هي مسألة ترجمة من لغة إلى أخرى. ولكن الواقع مخالف لذلك، حيث إن كثيراً من الثنائيين يشكون من صعوبة الترجمة، وخاصة كتابياً. ولقد دلت حالات شخصية وبحوث دراسية على أنه لا يوجد ارتباط موجب بين درجة الثنائية اللغوية والقدرة على الترجمة. ويمكن إرجاع هذه الظاهرة إلى حقيقة أن الثنائي يستخدم كل لغة من لغتيه في ظروف مختلفة لأهداف مختلفة وفي موضوعات مختلفة ومع أناس مختلفين في معظم الحالات، أي على نحو وظيفي تكاملي، وليس على نحو تبادلي. وهناك بلا شك سبب آخر يتعلق بطبيعة الترجمة ذاتها، إذ من المعروف أن كلمات لغة ما لا تقابل كلمات لغة أخرى مقابلة كاملة. فهناك كلمات كثيرة في لغة ما لا تجد ما يرادفها في لغة أخرى، بل عليك أن تقول جملة طويلة في لغة ما لتشرح كلمة واحدة في لغة أخرى.

وهناك حالات طريفة من الحبسة كان المريض يفقد القدرة على تكلم ل١ مثلاً، ولكن كان يترجم إليها إذا أعطي نصاً باللغة ٢. وهذا يؤكد أن الترجمة تختلف في أدائها ومتطلباتها لغوياً وعصبياً عن الكلام والاستماع والقراءة والكتابة. إنها مهارة مستقلة ولا علاقة قوية تربطها بالطلاقة.

وهناك دراسات بينت أن هناك علاقة بين نوع القوالب اللغوية والنصف المهيمن من

الدماغ. فقد وجد في بعض حالات الأحاديين والثنائيين على السواء أن الجمل التي تستدعي تطبيق أحكام نحوية يهيمن عليها النصف الأيسر من الدماغ عادة وأن الجمل الروتينية عالية التكرار يهيمن عليها النصف الأيمن من الدماغ عادة. ويقصد يالجمل الروتينية جمل من مثل الأمثال وجمل المناسبات الاجتماعية وجمل التحيات والمجاملات. ولقد تبين ذلك عن طريق العمليات الجراحية أو التخدير أو إصابات الدماغ. فقد تبين أن بعض المصابين في النصف الأيسر يفقدون القدرة على النطق ولكن يحافظون على القدرة على نطق الجمل الروتينية.

الفصل التاسع

مشكلات الثنائي اللغة

الفصل التاسع

مشكلات الثنائي اللغة

ما هي المشكلات التي قد يواجهها شخص ثنائي اللغة؟ بالطبع لا يوجد جواب واحد لهذا السؤال. المسألة تختلف من حالة إلى أخرى ومن شخص إلى آخر. هناك عدة عوامل تتدخل وهناك فروق فردية. فما يتحمله فرد قد لا يتحمله فرد آخر، وما هو مشكلة عند فرد قد لا يكون مشكلة عند آخر. فلكل فرد ظروفه وأهدافه وقيمه وشخصيته المختلفة. ولهذا يختلف الأفراد في إحساسهم بالمشكلات وفي عدد المشكلات التي يواجهونها بسبب الثنائية اللغوية. كما يختلفون في عمق المشكلة وعمرها. فبعض الأفراد تواجههم المشكلة بدرجة طفيفة، وبعضهم بدرجة قوية. وبعضهم تستمر معه المشكلة لفترة طويلة تبلغ سنوات وبعضهم ينتهي من المشكلة خلال أشهر.

ومن أبرز المشكلات التي قد يواجهها الشخص الثنائي اللغة مشكلة الشعور بالغربة ومشكلة صراع الولاء ومشكلة الصراع الثقافي ومشكلة التعليم ومشكلة الاتصال. وسنتطرق إلى كل مشكلة من هذه المشكلات بشيء من التفصيل في هذا الفصل.

الشعور بالغربة:

من أبرز المشكلات التي قد يواجهها الشخص الثنائي اللغة مشكلة الشعور بالغربة وهو شعور يتسم بالقلق المصحوب بالعزلة الاجتماعية. وهو لدى المهاجر إلى بلد جديد أشد منه لدى الثنائي اللغة الذي يعيش في بلده الأصلي. ومنشأ هذا الشعور أن الفرد يعاني من صراع من عدة وجوه. فهو في صراع بين ثقافتين الثقافة الأولى والثقافة الجدية. وهو في صراع في الولاء والانتماء: هل ينتمي إلى الوطن الجديد أم إلى الوطن الأول؟ وهو في صراع في الهوية والذاتية: هل هو صاحب الشخصية القديمة أم صاحب الشخصية الجديدة؟

ويزداد الشعور بالغربة مع بدء دخول الفرد الثنائي اللغة في الثقافة الجديدة، إذ قد يكون مشغولاً في بداية الأمر يأمر تعلم ل₂. ولكن بعد أن يقطع مرحلة ما في تعلم ل₂،

تبدأ تواجهه الثقافة الجديدة، فيحس بالقلق والصراع والغربة في المجتمع الجديد. ولا يدري هل عليه أن يضحي بالثقافة الأولى من أجل الثانية أم بالثانية من أجل الأولى. هذا الصراع يزيد شعوره بالغربة.

ومما يزيد في الشعور بالغربة لدى الثنائي اللغة ضعفه في ل₂. هذا الضعف يطارده في الشارع، في النادي، في العمل، في الحفلات، في المناسبات الاجتماعية. وكلما أحس هو بضعفه في ل₂، زاد شعوره بخيبة الأمل وخشي سوء العاقبة. ومن المعروف أن الضعف في ل₂، وهو يعيش في مجتمع لغته ل₂، سيعيق الاتصال مع الناس، مما يزيد في عزلته الاجتماعية. وهكذا فضعفه اللغوي بسبب له مشكلات في التكيف الاجتماعي من ناحية، ومشكلات في تكوين علاقات اجتماعية من ناحية ثانية، ويسبب له شعوراً بعدم النجاح في اتقان ل₂ من ناحية ثالثة.

ولا يقتصر الشعور بالغربة على المهاجر الذي ينتقل إلى بلد جديدة ليعيش فيه، بل إن الثنائي قد يحس بشيء من هذا الشعور وهو في بلده.. فالعربي الذي يعيش في بلده ويعرف ل₂، ولتكن اللغة الإنجليزية مثلاً، ويتعامل كثيراً بهذه اللغة كأن يكون مدرساً لها يقضي نهاره يستخدمها في العمل ويقضي جزءاً من ليله يقرأ بها ويكتب بها، هذا الفرد قد يحس بالغربة وهو بين أهله. فاللغة كما نعلم وعاء للفكر والعواطف، فقد تحمل ل₂ صاحبنا هذا خارج بلده وهو في بلده. قد يحس هذا الرجل أنه رغم أنه يعيش في أرض ل₁، إلا أنه ينتمي إلى أرض ل₂. وكما ذكرنا، إن الإحساس بالغربة يختلف من شخص إلى آخر من حيث العمق والزمن. فقد يكون في بعض الحالات إحساساً طفيفاً وفي بعضها إحساساً قوياً مؤرقاً. وقد يكون في بعض الحالات مستمراً لا يفارق صاحبه، وفي بعضها آنياً يأتي ويذهب سريعاً.

والشعور بالغربة لدى المراهقين والبالغين أشد منه لدى الأطفال. فالطفل، كما نعلم، أسرع في التكيف الاجتماعي وأكثر رغبة في المحاكاة وأقل إحساساً بشخصيته من المراهق والبالغ. إن شخصية الطفل تكون ما تزال في طور التكون، قيمه لم تتبلور بعد، ديانته في طور البناء، الحلال والحرام لديه لما يتضحا بعد. أما المراهق أو البالغ فقد استقرت شخصيته وله إحساس خاص بالذات والكرامة والأصل والقيم والدين، ولذا فهو أشد معارضة للتخلي عن ذاته الأولى ولغته الأولى وثقافته الأولى. إنه يكاد يحس أن عليه أن

يخلع جلده ويلبس جلداً جديداً. إنه صراع صعب جداً في بعض الحالات.

والشعور بالغربة يتأثر بعوامل عدة، منها نوع الدافعية. فإذا كان الفرد ذا دافعية منفعية، أي أنه يريد لـ٢ من أجل منفعة أو مصلحة أو وظيفة أو قبول في جامعة، فإنه سيكون في صراع وغربة أشد مما لو كان ذا دافعية تكاملية، أي يريد لـ٢ ليعيش في أرض لـ٢ وليصبح من أهل لـ٢. ذلك لأن الشخص الثاني يعرف الثمن سلفاً وهو مستعد لدفعة ومهيأ لذلك. إنه يعرف منذ أن اختار التكامل مع أهل لـ٢ أن عليه أن يتخلى عن لـ١ وثقافة ١ وأهل لـ١ من أجل لـ٢ وثقافتها وأهلها. لقد اختار هذا بنفسه ويعرف أنه لا يستطيع تحقيق هدفه إلا بالانحناء أمام لـ٢ وثقافتها والتضحية باللغة ١ وثقافتها. ولذا فهو أكثر تكيفاً وأكثر تقبلاً للوضع الجديد والحياة الجديدة. وهذا لا يعني أنه لا يحس بالغربة، بل يعني فقط أن إحساسه أقل من إحساس ذي الدافعية المنفعية.

صراع الولاء:

من المشكلات التي قد يواجهها الثنائي اللغوية مشكلة الولاء. هل ولاؤه لشعب وأرض ودولة لـ١، لغته الأولى، أم لشعب وأرض ودولة لـ٢، لغته الثانية؟ إذا أجبرت الظروف شخصاً ما على أن يهاجر إلى بلد آخر وأن يحمل جنسية البلد الجديد وأن يتعلم لـ٢، فما هو مصير قلبه ومشاعره وولائه؟ هل هو للوطن ١ أم للوطن ٢؟ هل تغيير جواز السفر يعني تغيير القلب والعواطف؟ لا شك أن صراعاً يعتمل في نفس الفرد لمدة من الزمن، بل قد يطول الزمن، بل وقد لا ينتهي الصراع إلا مع انتهاء حياة الفرد.

وتتوقف درجة الصراع على عوامل عدة. منها العلاقة التاريخية بين البلد الأول للفرد والبلد الثاني. فكلما كانت العلاقة سلمية وودية كان الصراع خفيف الدرجة قصير المدة. ومنها العلاقة السياسية الحالية بين البلدين. فإذا كانت العلاقة طيبة بين البلدين، قل الصراع الولائي شدة وحدة. أما إذا كانت العلاقة سيئة بين بلده الأول وبلده الجديد، فإن الصراع الولائي يكون شديداً ومديداً، لأنه يضع الفرد في حيرة من أمره، فإن أخلص للبلد الأول أحس وكأنه خان البلد الثاني، وإن أخلص للبلد الثاني أحس وكأنه خان البلد الأول.

وتدرك كثير من الدول صعوبة ولاء الفرد لدولتين في آن واحد، ولهذا لا تسمح بازدواج الجنسية. كما تدرك بعض الدول صراع الولاء لدى بعض الأفراد من رعاياها، ولهذا تشترط

بعض الدول شروطاً خاصة في الإقامة وطريقة الحصول على الجنسية لبعض الوظائف العليا في الدولة. بل إن الجيش الأمريكي كان يدرس بطريقة سرية مدى التزام طيارية من أصل ألماني بتنفيذ الأوامر بقصف مواقع ألمانية خلال الحرب العالمية الثانية، لأنه كان هناك افتراض بأن بعض الطيارين من أصل ألماني سوف لا يوجهون الضربات إلى المدن الألمانية حسب الأوامر، بل سيفرغون حمولة طائراتهم بعيداً عن الأهداف بسبب صراع الولاء لديهم.

ويتوقف صراع الولاء على الزمن؛ فكلما طالت إقامة الفرد في البلد الجديد، خف شعوره بالانتماء والولاء للبلد الأول، بعد أن يكتسب جنسية البلد الجديد. كما تعتمد حدة الصراع على عامل النجاح؛ فإذا حقق الفرد نجاحاً اقتصادياً أو وظيفياً أو اجتماعياً في البلد الجديد، زاد ولاؤه له وخف ولاؤه للبلد الأول، وبالتالي قل الصراع الولائي في نفسه.

وهناك عامل هام يؤثر في الصراع الولائي، ألا وهو موقف الجماعة المضيفة من المهاجر. فإذا وجد المهاجر معاملة حسنة ومساواة وفرصاً متكافئة وتسامحاً وترحاباً، زاد ولاؤه للبلد المضيف الجديد. أما إذا وجد المهاجر التفرقة والحقد والتميز ضده بسبب لونه أو أصله أو دينه أو لغته، فإن هذا يؤجج في نفسه الولاء لبلده الأول ويضعف ولاءه للبلد الجديد.

وكما ذكرنا، لا توجد قاعدة محددة. فكل حالة لها ظروفها وملابساتها. وتتداخل العوامل عادة بطريقة متشابكة، فتوجد ولاءً أو صراعاً ولائياً من نوع خاص: له قوة خاصة وله مدة خاصة وله أسبابه الخاصة. ويجب أن نعترف أن المقصود بصراع الولاء هنا حالات المهاجرين الذين يتركون بلادهم ليصبحوا رعايا مواطنين في بلد آخر، وأن هذا الصراع ليس ناجماً عن اللغتين أساساً، بل هو صراع ناجم عن وضعهم الجديد كرعايا جدد في بلد جديد. ولكن لا مناص من الاعتراف أيضاً بأن وجود اللغتين يؤجج في النفس الصراع ويجدده. فاللغة تذكر صاحبها بأصله وشعبه وماضيه. فإذا استعمل الأمريكي من أصل عربي مثلاً لغته العربية وهو في أمريكا أو خارجها تتحرك في نفسه مشاعر الأصل العربي واللغة العربية والشعب العربي وذكرياته العربية وأهله وأصدقائه من العرب. اللغة هي الحياة، هي الماضي، الحاضر، المستقبل، العواطف، الأفكار، الذكريات، القلب، الأهل. عندما تتكلم ل، كثيراً ما يذهب عقلك إلى أرض ل، وشعبها وثقافتها. وعندما تتكلم

ل٢، يذهب العقل إلى أرضها وشعبها وثقافتها. ولذلك فاللغتان معناهما ولاءان في بعض الحالات، أو على الأقل صراع في الولاء، وأكرر في بعض الحالات. ولا يمكن التعميم في الحالات التي تتعلق ببني البشر والتي تتدخل فيها عوامل بشرية معقدة.

الصراع الثقافي:

من أشد حالات الصراع التي قد يواجهها الثنائي اللغة حالة الصراع الثقافي. وينشأ هذا الصراع من تعرف الفرد لثقافة جديدة تحملها إليه اللغة الجديدة (ل٢) أو البيئة الجديدة في البلد الجديد. وكما نعلم، فاللغة وعاء الثقافة، فهي تحمل معتقدات أهل اللغة وعاداتهم وتقاليدهم ومأكلهم ومشربهم وملبسهم. ولا يعني هذا أن كل من يعرف لغة جديدة. وتختلف كمية الثقافة المحمولة في اللغة باختلاف مدة التعرض. ففي بداية تعلم ل٢ يكون التعرض للثقافة ٢ قليلاً، ولكن كلما تعمق الفرد في تعلم ل٢ ازداد تعرضه لثقافتها.

وبالطبع إذا كان تعلم ل٢ في بلد ل٢، كأن يتعلم عربي اللغة الإنجليزية في بريطانيا مثلاً، فإن تعرض الفرد للثقافة الثانية يكون أكثر من تعرضه لها في حالة تعلم ل٢ في البلاد العربية. في الحالة الأولى يأتي تأثير الثقافة الثانية عن طريق ل٢ وعن طريق البيئة والمجتمع، أما في الحالة الثانية فيأتي تأثير الثقافة الثانية عن طريق ل٢ فقط وهو تأثير محدود في بدايته.

ويزداد الصراع الثقافي لدى الفرد إذا كانت الثقافة ١ مختلفة كثيراً أو متعارضة مع الثقافة ٢. هنا يختار الفرد ماذا يختار وبماذا يؤمن وماذا يعتقد وكيف يتصرف. هل يتصرف حسب قيم ومعتقدات الثقافة ١ أم حسب قيم ومعتقدات الثقافة ٢؟ أما إذا كانت الثقافتان متماثلتين تقريباً، فيكون الصراع الثقافي لدى الفرد محدوداً للغاية. وكمثال على الحالة الأولى، المسلم الذي يسافر للإقامة في أمريكا مدة طويلة من أجل التعلم أو العمل أو التجارة أو للإقامة الدائمة فيها. هنا يجد قيمه الإسلامية متناقضة مع قيم المجتمع الجديد. ويبدأ الصراع والعذاب النفسي. قيمه الأولى تطلب منه أن يتصرف بطريقة معينة والقيم الجديدة تطلب منه سلوكاً مختلفاً. هنا يكون الصراع قوياً ومؤلماً. وكمثال على الحالة الثانية، حالة تماثل الثقافتين، الفرنسي الذي يهاجر إلى أمريكا، حيث لا يجد هنا

الفرد اختلافاً ذا شأن بين ثقافته الأولى وثقافته الجديدة. فكلتاهما ثقافة غربية مسيحية رأسمالية.

وبالطبع إذا كانت دافعية الفرد تكاملية، أي أنه يريد أن يندمج في المجتمع الجديد، يكون صراعه أقل من حالة فرد آخر يقيم في بلد ما إقامة مؤقتة، عابر سبيل كما يقال. الراغب في الاندماج مستعد بوجه عام لتبني الثقافة الجديدة. أما عابر السبيل، صاحب الدافعية المنفعية، يكون أكثر مقاومة للثقافة الجديدة وأكثر تمسكاً بثقافته الأولى.

ويحس المراهقون والبالغون بصراع ثقافي أكبر مما يحس الأطفال، حيث إن البالغ قد اعتاد حياة معينة بطريقة معينة ودخلت في قلبه وعقله ودمه قيم معينة مما يجعله يجد صعوبة بالغة في التخلي عن الثقافة القديمة من أجل الثقافة الجديدة. وبالمقابل، فإن الطفل ليس لديه الكثير ليخسره، فثقافته الأولى لم تكتمل، ولذلك فهو أكثر استعداداً من البالغ أو المراهق ليمتص ثقافة جديد.

ويزداد الصراع إذا كان الفرد يعيش وسط أقليته العرقية أو الدينية. فأقليته تمارس عليه ضغطاً ليحافظ على تقاليد الأقلية وعاداتها ومعتقداتها لتقوى به ويقوى بها. والأكثرية تمارس عليه ضغطاً لتجعله واحداً منها وعضواً فيها، لتصهره في البوتقة الكبرى. ويحتار الفرد بين ضغط الأقلية وضغط الأكثرية. ولا يدري هل يخضع لضغط الأقلية ويبقى متمسكاً بالثقافة الأولى أم يخضع لضغط الأكثرية ويتحول إلى الثقافة الثانية. وقد يحاول البعض الفكاك من صراع الضغط عن طريق مغادرة منطقة الأقلية ليعيش بحرية أكثر ويندمج في الأكثرية.

وحل الصراع الثقافي ليس سهلاً. وهناك عدة احتمالات يتخذها الأفراد لحل هذا الإشكال العسير. الاحتمال الأول التمسك بالثقافة الأولى ورفض الثقافة الثانية. ويكون ثمن هذا الحل أن الفرد ينعزل عن الجماعة الثانية ويحاول أن يعيش حياة خاصة انعزالية أو يكتفي بالاختلاط مع أفراد أقليته الذين اختاروا حلاً مماثلاً للحل الذي اختاره. أما الاحتمال الثاني فهو التخلي عن الثقافة ١ والتحول الكلي إلى الثقافة ٢. وهذا الحل سهل في حالة الأطفال وصعب في حالة البالغين. كما أنه حل يصعب على الفرد أن يتخذه بسهولة في الظروف العادية ويحتاج إلى وقت طويل من الإقامة في البلد الجديد. أما

الاحتمال الثالث هو محاولة التوفيق بين الثقافتين، وهذا الحل سهل في حالة محدودية الاختلاف بين الثقافتين وصعب في حالة شدة الاختلاف بينهما. وفي هذه الحالة تجد الفرد ذا شخصيتين: مرة يتصرف كأنه من أهل الثقافة ١ ومرة يتصرف كأنه من أهل الثقافة ٢. وقد يضع هذه الفرد لنفسه خطة خاصة للسلوك: في هذا المكان يتصرف حسب ثقافة ١ وفي ذاك المكان حسب ثقافة ٢، أو مع بعض الأفراد حسب ثقافة ١ ومع بعض آخر حسب ثقافة ٢. أما الاحتمال الرابع فهو مغادرة أرض الثقافة ٢ والعودة إلى أرض الثقافة ٢ نظراً لاستحالة التوفيق بين الثقافتين ونظراً لتمسك الفرد بالثقافة ١.

ولابد من التذكير أن الحل الوسط في الأمور التي تتعلق بالقيم والأخلاق والسلوك أمر يكاد يكون مستحيلاً في كثير من الحالات. فلو أخذنا مثالاً شرب الخمر. هل هناك حل وسط؟ بالطبع لا. إما أن يشرب وإما ألا يشرب. لا يوجد حل وسط في السلوك فإما السلوك في اتجاه ما وإما السلوك في الاتجاه المعاكس. إما الفعل وإما عدم الفعل. ولهذا عندما يكتشف الفرد أنه يستحيل الاستمرار في لعبة التوفيق بين الثقافتين المتناقضتين ويستحيل الاستمرار في خداع النفس، قد يتخذ قراراً بإيقاف اللعبة ويحزم أمتعته ويغادر البلد الذي سبب له صراعاً نفسياً مريراً بين قيمه التي يؤمن بها والقيم التي يريد أن يفرضها عليه المجتمع الجديد.

وعلى سبيل المثال، نجد كثيراً من الأمريكيين من أصل عربي يتركون الولايات المتحدة الأمريكية بعد إقامة سنوات طويلة ويعودون إلى بلدهم الأصلي أو إلى البلاد العربية هروباً من ضغط الثقافة الثانية وعوداً إلى الحياة مع الثقافة الأولى. عندما تتعارض الثقافة ٢ مع القيم العليا في الثقافة ١ يصبح الصراع النفسي شديداً ومريراً. ويختلف الأفراد في موقفهم من هذا الصراع: فبعضهم، كما ذكرنا، ينسحب من الثقافة ١ وبعضهم ينسحب من الثقافة ٢ وبعضهم يحاول التوفيق حسب الاستطاعة.

مشكلة التعليم:

إذا كان الفرد لا يتقن ل١ جيداً وأجبرته الظروف على دخول مدرسة أو جامعة تستخدم ل٢ في التعليم، فإنه سيواجه مشكلة في حياته الدراسية. وتصبح المشكلة حقيقية في حالة عدم توفر خيارات أخرى. فإذا كان الطفل على معرفة قليلة باللغة ٢

وكان الخيار الوحيد أمامه أن يدخل مدرسة واسطة التعليم فيها هي ل٢، فلا يبقى أمامه سوى القبول بالأمر الواقع على ما فيه من تنغيص وإحباط. وتكون النتيجة المتوقعة ضعفاً في التحصيل الدراسي بسبب العائق اللغوي الذي يجعله ضعيفاً بطيئاً في الفهم والقراءة والكتابة والكلام والاستماع، إضافة إلى خلق مشكلات في العلاقات الاجتماعية. ويكون تسلسل المشكلات سريعاً: العائق اللغوي يؤدي إلى مشكلتين في وقت واحد، مشكلة التخلف الدراسي ومشكلة الانطواء الاجتماعي. ثم تتفاعل المشكلتان وتزيد كل منهما في تعميق الأخرى، حيث يسبب التخلف الدراسي مزيداً من الانطواء ويسبب الانطواء مزيداً من التخلف. ثم قد تنشأ مشكلتا كراهية المدرسة والانسحاب من التعليم كلية.

ويجب أن نفرق بين القدرة اللغوية الأولية والقدرة اللغوية المتقدمة. فقد يعرف شخص لغة ما بمستوى القدرة الأولية، وهو مستوى يمكنه من استخدام اللغة الدارجة في أمور الحياة اليومية من تحيات ومجاملات ومبادلات كلامية في الشارع والسوق. ولكن هذا المستوى من اللغة ليس هو المستوى الكافي من أجل الدراسة والنجاح في المساقات الدراسية المختلفة. ولقد دعا الباحثون النوع الأول من المهارات اللغوية المهارات الأساسية للاتصال الشخصي basic interpersonal communicative skills واختصارها bics. أما النوع الثاني من المهارات فدعوه المقدرة اللغوية الأكاديمية المعرفية cognitive academic language proficiency واختصارها calp. واختصاراً يمكن أن أدعو النوع الأول المهارات الأساسية والنوع الثاني المهارات الأكاديمية.

إن معرفة الكلمات والمفاهيم البسيطة العادية ضمن المهارات الأساسية وحدها لا تمكن الفرد من النجاح في حياته الدراسية، لأن المقررات الدراسية تشمل مفردات ومفاهيم من نوع أعلى. وينطبق هذا القول على ل١ وعلى ل٢ على حد سواء. فاللغة التي تلزم لحياة البيت والشارع غير اللغة التي تلزم في غرفة الصف والمناهج الدراسية في جميع مستويات الدراسة.

وإذا كان الطفل لم يطور لغته الأولى في مجال المهارات الأكاديمية، وكانت لغته الثانية ضعيفة أو من نوع المهارات الأساسية، فإنه يذهب إلى المدرسة ولديه مشكلتان، لا مشكلة واحدة . المشكلة الأولى أن ل١ لديه هي من مستوى المهارات الأساسية فقط

ولم تصل إلى مستوى المهارات الأكاديمية لأنه لم يتلق أي تعليم بها.

والمشكلة الثانية هي أن ل٢ لديه تعاني نفس النقص، أي النقص في مستوى المهارات الأكاديمية. ولو كانت ل١ لديه في المستوى الأكاديمي، لسهل ذلك ارتفاع ل٢ إلى مستوى مماثل.

وتزداد مشكلة الطفل في المدرسة، إذا كان لا يتقن ل٢ (لغة التعليم) ووضع في صف يتقن طلابه ل٢ اتقاناً تاماً. هنا يغلب أن يواجه الطفل مشكلة اجتماعية إضافة إلى مشكلة التحصيل الدراسي. إذ قد يصبح موضع استهزاء زملائه وسخريتهم بسبب طريقة نطقه للغة ٢. كما أن إلحاقه يصف من هذا النوع سيحرمه من أي اهتمام خاص باعتبار أنه حالة فردية لا تشكل ظاهرة عامة تستحق الرعاية. أما إذا ألحق هذا الطفل بصف متجانس، أي أفراده من مستوى لغوي واحد، فإن هذا سيكون أقل إشكالاً، لأن الصف المتجانس يعني في العادة برنامجاً تعليمياً خاصاً يناسب حالة تلاميذ هذا الصف. كما أن الصف المتجانس يجنب الطفل احتمال التعرض للاستهزاء لأن جميع طلاب الصف يتساوون في ضعفهم اللغوي ولا مجال لأن يسخر أي منهم من الآخر.

ولابد من التأكيد على أنه للنجاح في الدراسة لابد من حد أدنى من المقدرة اللغوية سواء في ل١ أو في ل٢، إذ لابد من مستوى معقول من المقدرة اللغوية في اللغة واسطة التعليم. وإذا كانت قدرة الفرد دون هذا الحد الأدنى، فستكون النتيجة فشلاً في الدراسة. والدراسة، كما نعلم، تعتمد على فهم المسموع وفهم المقروء والتعبير الشفهي والتعبير الكتابي. فإذا كان مستوى الطالب اللغوي دون الحد الأدنى، فإن هذا سيعيق قدرته على لهم ما يسمع وفهم ما يقرأ والكلام والكتابة. وسيكون العجز في الفهم والتعبير عجزاً خطيراً يجعل حياته الدراسية فاشلة. ولهذا تلجأ المؤسسات التعليمية من مدارس ومعاهد وجامعات إلى إخضاع الراغبين في الالتحاق بها لاختبار لغة شامل بقصد تصنيفهم إلى مستويات لغوية أو بقصد تقرير قبولهم أو عدم قبولهم.

ولا يعني حديثنا عن مشكلات التعليم لدى الشخص الثنائي اللغة أن هذه المشكلات تقع لكل شخص ثنائي اللغة، بل هي مشكلات محتملة الوقوع. ويعتمد احتمال وقوعها على عوامل عديدة. منها مستوى الطفل اللغوي في ل٢ الذي جاء به الطفل من البيت لدى التحاقه بالمدرسة. كلما تحسن هذا المستوى، زاد احتمال النجاح الدراسي. وهناك

عامل المكانة النسبية لكل من لـ₁ و لـ₂. فإذا كانت لـ₂ أعلى مكانة من لـ₁، كان إقبال الطالب على تعلمها أفضل مما لو كانت لـ₂ أدنى مكانة من لـ₁، لأن تعلم لـ₂ في هذه الحالة والتعلم بها يزيد من مكانة الفرد، وهو ما أسميناه سابقاً الثنائية الجمعية additive . bilingualism أما إذا كانت لـ₂ (اللغة المنشودة) أدنى مكانة من لـ₁، فإن تعلمها قد يكون ضمن ما يعرف بالثنائية الطرحية .subtractive bilingualism

وهناك عامل المستوى الاقتصادي للوالدين. فكلما علا هذا المستوى زادت حصيلة الطفل اللغوية والفكرية والثقافية في لـ₁ أو لـ₂ أو كلتيهما. وهذا يزيد من احتمال النجاح الدراسي إذا تساوت العوامل الأخرى. وهناك موقف المعلمين ومعاملتهم لأطفال الأقليات وللأطفال الذين لديهم مشكلات لغوية: هل يشجعونهم ويحترمونهم أم يزدرونهم ويزدرون لغتهم الأولى وثقافتهم الأولى؟ وهناك سياسة المدرسة: هل لدى المدرسة سياسة تعليمية خاصة بالمتخلفين لغوياً أم لا؟ هل تضعهم في صفوف خاصة ذات برامج تعليمية خاصة أم لا تلتفت إلى مشكلتهم؟ وهناك موقف المجتمع عموماً من الأقليات: هل تجد الأقليات احتراماً وتعاطفاً أم ازدراء وكراهية؟ وهناك موقف الآباء: هل يشجعون الأبناء على تعلم لـ₂ أم يعتبرون لـ₂ تهديداً لماضيهم وأصلهم وثقافتهم وكرامتهم؟ وهناك دوافع الطفل نفسه: هل سيصمد ويكافح ويصبر على صعوبات لـ₂ والتعلم بها أم يستسلم من أول الطريق ويدير ظهره للمدرسة؟ وهناك الشعور بالغربة ومداه مع لـ₂ وثقافة ٢: هل يشعر الطفل بشعور قوي من الغربة والانعزال وهو يتعلم لـ₂ أو بسبب لـ₂ أم بشعور طفيف سرعان ما يزول؟

كل هذه العوامل تتفاعل معاً في كل حالة على حدة. وتتوقف نتيجة التفاعل على القوى النسبية لهذه العوامل. ولذا يصعب على المرء أن يتنبأ سلفاً بما تكون عليه محصلة التفاعل، كما هو الحال عادة مع الحالات البشرية. وبالمقابل، يمكننا أن نعرف يقيناً نتيجة تفاعل المواد الكيماوية، لأننا نتحكم بالمواد الداخلة في التفاعل كماً ونوعاً. أما في الحالات البشرية، فيصعب علينا التحكم في العوامل المؤثرة من حيث عددها ونوعها وقوتها. ولذا تبقى المسألة مسألة احتمالات قد تقع أو لا تقع.

مشكلة الاتصال:

من المشكلات التي قد يواجهها المهاجر إلى بلد جديد مشكلة الاتصال اللغوي

والتفاهم مع الناس من حوله. وتتفاوت درجة هذه المشكلة تبعاً للمستوى اللغوي المهاجر في ل٢. وتكون المشكلة في أقصى درجاتها عندما يجهل الفرد ل٢ جهلاً تاماً. في هذه الحالة يتعذر اتصاله مع جيرانه في السكن وزملائه في العمل، مما يجعله في عزلة اجتماعية مريرة.

ولهذا تجد المهاجرين يختارون التجمع معاً في ضواحي معينة أو مناطق معينة للتغلب على مشكلة الاتصال اللغوي، وخاصة إذا كانوا لا يعرفون ل٢، أي لغة البلد المضيف. ويتيح لهم هذا التجمع فرصاً أكبر لممارسة التأثير في المجتمع الجديد والحصول على مزايا خاصة في الخدمات والتعليم، لأن تجمعهم يزيدهم عددياً ويزيد في قوة مشاكلهم وقوة مطالبهم، مما يزيد في احتمال استجابة الدولة لهم. وكلما زاد اتقان الفرد للغة ٢ قلت حاجته للتجمع مع أفراد أقليته، لأنه يستطيع العيش مع الأكثرية والاندماج فيها. وكلما طال بقاء الفرد في بيئة ل٢ تحسنت مهارته في ل٢ وقلت مشكلاته الاتصالية.

وتدرك كثير من الدول خطورة مشكلة الاتصال اللغوي على الفرد والجماعة. لذلك تلجأ دول عديدة إلى إعداد برامج رسمية لتعليم المهاجرين الجدد ل٢ لتجعلهم أكثر صلاحية للحياة في المجتمع الجديد. ويعتبر تعلم ل٢ شرطاً للتأقلم مع المجتمع الجديد، وتهتم الدولة به لأن تعلم ل٢ تعتبره شرطاً من شروط المواطنة في بعض الحالات، حيث إن تعلم ل٢ أساسي للاتصال بين الأشخاص وبين الجماعات ونقل المعلومات وإيصال التعليمات وإطاعة الأوامر والتقيد بالنظام. بل أساسي للعمل والحياة معاً.

وقد روى بعض الناس الذين هاجروا إلى بلد جديد لا يعرفون لغته، هاجروا بسبب اضطهاد سياسي أو عرقي أو ديني، أنهم كانوا يقضون وقتاً طويلاً من يومهم في حالة انعزال كامل عن الناس من حولهم. بل إن امرأة روت أنها كانت تقضي معظم نهارها ولمدة سنتين في بكاء بسبب حالة العزلة الاجتماعية نظراً لأنها لا تعرف شيئاً من ل٢، لغة المجتمع الجديد. ولقد أخذت المشكلة تخف بالتدريج مع تحسن معرفتها للغة الثانية.

ولا تقتصر مشكلة الاتصال على الذين لا يعرفون ل٢، بل تتعداهم إلى الذين يعرفونها بقدر ضعيف يعيقهم عن التفاهم الحر، إذ إن مثل هؤلاء يجدون صعوبة في تكوين الأصدقاء. كما أنهم يقللون من إسهامهم في المناسبات الاجتماعية والثقافية لأنهم لا

يفهمون ما يسمعون. كما أنهم يكونون أشد إحجاماً عن الكلام، لأنه يكشف عجزهم اللغوي بوضوح أو يكشف نبرتهم، وبالتالي يكشف أصلهم الذي قد يفضلون إخفاءه. ولذا يفضل هؤلاء عدم الكلام باستخدام ل٢ وخاصة مع أهل ل٢ الأصليين، أو يختارون الكلام باستخدام ل٢ في موضوعات عادية بسيطة لا تتطلب مفردات لا يعرفونها، أو يجربون استخدام ل٢ مع أفراد أقليتهم الذين يتكلمون ل٢ بطريقة خاصة، أو يجربون استخدام ل٢ مع مبتدئين في ل٢ من أقليات غير أقليتهم، أو يؤثرون الهروب من ل٢ حيثما أمكن ويستخدمون ل١ مع أفراد أقليتهم.

ولا شك أن عدم اتقان ل٢ يحول بين الفرد والتفاعل الحر مع المجتمع الجديد، لأن الكلام غير المتقن بلغة ما قد يسبب للمتكلم الحرج الاجتماعي وقد يسبب له بعض المتاعب أحياناً، وخاصة في المجتمعات التي لا تحب الغرباء أو الوافدين الجدد. وقد يسبب أيضاً سوء تفاهم ناجم عن سوء في الفهم أو سوء في التعبير. وقد يتفاقم الأمر إذا تدخل عامل الإشارات المصاحبة للكلام. فقد يتكلم الفرد ل٢ ويستخدم في الوقت ذاته إشارات تخص ل١، أي يكون كلامه باللغة ٢ وإشاراته تصلح للغة ١. وبعض هذه الإشارات لها مدلولات مختلفة من لغة إلى أخرى، مثلها في ذلك مثل الكلمات. فرب كلمة لها معنى في لغة يختلف عن معناها في لغة أخرى، رغم أن الكلمة واحدة من ناحية صوتية. وهكذا حال الإشارات. فقد تجد إشارة باليد أو الأصابع أو الرأس لها معنى عند قوم يخالف معناها لدى قوم آخر. وهذا ما أشرنا إليه في فصل سابق عن التدخل تحت عنوان التدخل الحركي.

كما أن الكلام غير المتقن أو غير الطلق في ل٢ يكشف صاحبه ويجعله في وضع قد لا يرغب فيه، لأن الكلام غير المتقن يعلن عن صاحبه، وكأنه يقول لمحادثه إنني غريب عن البلد أو قادم جديد. هذه الرسالة قد يسيء الطرف الآخر استغلالها، لأنها قد توحي إليه أن هذا القادم الجديد صيد ثمين يمكن استغفاله أو التحايل عليه أو بيعه سلعة بسعر أعلى من السعر العادي أو تأجيره بيتاً بسعر أعلى... الخ. كما أن الكلام غير المتقن قد يقلل من فرص الفرد في وظائف معينة تستدعي اتقان اللغة لأغراض تحقيق جودة الاتصال أو التأثير على الزبائن. كما أن الكلام غير المتقن قد تتوسع دلالته فيستنتج بعض الناس أن ضعف الفرد في ل٢ يدل على ضعفه في مهارات مهنية أخرى، أي أنهم يعممون

ضعفه في جميع النواحي. كما أن الكلام غير المتقن قد يكشف عن أصل صاحبه، وقد يؤدي هذا إلى اتخاذ مواقف متحيزة ضده بسبب أصله الذي كشفته طريقة كلامه للغة ٢.

وعدم اتقان ل٢ كتابة لا يقل في مشكلاته عن عدم اتقانها كلاماً. إن عدم الاتقان الكتابي يجعل الفرد يحجم عن الكتابة مستخدماً ل٢ أكثر من إحجامه عن الكلام في بعض الحالات، لأن الكتابة تمثل إقراراً خطياً بضعف الكاتب بشكل لا يمكن إنكاره، في حين أن الكلام حدث ينتهي مع صدور الفعل ولا تبقى آثاره إلا في حالة التسجيل الصوتي. ويزداد هذا الإحجام إذا كانت الكتابة من المرؤوس إلى رئيسه، لأنه بذلك يدلل بشكل قاطع دامغ على ضعفه في ل٢. كما يزداد الإحجام في حالة البالغين عنه في حالة الأطفال، لأن الطفل يدرك أن طفولته تقلل من مسؤوليته عن أخطائه، أو هكذا ينظر البالغون إليه. اعتاد الناس أن يصفحوا عن أخطاء الأطفال في اللغة أو السلوك أكثر من صفحهم عن أخطاء البالغين، وهو على حق في ذلك، لأن الطفل ما زال في مرحلة التعلم ولأن البالغ من المفروض أن يكون قد تجاوز هذه المرحلة أو قطع شوطاً طويلاً فيها على الأقل.

كما أن الطفل أكثر جرأة في استخدام ل٢ من البالغ، وأكثر جرأة على التجريب فيها، وأكثر استعداداً لتقبل التصحيح اللغوي، بينما نجد البالغ متهيباً من تجريب ل٢ كلاماً لأنه يشعر بالحرج إذا أخطأ أو تلعثم. ولهذا يوصف الأطفال بأنهم يتعلمون ل٢ أسرع من الكبار، لا لميزة دماغية لديهم، بل ربما لميزة نفسية اجتماعية.

التغلب على المشكلات:

هذه المشكلات التي قد يواجهها الفرد الثنائي اللغة تختلف، كما ذكرنا سابقاً، من فرد لآخر. فقد يواجه فرد ما كل المشكلات سابقة الذكر. وقد يواجه فرد بعضها دون الآخر أو واحدة منها. وقد لا يواجه أياً منها. وقد تكون المشكلات طفيفة أو حادة من حيث الدرجة، طويلة أو قصيرة من حيث مدة الاستمرار. وبالطبع تقع المسؤولية الأولى في مواجهة المشكلات وحلها على الفرد ذاته، فهو صاحب المشكلة وعليه أن يحلها بالطريقة التي ترضيه شخصياً وفقاً للظروف والعوامل الحياتية واللغوية والاجتماعية والنفسية التي يتعرض لها.

ولكن هناك بعض الجهات التي قد تحاول مساعدة الأفراد الثنائيي اللغة في التغلب على مشكلاتهم. وقد ترى الدولة مثلاً إن عليها أن تقيم برامج للتعليم الثنائي اللغة لتحل مشكلة التعليم لدى هؤلاء الأفراد، إذ قد ترى الدولة أنه سيكون مفيداً لها ولهؤلاء الأفراد أن تدخلهم في برنامج التعليم الثنائي اللغة بل والثنائي الثقافة. فإذا حدث هذا يكون الفرد قد حل مشكلة التعليم لأنه يتعلم في البداية بواسطة ل$_{١}$ وبالتدريج بواسطة ل$_{٢}$. ويكون الفرد قد حل مشكلة الاتصال بالتدريج لأن الدولة تساعده في تعلم ل$_{٢}$ كلاماً وقراءة وكتابة وفهماً بالإضافة إلى تعلم ل$_{٢}$ من البيئة الطبيعية.

كما أن التعليم الثنائي اللغة الثنائي الثقافة يقلل من الشعور بالغربة لدى المهاجر، لأنه يقدم له ل$_{٢}$ التي يحتاجها في المجتمع الجديد ويقدم له في الوقت ذاته ل$_{١}$ التي ما يزال يحس بارتباط قوي بها. يضاف إلى ذلك أن التعليم الثنائي يجنب الفرد الإحساس بالفشل الدراسي لأنه يتعلم بواسطة ل$_{١}$ التي يتقنها أولاً. كما أن مثل هذا التعليم يجنب الفرد الصراع الثقافي الحاد، أو يقلل منه، لأنه يقدم له الثقافة الثانية ويقدم له الثقافة الأولى التي ما زال يحس بالولاء لها والتمسك بها. إن التعليم الثنائي اللغة الثنائي الثقافة يمتص كثيراً من الصدمة الثقافية لدى الفرد، لأنه لم يحرمه من ثقافته الأولى ولغته الأولى، بل يعلمه اللغتين والثقافتين بطريقة متوازنة مما يدخل الطمأنينة في النفس حين يحس الفرد أن البيئة الجديدة ترحب بلغته الأولى وتقبله كما هو. ويرى علماء الاجتماع والتخطيط اللغوي أن سياسة التعليم الثنائي (لغة وثقافة) قد تكون الأفضل في بعض الحالات ليس للفرد وحده، بل للمجتمع أيضاً، حيث يسهل هذا التعليم تكيف الفرد تدريجياً بحد أدنى من المشكلات، الأمر الذي يعود بالنفع على المجتمع ذاته إذ يكون اندماج الفرد في المجتمع الجديد أسرع وأكمل في آن واحد. وسيكون هذا الحل بديلاً لحل ل$_{٢}$ وحدها وثقافة ٢ وحدها، الأمر الذي يقوي من حدة الصراع الولائي والصراع الثقافي لدى الفرد ويقوي شعوره بالغربة والقلق والعزلة الاجتماعية، ويضعه في مشكلات تعليمية واتصالية معقدة.

الفصل العاشر

تأثيرات الثنائية اللغوية

الفصل العاشر

تأثيرات الثنائية اللغوية

لقد أجريت دراسات عديدة حول تأثيرات الثنائية اللغوية على الذكاء والمهارات اللغوية والتحصيل الدراسي والتكيف الانفعالي والوظائف المعرفية لدى الفرد. ولقد توصلت هذه الدراسات إلى ثلاثة أنواع من الاستنتاجات. بعضها توصل إلى أن الثنائية اللغوية تؤثر سلبياً على الفرد من جميع الوجوه أو بعضها على الأقل. وبعضها توصل إلى أن الثنائية اللغوية، تؤثر إيجابياً عليه مقارنة بالشخص أحادي اللغة. وبعضها توصل إلى أن الثنائية اللغوية لا أثر لها على الإطلاق وأنه لا فرق بين الثنائي اللغة والأحادي اللغة. وسنعالج في هذا الفصل تأثيرات الثنائية اللغوية على الجوانب المختلفة والدراسات التي أجريت في هذا المجال وأسباب اختلاف النتائج.

الثنائية اللغوية والذكاء:

لقد دلت بعض الدراسات على أن الثنائية اللغوية ذات أثر سلبي على الذكاء. فلقد رأى وزغيرير weisgerber سنة ١٩٣٥م أن الثنائية تدمر الذكاء والإبداع وأنها إذا انتشرت في شعب ما فإنها تدمر ذكاءه وإبداعيته لأجيال طويلة. وكان هذا موقف كثير من العلماء الألمان دعماً لنظرية نقاء العرق ونقاء اللغة الألمانية.

وتوصل باحثون آخرون في دراسات أمريكية تمت بين سنة ١٩٢٩م وسنة ١٩٣٩م (١٥: ١٦٩) إلى أن الشخص الثنائي اللغة يفكر بلغة ويتكلم بأخرى، مما يجعله متردداً عقلياً ومرتبكاً. وقال هؤلاء الباحثون إن الثنائية عبء على الطفل تجعله يعاني من إنهاك عقلي لأنه موزع بين لغتين. وتوصلوا إلى أن الثنائي اللغة أدنى ذكاء من الأحادي اللغة حسبما تدل اختبارات الذكاء. ومن هؤلاء الباحثين ميشيل Mitchell ورغ rigg وسمث .smith

وقد وجد ساير saer (٥: ٢٢١) أن الثنائيين أدنى في معامل ذكائهم من الأطفال الأحاديين. ووجد دارسي darcy سنة ١٩٤٦ أن العمر العقلي للأحاديين يزيد عن العمر

العقلي للثنائيين. ووجد ستيوارت سنة ١٩٥١ أن الأحاديين يتفوقون على الثنائيين في اختبارات الذكاء اللفظية والعملية.

ولقد تم التوصل إلى تلك الاستنتاجات بناء على دراسات لم تكن محكمة التصميم. ولم تكن المجموعة الضابطة محكمة التوازن مع المجموعة التجريبية. ولم يكن هناك من سبيل للتأكد من أن تفوق الأحاديين على الثنائيين في الذكاء يعزى إلى الثنائية أو إلى ظروف اقتصادية واجتماعية سيئة لدى الثنائيين. فقد يكون الثنائي فعلاً أقل ذكاء، ولكن كيف يمكن الجزم بأن الثنائية هي السبب؟

وفي سنة ١٩٣٧، درس آرسينيان arsenian الدراسات السابقة في الموضوع ذاته.

فوجد أن ٦٠% من الدراسات توصلت إلى أن الثنائية تعيق الذكاء إعاقة شديدة، ٣٠% من الدراسات توصلت إلى أن الثنائية تعيق الذكاء إعاقة طفيفة، ١٩% من الدراسات أفادت أن الثنائية لا تؤثر سلبياً على الذكاء. ورأى أرسينيان أنه لابد من ضبط الدراسات بشكل أفضل حتى نتوصل إلى استنتاجات موثوقة. ولقد توصل إلى أن الثنائية لا تؤثر على الذكاء. ولكن دراسته انتقدت لأنه اعتمد في قياس الذكاء على اختبارات ذكاء لم تكن قد قننت في زمانه، أي أنه استخدام أداة قياس مشكوك في صدقها وثباتها.

ولدى مراجعة بعض الباحثين لدراسة ساير التي أجريت عام ١٩٢٣ تبين أنه من ناحية إحصائية لا يوجد فرق هام بين معامل الذكاء لدى الأحاديين ومعامل الذكاء لدى الثنائيين وأن الفرق الظاهر لصالح الأحاديين هو فرق غير هام أو غير ذي دلالة إحصائياً.

ولقد أوضحت دراسات أخرى أجراها بارك barke سنة ١٩٣٣م وجونز jones سنتي ١٩٥٢ و ١٩٦٦م على أطفال في ويلز أن نتائج المقارنة بين الأحاديين والثنائيين في الذكاء تختلف باختلاف وسيلة القياس. فإذا قيس الذكاء باختبار لفظي تفوق الأحاديون على الثنائيين. وإذا قيس باختبار عملي انعدم الفرق بين المجموعتين. ويكون الفرق لصالح الأحاديين كبيراً إذا كان اختبار الذكاء باللغة الثانية المشتركة بين المجموعتين، كما هو الحال في العادة، وخاصة أن الثنائيين يكونون أقل اتقاناً للغة الثانية من الأحاديين الذين يتكلمونها كلغة أولى. ويزداد الفرق لصالح الأحاديين إذا ركز الاختبار على سرعة الاستجابة، حيث إن أداء الأحاديين بلغتهم الأولى أسرع من أداء الثنائيين باللغة ذاتها.

كما دلت دراسات على أن أطفال الريف أقل ذكاء من أطفال المدينة حسب اختبارات الذكاء. ولكن عندما حيد عامل مهنة الوالد، اختفى الفرق بين الثنائيين والأحاديين في اختبارات الذكاء اللفظية واختبارات الذكاء العملية، حسبما أفادت دراسات قام بها موريسون Morrison في ويلز (١٥: ١٧١).

ووجد دارسي darcy أن النتائج المتناقضة للدراسات المختلفة مردها أساساً إلى اختلافات في أساليب البحث وإلى غياب تعريف موحد لمصطلح الثنائية اللغوية التي تجري عليه الدراسات. كما أن بعض الدراسات فشلت في عزل عامل البيئة عن عامل الثنائية. كما أن اختبارات الذكاء اللفظية كانت متحيزة لأحاديي اللغة لأنها تختبرهم باللغة التي يتقنونها بينما تختبر الثنائيين باللغة التي لا يتقنونها.

وتوصلت بعض الدراسات إلى نتائج تفيد أن الثنائية تزيد من الذكاء. ولقد حيدت دراسة عوامل العمر والجنس والمنزلة الاقتصادية الاجتماعية. ووجدت هذه الدراسة التي قام بها بيل peal وزميله سنة ١٩٦٢م (١٥: ١٧١) أن الثنائيين يفوقون الأحاديين في الذكاء في اختبار الذكاء العملي واختبار الذكاء بشكل عام (أي الاختبار اللفظي والاختبار العملي).

ولكن انتقد بعض الباحثين دراسة بيل وزميله هذه على أساس أن عينة الثنائيين عينة متحيزة من أساسها. فقد اختار عينة من الثنائيين يتقن كل فرد منها اللغة الإنجليزية واللغة الفرنسية بشكل متوازن وعمره عشر سنوات. ويرى البعض أن الطفل الذي يتقن لغتين قراءة وكتابة وكلاماً وهو في سن العاشرة من عمره هو طفل موهوب وذكي بشكل فوق المعدل. ولهذا كانت طريقة اختيار الثنائيين تثير شكاً في أنهم أذكى من عينة الأحاديين. وهذا يعني أن هناك خللاً في اختيار العينات، مما يلقي ظلالاً من الشك على نتائج دراسة بيل وزميله.

ولقد قام البعض بدراسات طويلة، أي مراقبة الأحاديين والثنائيين على مدى سنوات وقياس معامل الذكاء لنفس المجموعة بشكل تكراري مرة كل سنة. ولقد قام لامبرت lambert وزميله (٥: ١٧٢) بدراسة طويلة سنة ١٩٧٢م في كندا وتبين أن الثنائية لم تؤثر على الذكاء أي أثر سلبي طويل الأمد.

الثنائية اللغوية والمهارات اللغوية:

ما تأثير الثنائية على لغتي الفرد؟ لا شك أنه من الصعب أن يجد المرء نفسه في بيئة يسمع فيها لغتين بالتساوي ويتكلم فيها لغتين بالتساوي ويكتب لغتين بالتساوي. إن الثنائية المتوازنة ليست سهلة المنال. ويغلب أن الفرد يتعرض للغة ما أكثر من تعرضه للأخرى ويستخدم لغة ما أكثر من استخدامه للأخرى حسب ظروف البيئة ومقتضيات الاتصال اللغوي. فهل هذا يعني أن اللغة المستعملة أكثر يتقنها الفرد على حساب اللغة المستعملة أقل؟ وهل تضر الثنائية ل$_1$ أم ل$_2$ أم اللغتين معاً؟

لقد دلت بعض الدراسات على أن الثنائي يواجه مشكلات عديدة في نموه اللغوي. ويرى البعض أن الثنائي لديه مفردات نشيطة ومفردات خاملة أقل عدداً من مفردات الأحادي، لأن الثنائي عليه أن يحفظ كلمتين لكل معنى. فالشيء الذي هو كرسي يحفظ له الثنائي كلمتين، واحدة باللغة ١ وواحدة باللغة ٢. ويرى البعض أن مجموع كلمات ل$_1$ وكلمات ل$_2$ لدى الثنائي أقل من كلمات نظيره الأحادي، لأن الأحادي يركز على لغة واحدة، في حين أن الثنائي تتنازعه لغتان. ويميل الثنائي إلى استخدام عدد أقل من الكلمات مما يفعل الأحادي. كما أن مفردات الثنائي تميل إلى الاختلاط بسبب ميله إلى التحول والاقتراض من لغة إلى أخرى.

وترى إحدى الدراسات أن الثنائي يميل إلى استخدام جمل أقصر، كما أنه يكثر من الجمل غير التامة، ويقلل من استخدام الجمل المعطوفة والمركبة، ويكثر من الجمل التعجبية ويقلل من الجمل الاستفهامية مقارنة بالشخص الأحادي (٦: ١٧٣). كما أن الثنائي يتميز بالقوالب النحوية المرتبكة ونظم الكلمات الغريب وأخطاء ناجمة عن التدخل اللغوي. كما أن الطفل الثنائي يرتكب أخطاء أكثر من الطفل الأحادي في الأفعال والحروف والأسماء والضمائر والتعابير الاصطلاحية. ولكن هذه الدراسة وقعت في خطأ التعميم لأن الثنائيين الذين كانوا موضع الدراسة لم يسمعوا سوى لهجة كانت في نظر الباحثة (١٩٣٩م) لهجة غير معيارية. وهذا يعني أن هؤلاء الثنائيين لم يكونوا ضعفاً في ل$_2$، بل هذه هي ل$_2$ المتداولة في بيئتهم في جزر هاواي.

ويرى البعض أن الثنائية، على العكس من نتائج الدراسات المذكورة آنفاً، تفيد في نمو

المهارات اللغوية، بل وتقوي الفرد في لغته الأولى، وتجعله أقدر على التعامل مع اللغات عموماً وعلى تعلم لغات أخرى. ولقد توصلت دراسة أجراها أنستاسي anastasi سنة ١٩٦٠ (١٥: ١٧٣) إلى أن الثنائيين يفوقون الأحاديين في معدل طول الجملة ونضوج تركيب الجملة الإنجليزية. وتوصلت دراسة أخرى إلى أن مفردات الثنائي تزيد عن مفردات الأحادي، وهي دراسة توتن totten سنة ١٩٦٠. وتوصلت دراسة أخرى إلى أن الثنائي في مستوى الجامعة لا يشكو من مشكلات لغوية، بل لديه بعض المزايا مقارنة. بالأحادي. ودلت دراسات أخرى على أن الثنائية تؤدي إلى مزايا في النمو اللغوي تفوق المعيقات.

وهناك دراسات تشير إلى أن الإعاقة اللغوية لدى الثنائي تكون في أوجها في سنوات الدراسة الأولى، ثم تبدأ هذه الإعاقة بالتضاؤل، وتعتمد سرعة اختفاء الإعاقة على ذكاء الطفل ومدى تفاعله مع لـ٢. ويبدو أن الإعاقة اللغوية هنا لا تأتي من الثنائية ذاتها، بل في كون لـ٢ لغة جديدة على الطفل وأن عليه أن يتعلمها إجبارياً.

والمشكلة في هذه الدراسات أنها متعارضة في نتائجها ومثار شك في تصميمها. فهي تقوم على أساس المقارنة بين مجموعة أحادية اللغة ومجموعة ثنائية اللغة واختبار المجموعتين في اللغة المشتركة تكون بالتأكيد كاملة النمو لدى الأحاديين لأنهم لا يعرفون سواها فهي لغتهم الأولى والوحيدة وقد تكون غير معروفة جيداً لدى الثنائيين أو تكون معروفة جيداً لديهم. وهنا مشكلة ضبط العوامل ذات العلاقة. فلكي تكون المقارنة بين المجموعتين صحيحة، لابد من تحييد جميع العوامل التي قد تؤثر في تعلم اللغة بما فيها عامل المكانة الاقتصادية الاجتماعية لأسرة الطفل. وهناك عوامل النظام المدرسي ومهارات المعلم ومواقف المعلم من تلاميذه ولغاتهم وذكاء الطفل واستعداده اللغوي العام. وقلما قامت دراسة على أساس ضبط جميع هذه العوامل.

ولقد حاول كارو carrow في سنة ١٩٥٧م ضبط عوامل العمر ومعامل الذكاء العملي والمكانة الاقتصادية والاجتماعية والمدرسة وكانت المجموعة الثنائية من أصحاب الثنائية المتزامنة. واختبر المجموعتين في القراءة الصامتة والنهجية والحساب والسمع والمفردات

والقراءة والاستيعاب والنطق والكلام. ولقد وجد أن الأحاديين أفضل من الثنائيين في دقة القراءة الجهرية والاستيعاب وسماع المفردات. وفيما عدا ذلك فلا فروق هامة بين المجموعتين رغم أن المتوسطات تميل قليلاً إلى صالح الأحاديين. ولكن لم يثبت أن الثنائية تضر بالتهجية وطول الجملة وتركيبها. وهكذا دلت دراسة كارو على أن الثنائية أضرت ببعض المهارات اللغوية ولكنها لم تضر بالمهارات الأخرى (١٥: ١٧٤).

وقام ماكنمارا سنة ١٩٦٦م بدراسة ضبط فيها معامل الذكاء العملي والمكانة الاقتصادية الاجتماعية ونوعية المعلمين ومهاراتهم. وقد أجريت الدراسة على ما يزيد عن ألف طفل تتراوح أعمارهم بين ٩- ١٥ سنة. ووجد أن الأطفال القادمين من أسر تتكلم ل١ ويعلمون بواسطة ل١ أقدر في ل١ من الأطفال القادمين من أسر تتكلم ل٢ ويعلمون بواسطة ل١. ووجد أيضاً أن الأطفال الذين لغتهم الأم هي ل١ أضعف في ل٢ من الأطفال الذين لغتهم الأم هي ل٢. ووجد أن الأطفال الذين لغتهم الأم ل٢ ويتعلمون ل١ أضعف في كتابة ل٢ وكتابة ل١ من أقرانهم الأحاديين. وهذا يعني أن الثنائي أضعف من الأحادي في كلتا اللغتين، لأنه يتعرض لكل لغة أقل من تعرض الأحادي. ونلاحظ هنا أن ماكنمارا توصل إلى نتائج سلبية تماماً بالنسبة للثنائية، فهي حسب دراسته تجعل الثنائي أضعف من الأحادي في جميع المهارات اللغوية وفي اللغتين معاً. وهذا مخالف لنتائج دراسة كارو الذي يرى أن الثنائية تدمر بعض المهارات اللغوية فقط. والسبب في اختلاف النتائج قد يكون أن كارو استخدم عينات من أطفال اكتسبوا الثنائية بطريقة متزامنة في حين أن ماكنمارا استخدم أطفالاً اكتسبوا ل٢ بعد ل١، أي بطريقة الثنائية المتتابعة.

وقد دلت دراسة لامبرت وتكر lambert and tucker في سنة ١٩٧٢م في كندا على أن تعليم الطفل بواسطة ل٢ ليس بالضرورة مضراً بلغته الأولى، ولكن مهارة الطفل في ل٢ لا يمكن أن تصل إلى مستوى مهارته في ل١. وهنا أيضاً يجب أن نلاحظ أن المسألة تتوقف على كمية التعرض للغة ٢. فكلما زاد التعرض، اقترب مستوى اتقان ل٢ من مستوى اتقان ل١.

الثنائية اللغوية والتحصيل الدراسي:

ما تأثير الثنائية على الفرد من حيث تحصيله الدراسي؟ هل تساعده دراسياً أم تعيقه؟ مرة أخرى الدراسات إجابات متناقضة.

دلت بعض الدراسات حسبما راجعها جنسن Jensen (١٥: ١٧٥) على أن الثنائية تضر بميل الطفل واستعداده لتعلم اللغة وتعيقه في القراءة والدراسة بوجه عام وفي التهجية والتاريخ والجغرافيا بوجه خاص. وقد تؤدي الثنائية في رأي البعض إلى ضعف الميل والمبادأة والاستجابة في الصف. كما قد ينمو لدى الطفل شعور بكراهية المدرسة، مما يؤدي إلى التسرب المبكر منها. وقد يجد الثنائي صعوبة في العثور على وظيفة.

ومن ناحية أخرى، هناك دراسات نفت أي تأثير سلبي للثنائية، بل نرى هذه الدراسات أن للثنائية مزايا تربوية. فالطفل الثنائي يحس بالمكانة والإنجاز، وهو إحساس يفتقر إليه الأحادي. والثنائية تحفز الفرد على المذاكرة والاجتهاد. كما تجعله يتفاهم مع أقرانه ويتعداهم إلى عالم آخر من الثقافة والفكر. ويصبح لديه ميل أكثر من الأحادي إلى التاريخ والجغرافيا والدين والأدب والسفر والفن. وتصبح لديه فرص أوفر اجتماعياً ومهنياً وخاصة في مجالات التربية والدين والدبلوماسية والكتابة والأعمال (١٥: ١٧٦).

ويرى البعض أن الثنائية قد تعيق الطفل في حياته الدراسية الأولى، ولكن لا تعيقه في المستوى الجامعي، بل إن الثنائي أكثر تفوقاً في الجامعة من الأحادي. ويرى البعض أن بعض الدراسات أخذت عينة متحيزة من الثنائيين نظراً لالتقاء عينة متميزة منهم.

مرة أخرى وقعت العديد من الدراسات في خطأ عدم ضبط العوامل ذات العلاقة. فبعض الدراسات التي وصفت الثنائية بإعاقة التحصيل الدراسي لم تضبط عوامل هامة مثل الأسرة الفقيرة والموارد الضئيلة والصحة الضعيفة والصراع الثقافي لدى الطفل وصعوبات التأقلم مع المجتمع الجديد وموقف الطفل من المدرسة والتعليم عموماً. لا يمكن أن ننسب تفوق الأحادي على الثنائي إلى فضل الأحادية ونحن نعرف أن الثنائي في أغلب الحالات قد أتى من بيت فقير إلى مجتمع جديد. إذا كان الثنائي متخلفاً دراسياً فهناك عدة عوامل محتملة، ولا يصح أن يعزى تخلفه إلى عامل الثنائية اللغوية وحده إلا بعد ضبط جميع العوامل لدى المقارنة بين مجموعة أحادية وأخرى ثنائية.

ومن مشكلات هذه الدراسات لغة الاختبار. فإذا أردنا اختبار المجموعة (أ) بواسطة اختبار مصاغ باللغة ١ في حين أن هذه المجموعة لا تتقن ل١ بل تتقن ل٢، واختبرنا المجموعة (ب) بالاختبار ذاته وهي مجموعة تتقن ل١، نكون قد حكمنا على الدراسة

بالفشل، لأن الدراسة بهذا التصميم متحيزة للمجموعة (ب). ذلك لأن المجموعة (ب) تتقن ل$_1$ والمجموعة (أ) لا تتقنها والاختبار مصاغ باللغة ١. إن التحيز للمجموعة (ب) هنا سيخفي أية ميزة للمجموعة (أ) ويجعل نتائج الدراسة غير معتمدة.

ويستطيع المرء ببساطة، ودون الدخول في مشكلات تقييم البحوث، أن يقول إذا تعلم المرء مادة دراسية بلغة لا يتقنها فسيؤدي هذا الوضع إلى إعاقة تحصيل في هذه المادة. لا يستطيع أحد أن يرفض هذه المقولة. إذا علمت مثلاً شخصاً مادة الرياضيات باللغة الإنجليزية وهو لا يتقن هذه اللغة، فإنه سيكون في وضع سيء من حيث التحصيل الدراسي في هذه المادة. وفي المقابل، إذا علمته المادة بلغة يتقنها فإنه سيكون في وضع أفضل بكثير. كثير من الطلاب العرب الذين يذهبون إلى الخارج للدراسة في الجامعات يجدون المصاعب وينخفض أداؤهم وتتدنى درجاتهم، بل وقد يتركون الدراسة، لا لأنهم يعانون من تدني الذكاء أو الكسل، بل بسبب عامل قاهر لا يرحم، هو عامل الإعاقة اللغوية، إذ يسمعون المحاضرات ويقرؤون ويكتبون بلغات لا يتقنونها.

إن المسألة لا تتعلق بالثنائية مطلقة هكذا، بل بدرجة الثنائية. فإذا كان الفرد يتقن كلتا اللغتين فإن الثنائية لا تعيقه دراسياً إذا تعلم بواسطة ل$_1$ أو ل$_2$ أو كلتيهما معاً. وإذا كان الفرد يتقن لغة ولا يتقن الأخرى، وعلمناه بواسطة اللغة التي يتقنها، في هذه الحالة ثنائيته لا تعيقه دراسياً. أما إذا علمناه باللغة التي لا يتقنها، هنا تعيقه الثنائية دراسياً. وإذا أردنا التعبير الأدق يعيقه تعليمه بلغته الأضعف.

والتعليم باللغة الضعيفة لدى الفرد يعيقه دراسياً من عدة جوانب. أولاً: لا يفهم جيداً ما يسمع من شرح المعلم وتعليماته. ثانياً: لا يفهم ما يقرأ فهماً جيداً. ثالثاً: لا يجيد التعبير عن نفسه بالكلام. رابعاً: لا يجيد التعبير عن نفسه بالكتابة. خامساً: إنه بطيء إذا قرأ أو تكلم أو كتب، الأمر الذي يجعله يستغرق وقتاً أطول من العادة في أداء واجباته الدراسية، وقد ينتهي وقت الدراسة دون أن يتمكن من أداء واجباته. وفي الوقت الذي يستطيع الأحادي قراءة الواجب المطلوب ثلاث مرات مثلاً قد لا يكون الثنائي قد انتهى من القراء الأولى. وهذا يعني أن الأحادي في هذه الحالة أفضل من الثنائي في جميع المهارات اللغوية من حيث الدقة والسرعة على السواء.

ولا تقتصر المشكلة على اللغة وحدها، بل تمتد إلى سائر الموضوعات الدراسية التي تدرس باللغة التي لا يتقنها الطفل. وهذا يجعل الطفل الثنائي أضعف من الأحادي في فهم المسموع وفهم المقروء والكلام والكتابة وسرعة الأداء في جميع موضوعات الدراسة، مثل الرياضيات والعلوم والتاريخ والجغرافيا وسواها.

ولا تنحصر هذه المشكلة في الأطفال، بل تتعداهم إلى البالغين في الجامعات. فإذا تعلم الطالب العلوم مثلاً بلغة لا يتقنها، كما يحدث للطلاب العرب في الجامعات العربية التي تدرس العلوم باللغة الإنجليزية أو الفرنسية، فإن هذا يؤثر في الأغلب تأثيراً سلبياً على تحصيله الدراسي ومستواه العلمي. ذلك لأنه سيكون أقل استيعاباً وتعبيراً من نظيره الأحادي الذي يتعلم العلوم بلغته الأولى. ولذا ينادي دائماً العالمون المخلصون بضرورة تدريس العلوم باللغة العربية مع ما في ذلك من مشكلات تتعلق بقلة المراجع العربية، لأن تعليم الطلاب العرب بالعربية، على ما فيه من مشكلات، أقل خطراً من تعليمهم بلغات أجنبية في جامعات عربية. إذ ما الفائدة أن تكون الجامعة عربية في موقعها أجنبية في لغتها؟! وهذا موضوع طويل ليس هنا مجال التفصيل فيه.

الثنائية اللغوية والتكيف الانفعالي:

ترى بعض الدراسات أن الثنائية اللغوية تضر بشخصية الفرد وتجعله يغير مبادئه وقيمه كما يغير لغته حسب مقتضيات المقام والظروف، يتحول في السلوك كما يتحول في اللغة. وترى بعض الدراسات أن الثنائي قد يعاني من التوتر وعدم الاستقرار الانفعالي وبعض الاضطرابات النفسية مثل اللعثمة (١٥: ١٧٩).

ويرى البعض أن ما قد يعانيه الثنائي من صراعات انفعالية ليس مرده إلى الثنائية ذاتها، بل إلى المواقف المعادية التي تقفها بعض الجماعات ضد القادمين الجدد، مما يؤدي إلى تحفظ في الكلام أو انطواء في الشخصية. وحيث لا توجد المواقف المجتمعية المعادية لا تتسبب الثنائية في أية مشكلات انفعالية.

وعلى الأرجح، إن الثنائية ذاتها لا تسبب مشكلات انفعالية. بل ما يسبب هذه المشكلات عوامل تصاحب الثنائية في العادة، ولكنها ليست جزءاً رئيسياً من الثنائية. فمن المعروف أن الثنائيين يكونون في العادة من المهاجرين أو الوافدين الجدد، وهؤلاء

يكونون عادة من الطبقات الفقيرة، مما يضطرهم إلى إرسال أبنائهم إلى مدارس ضعيفة المستوى والإمكانيات. إضافة إلى هذا، فإن الثنائي يتعرض في العادة لضغط ثقافتين مما يؤدي إلى صراع ثقافي. وهذا يعني أنه على الثنائي أن يتكيف مع وضع صعب نسبياً: لغتين، ثقافتين، طريقتين للحياة، مجموعتين من القيم، ومجموعتين من العادات.

بهذا المعنى فقط تؤدي الثنائية إلى مشكلات انفعالية لدى الثنائي. فهو ينتمي إلى مجتمعين، وإلى بلدين، وإلى ثقافتين. هذا قد يولد لديه صراعاً في السلوك واضطراباً في القيم شعوراً بالنقص وشعوراً بالغربة وتوتراً نفسياً. ولكن، كما ذكرنا، هذه النتائج ليست وليدة الثنائية مباشرة، بل هي وليدة البيئة الاجتماعية، وهي قد تصاحب الثنائية ولكنها ليست نتيجة لها.

وكان البعض يدعو الثنائيين في مجتمع مثل المجتمع الأمريكي بالأفراد الهامشيين الذين تنقصهم الهوية الذاتية والهوية الجماعية. وهذا قد يكون مبالغة وظلماً للأقليات، لأن الهامشية قد تنطبق على ثقافتهم، ولكن ليس عليهم شخصياً. إذ يستطيع الثنائي أن يكون عضواً فاعلاً متكاملاً مع جماعته الصغيرة ومع مجتمعه الكبير في آن واحد وأن ينتمي إلى ثقافته الفرعية، أي ثقافة الأقلية، وثقافته الرئيسية، أي ثقافة المجتمع الكبير. وقد قام شايلد child بدراسة على أمريكيين من أصل إيطالي فوجدهم ثلاثة أنواع: نوعاً تمرد على أصله الإيطالي وأراد الاندماج الكلي مع الحياة الأمريكية، ونوعاً تمرد على كل ما هو أمريكي وتمسك بالتراث الإيطالي، ونوعاً أراد أن يتجنب الصراع بأن طرد من ذهنه مسألة العرق والأصل من أساسها (١٥: ١٨٠). ولقد دلت دراسة تالية قام بها إيلن aellen وزميله في سنة ١٩٦٩م على أنه في بعض الحالات المماثلة يكون هناك نوع رابع من الناس حقق عضوية ناجحة متوازنة مع كل من الجماعة الفرعية، أي الأقلية التي ينتمي إليها، والجماعة الكبيرة، أي المجتمع الكبير. وقد تبين أن هؤلاء الثنائيين لا يعانون من مشكلات انفعالية أو اضطرابات في الشخصية أو شعور بالغربة أو القلق.

ولقد جرت بعض الدراسات حول تأثير الثنائية على المواقف من الأقليات العرقية واللغوية. هل الثنائي أكثر تسامحاً وأقل تعصباً من الأحادي ضد الأقليات؟ لقد دلت دراسة قام بها لامبرت lambert وزميله سنة ١٩٧٢م على أن الثنائي أكثر تسامحاً مع الأقليات وأن مواقفه من الأقليات أكثر إيجابية من الأحادي. ويمكن تفسير هذه الظاهرة

على أساس أن الثنائي حين يعرف لغة غير لغته الأم فإنه يصبح أقرب إلى فهم أهل ل٢ من نظيره الذي لا يعرف ل٢ على الإطلاق. إن اللغة تقرب الناس من بعضهم البعض وتكسر الحواجز بينهم وتنقل الأفكار والثقافة. وعلى ما في هذا من خطورة في بعض الأحيان، إلا أن فيه بعض المكاسب في الوقت ذاته.

الثنائية اللغوية والمعرفة:

هل تؤثر الثنائية في العملية المعرفية، في الإدراك، في طريقة التفكير؟ يرى ليوبولد Leopold في دراسته الطولية لابنته سنة ١٩٤٩ أن الثنائية توسع المجال المعرفي للطفل وأنها تقضي على الاقتران الخاطئ بين الشكل الصوتي للكلمة ومعناها. ولقد أكد ورال Worrall هذا الرأي في دراسة مقارنة بين مجموعة أحادية وأخرى ثنائية. وتعتمد الدراسة على سؤال الفرد عن أي الكلمتين أشبه بالثالثة. مثال ذلك .cap, can, hat أيهما أشبه بـ can: cap أو hat.؟ ولقد وجد أن الأحاديين يميلون إلى اختيار الكلمة الأشبه صوتياً وأن الثنائيين يميلون إلى اختيار الكلمة الأشبه دلالياً سواء أكانوا صغاراً في السن أم كباراً؛ في حين أن الاختيار الدلالي كان يظهر في حالة الأحاديين الكبار في السن.

وقام ورال بثلاث دراسات أخرى على هذا النحو:

١- أعط تفسيراً للأسماء. مثلاً لماذا سمي القلم قلماً؟

٢- افترض أنك تستطيع إعادة تسمية الأشياء من جديد، فهل تستطيع أن تسمي القلم مسطرة والمسطرة قلماً؟

٣- دعنا نلعب هذه اللعبة. دعنا نسم الكلب بقرة. فهل لهذه البقرة قرون؟ هل تعطينا البقرة حليباً؟ هل تنبح البقرة؟

في الدراسة الأولى، لم تكن هناك فروق بين إجابات الأحاديين وإجابات الثنائيين على اختلاف أعمارهم. وفي الدراسة الثانية، أجاب ٢٠% من الأحاديين و ٥٠% من الثنائيين أنه يمكن تبادل الأسماء بين الأشياء. وفي الدراسة الثالثة تبين أن الأطفال الأكبر سناً كانوا أكثر استعداداً من الأصغر سناً لتبديل أسماء الأشياء التي يلعبون بها وأنه لا فرق بين الأحاديين والثنائيين هنا.

وعن العلاقة بين الثنائية والنشاط العقلي، توصل بيل peal ولامبرت lanbert (١٥: ١٨٣) إلى أن التحليل العاملي لواحد وثلاثين متغيراً يدل على أن الثنائيين يتمتعون بسمات عقلية أكثر تنوعاً من الأحاديين، وأن الثنائيين أفضل من الأحاديين في اختبارات المرونة العقلية، تكوين المفاهيم، إكمال الصور، ومعالجة الأشكال. وتفسير هذه الظاهرة أن الثنائي اعتاد على عملية إعادة الترميز، فهو يعرف كلمة رمزاً لمعنى ثم يعرف كلمة أخرى من لغة أخرى لتكون رمزاً للمعنى نفسه. ويستطيع الثنائي أن يوسع هذه العملية ويطبقها في أحوال عديدة مشابهة، وهذه ميزة يفتقر إليها الأحادي. وهكذا يستطيع الثنائي فصل الصفات عن الكلمات. وبذا يكون الثنائي أقدر من الأحادي على إدراك المفاهيم المجردة والعلاقات المجردة.

ولقد دلت بعض الدراسات على أن الثنائي أكثر طلاقة ومرونة وإبداعاً في الوظائف المعرفية من الأحادي، وأن الثنائي أقدر من الأحادي في تسمية الأعمال واستخدام الأسماء في جمل. وقد يعزى بعض من هذه الميزات إلى أن الثنائي خاض تجربة لم يمر بها الأحادي، ألا وهي تجربة تعلم اللغة الثانية. هذه التجربة أكسبت صاحبها سعة أفق وقدرة على التكيف والتأقلم والمعالجة الذهنية. ودلت دراسات أخرى على أن الثنائية ليست ذات أثر سيء على العمليات المعرفية، أي أن هذه الدراسات اكتفت بنفي التأثير السلبي للثنائية.

كما أن الثنائية قد تؤدي إلى ميزة حتى بالنسبة للغة ١، حيث ينتقل أثر التعلم من ل٢ إلى ل١، مما يكسب الثنائي مزيداً من التبصر في لغته الأولى في ضوء التجارب التي كسبها من خبرته في تعلم ل٢. وهكذا فقد يكون الثنائي أكثر تبصراً في طبيعة ل١ من الأحادي ذاته.

كما أن أية مهارات يكتسبها الثنائي في ل٢ ينتقل أثرها إلى ل١. فإذا أتقن القراءة والفهم في ل٢ أو تحسنت أساليب كتابته في ل٢ أو اكتسب قدرة حوارية أو محادثية في ل٢ فلا شيء يمنع انتقال هذه المهارات إلى ل١. ومن المعروف أن كثيراً من التعلم الواعي في مجال ما يؤدي إلى تعلم غير واع في مجالات أخرى. ولهذا فالتعلم الواعي للغة؟ ينتقل إلى المهارات اللغوية في ل١ ويقويها.

ويبدو بصفة عامة أن الثنائية لها تأثير إيجابي على العمليات المعرفة. ويبدو أن الثنائي أكثر إدراكاً لاعتباطية العلاقة بين الشكل الصوتي للكلمة ومعناها من الأحادي. وهذا بدوره يجعل الثنائي أكثر قدرة على التفكير التجريدي والترميز من الأحادي. كما أن الثنائي أكثر مرونة في العمليات المعرفية من الأحادي. والثنائي يستخدم قدرته في ل٢ لتطوير أدائه في ل١ على أساس مبدأ انتقال أثر التعلم.

ولكن لابد من التحفظ عند الأخذ بهذه النتائج، فهي ليست قطعية الثبوت. ويبدو أن هناك تحيزاً لدى الباحثين للثنائية، لأنه يبدو أن لا أحد يريد أن يقول للناس لا تتعلموا لغة ثانية. إن الموجة التي يريد أن يركبها الناس في عصرنا هذا هي موجة تعلم اللغات الثانية والثالثة. فمن سيقول لهم: اللغة الثانية خطر؟ وبالطبع، إن البحث العلمي لا يعطى الناس النتائج التي يفضلونها. بل يعطيهم النتائج المطابقة للحقيقة أو الأقرب إلى الحقيقة. ولهذا فقد تأتي دراسات قادمة تعطي نتائج مخالفة للدراسات التي تم استعراضها في هذا المبحث.

اختلاف نتائج الدراسات:

لقد قامت دراسة عديدة تبحث في تأثير الثنائية اللغوية على الفرد في مجالات الذكاء واللغة والتحصيل الدراسي والشخصية والوظائف المعرفية. ولقد اختلفت نتائج هذه الدراسات، بل وتناقضت في كثير من الحالات.

فلقد توصلت بعض الدراسات إلى أن الثنائية تؤدي إلى محدودية المفردات ومحدودية التراكيب النحوية وأخطاء في نظم الكلمات وأخطاء في النحو والصرف، وتؤدي إلى التردد واللعثمة. ولقد دلت دراسة على أن الثنائي يعرف ٥٤% من الكلمات التي يعرفها قرينه الأحادي. ودلت دراسة أخرى على أن الثنائي يتخلف حوالي ثلاث سنوات في مهارة القراءة ويتخلف سنة في الحساب عن قرينه الأحادي. ودلت دراسة على أن الثنائية تضر الذكاء والعمليات المعرفية وأن الأحادي يتفوق على الثنائي في العمر العقلي واختبارات الذكاء اللفظية والعملية. كان هذا شأن الدراسات قبل عام ١٩٦٠م.

وفي الدراسات الحديثة، بعد سنة ١٩٦٠م، أعطت الدراسات نتائج مختلفة عما سبق. فظهر أن الثنائي يتميز بإحساس لغوي وأنه أكثر إدراكاً للفروق بين اللغات وأقدر

على تعلم لغات جديدة من الأحادي وأنه أكثر دافعية وأعلى تحصيلاً دراسياً وأعلى ذكاء وأكثر مرونة فكرية وأكثر إبداعاً وأصالة في التفكير وأكثر تسامحاً مع الأقليات. ولكن يبدو أن هذه الدراسات فشلت في الإجابة عن السؤال الآتي: هل الثنائيون أكثر ذكاء من الأحاديين لأنهم ثنائيون أم لأنهم أكثر ذكاء من الأساس؟ أو هل الثنائية سبب الذكاء أم إن الذكاء هو سبب الثنائية؟

وفي السنوات الأخيرة، اتجهت الدراسات إلى محاولة معرفة سبب النتائج السلبية للدراسات على الثنائية قبل سنة ١٩٦٠م والنتائج الإيجابية للدراسات بعد سنة ١٩٦٠م. وظهر اتجاه ثالث يرى أن الثنائية لا تؤثر على الفرد لا سلباً ولا إيجاباً.

وعزت هذه الدراسات الأخيرة سبب النتائج السلبية للثنائية ذاتها، بل إلى ظروف بيئية. فإذا كان الطفل ضعيفاً في ل١ بسبب عدم تعرضه لها في البيت بشكل كافٍ، فإن تعرضه للغة ٢ سيضعف ل١. كما أن ضعفه في ل١ سيزيد من ضعفه في ل٢. لابد أن يذهب الطفل إلى المدرسة وهو يتقن ل١. وإذا لم يكن ذلك ممكناً، فلابد من تعليمه ل١ قبل أن يتعلم ل٢، لأن تعلم ل٢ قبل استكمال تعلم ل١ يدمر ل١ و ل٢ معاً.

وبالنسبة لتأثير الثنائية على التحصيل الدراسي، فإن الأمر واضح للغاية. إذا كانت لغة التعليم هي ل٢ وكان الطفل ضعيفاً في ل٢ فإنه سيعاق دراسياً بالتأكيد. أما إذا كان الطفل يتقن ل٢، فلا يعاق دراسياً. وإذا حصلت الإعاقة في هذه الحالة الأخيرة فالسبب ليس في الثنائية ذاتها، إذ ربما يكون في فقر الأسرة، في عدم استقرار الطفل انفعالياً، في سوء صحة الطفل، في عدم شعور الطفل بالأمن النفسي، في صراع الثقافتين، أو في الموقف المعادي الذي تقفه الأكثرية منه، أو في أسباب أخرى.

وبالنسبة لتأثير الثنائية على الذكاء فأكثر الدراسات وقعت في أحد أخطاء ضبط المجموعات، إذ لم تضبط الجنس أو العمر أو المكانة الاجتماعية الاقتصادية. وبعضها وقع في خطأ يتعلق بطريقة اختيار العينة الثنائية. وبعضها استخدم اختبارات ذكاء مصاغة بلغة لا يتقنها الثنائيون جيداً. وبعضها استخدام اختبارات متحيزة لحضارة أو بيئة دون أخرى. وبعضها لم يضبط عامل الفرصة التعليمية.

ومن أسباب اختلاف نتائج الدراسات ما يلي:

(١) **عدم ضبط العوامل.** لابد عند المقارنة بين مجموعة أحادية وأخرى ثنائية من ضبط أو تحييد العوامل المؤثرة. فإذا أردنا دراسة تأثير الثنائية على الذكاء، لابد من التأكد من أن المجموعتين متساويتان في كل العوامل باستثناء عامل الثنائية والأحادية موضع الدراسة. وهذا يعني أنه لابد من تحييد عوامل مثل العمر والجنس (ذكر أو أنثى) وسنوات التعليم ومستوى الأسرة. فإذا أجريت دراسة دون ضبط هذه العوامل، فإن الفرق في الذكاء لا يمكن الجزم بسببه. فقد يكون السبب أحد العوامل غير المضبوطة أو جميعها أو الثنائية. وفي هذه الحالة لا يمكن الجزم بمسؤولية عامل واحد ولا بمسؤولية الثنائية عن هذا الفرق في الذكاء بين المجموعتين. وهكذا فإن جميع الدراسات التي لم تضبط العوامل ذات العلاقة دراسات لا يمكن الأخذ بنتائجها.

(٢) **أنواع الثنائية.** في كثير من الحالات درست الأبحاث حالات مختلفة من الثنائية. فالثنائية المتوازنة تختلف تماماً عن الثنائية غير المتوازنة. والثنائية الطلقة غير الثنائية غير الطلقة. والثنائية الطبيعية غير الثنائية الاصطناعية. والثنائية التكاملية غير الثنائية غير التكاملية. والثنائية الاختيارية غير الثنائية الإجبارية. والثنائية المتزامنة غير الثنائية المتتابعة. رغم الفروق الجوهرية بين هذه الثنائيات إلا أن كثيراً من الدراسات أشارت إليها على أنها ثنائية وكفى. فهل الثنائي الذي يتقن ل₁ و ل₂ مثل الثنائي الذي يتقن ل₁ ولا يتقن ل₂ أو الثنائي الذي لا يتقن أياً منهما؟ طبعاً الدراسة التي تجري على عينة من مثل الثنائي الأول ستعطي نتائج مختلفة عن دراسة تجري على عينة من مثل الثنائي الثاني أو الثالث. وهل الثنائي الذي تعلم ل₂ في جو طبيعي مثل الثنائي الذي تعلمها في جو الصف الاصطناعي؟ وهل الثنائي الذي يتكلم ل₁ في مواقف معينة و ل₂ في مواقف أخرى مثل الثنائي الذي يستطيع أن يتكلم أية لغة في أي موقف؟ وهل الثنائي الذي اختار أن يتعلم ل₂ مثل الثنائي الذي أجبر على ذلك؟ وهل الثنائي الذي تعلم ل₁ مع ل₂ وهو دون الثالثة مثل الثنائي الذي تعلم ل₂ وهو في سن الثانية عشرة؟ وهل الثنائي ذو الدافعية العالية في تعلم ل₂ مثل الثنائي ذي الدافعية المنخفضة؟

إذا كان نوع الثنائي الذي تجري عليه الدراسة س يختلف عن نوع الثنائي الـذي

تجري عليه الدراسة ص، فإن الاحتمال كبير جداً أن تكون نتائج الدراسة س غير نتائج الدراسة ص. وفي الواقع، يصعب التحدث عن الثنائية مطلقة، إذ لابد من وصفها: هل هي متزامنة، متتابعة، متوازنة، غير متوازنة، تكاملية، طبيعية، اصطناعية، إنتاجية، استقبالية، اختيارية، إجبارية؟ بدون وصف تكون الثنائية كلمة واسعة فضفاضة غامضة.

(٣) **تحيز الأدوات.** بعض أدوات قياس الذكاء كانت تستخدم لغة لا يتقنها الثنائي ويتقنها الأحادي. في هذه الحالة تتحيز أداة القياس للأحادي ضد الثنائي. وكانت بعض أدوات قياس الذكاء تتحيز للأحادي من خلال تأسيس الاختبار على ثقافته وبيئته لأن الاختبار مصمم أساساً بلغته أو لأن الباحث ذو لغة أولى تتطابق مع لغة الأحادي. وهذا تحيز آخر لصالح الأحادي وضد الثنائي. وكانت بعض اختبارات اللغة تقيس قدرة الثنائي في اللغة التي لا يتقنها وباللغة التي لا يتقنها. وهكذا فقد كانت كثير من أدوات القياس تتحيز لغوياً أو ثقافياً للأحادي ضد الثنائي، الأمر الذي يجعل مثل هذه الدراسات مشكوكاً في أمرها.

(٤) **التفسير الخاطئ.** بعض الدراسات إذا نجت من عدم ضبط العوامل وعدم تحديد نوع الثنائية وتحيز الأدوات، كانت تقع في ورطة التفسير الخاطئ. فقد يكون صحيحاً أن مجموعة من الثنائيين أكثر ذكاء من مجموعة من الأحاديين على سبيل المثال. ولكن ليس تفسير الظاهرة مرده دائماً إلى أن الثنائية هي سبب تفوق الذكاء، بل قد يكون العكس هو الصحيح. قد يكون تفوق الذكاء هو السبب في الثنائية. وبعبارة أخرى، هم ثنائيون لأنهم أذكياء وليسوا أذكياء لأنهم ثنائيون. وهذا خلط بين النتائج والأسباب. وإذا توصلت دراسة إلى أن الثنائيين أدنى في التحصيل الدراسي من الأحاديين، فليس تفسير هذا بالضرورة أن الثنائية هي السبب، بل قد تكون هناك عوامل تواكب الثنائية بالصدفة ولكنها ليست جزءاً من الثنائية. إن الفقر وسوء التغذية قد تؤدي إلى تدني التحصيل الدراسي أيضاً، وهما عاملان قد يصاحبان الثنائية في بعض الحالات، ولكنهما ليسا جزءاً منها. إن سوء التفسير يسلب الدراسة أهميتها ويوقع في الضلال العلمي.

(٥) **طول التجربة.** في بعض الحالات، لا يظهر تأثير الثنائية في الذكاء أو التحصيل أو الشخصية في مدى قصير. هناك عوامل بشرية لا يظهر تأثيرها أو يتلاشى إلا في مدى

سنوات. تأثير الثنائية على الذكاء لا يظهر في تجربة طولها شهر أو سنة أو سنتان. قد نحتاج وقتاً أطول لتبين الأثر والقطع فيه. قد يكون للثنائية تأثير سلبي في أول الأمر، ثم يتلاشى. وقد تكون الثنائية عديمة التأثير في أول الأمر، ثم يظهر لها تأثير سلبي أو إيجابي بعد عدة سنوات. إن التجارب التي تجري في وقت قصير قد تعطي نتائج مختلفة عن تجارب تجري في سنوات. مدة الدراسة عامل هام في مثل هذه الحالات. قد تكون الثنائية ضارة بالتحصيل الدراسي في أول الأمر، ثم تصبح بلا أثر سلبي أو إيجابي في المرحلة المتوسطة، ثم تصبح ذا أثر إيجابي في المرحلة المتقدمة. وقد يصدق الأمر ذاته على تأثير الثنائية على الشخصية والنمو اللغوي. وبالطبع هناك عوامل عديدة تتدخل حسب الحالات موضع الدراسة.

(٦)الاختبارات القبلية. حتى نتوصل إلى تأثير الثنائية على متغير آخر مثل الذكاء أو التحصيل، قد يكون مفيداً أو ضرورياً في بعض الحالات، أن نقيس المتغير في أول الدراسة ثم نقيسه في آخرها في كلتا المجموعتين. ونحسب مقدار الفرق بين معامل ذكاء، مثلاً، المجموعة الأحادية في أول الدراسة ومعامل ذكائها في آخرها. ونحسب الفرق بين معاملي ذكاء المجموعة الثنائية أيضاً. ثم نقرر هل الفرق بين الفرقين ذو دلالة إحصائية أم لا. وكثير من الدراسات على الثنائية لم تلتفت إلى أمر القياس القبلي، واكتفت بالقياس البعدي post- tsting, الأمر الذي يشكك في صحة نتائج مثل هذه الدراسات. والقياس القبلي ضروري، إذ كيف سنتأكد أن المجموعة س أكثر تحصيلاً من المجموعة ص لأن س مجموعة ثنائية و ص مجموعة أحادية؟ من المحتمل أن المجموعة س ستكون أكثر تحصيلاً حتى لو كانت أحادية، وأن المجموعة ص ستكون أدنى تحصيلاً حتى لو كانت ثنائية. قد يكون السبب لا علاقة له بالأحادية أو الثنائية. وقد تكون مجموعة ما أعلى تحصيلاً من مجموعة أخرى قبل بداية التجربة واستمرت ميزتها إلى نهاية التجربة. وقد تكون مجموعة ما أعلى تحصيلاً قبل بداية التجربة وكان العامل التجريبي ضدها فتعادلت المجموعتان في نهاية التجربة، وكانت النتيجة الظاهرية أن العامل التجريبي عديم الأثر مع أنه في الواقع ذو أثر تلاشى بسبب رجحان مجموعة على الأخرى منذ البداية. إن القياس القبلي يجعل الدراسات أكثر دقة، بل إن القياس البعدي وحده في بعض الحالات يجعل الدراسة عديمة الجدوى.

(٧) اختيار العينة. قد ينشأ الخلل في البحث من تحيز في اختيار العينة. فإذا كان الأحاديون قد اختيروا من الممتازين في دراستهم واختير الثنائيون من المتخلفين في الدراسة، كانت الدراسة متحيزة للأحاديين منذ البداية وستكون النتائج في صالح الأحاديين بلا ريب. وإذا اختير الأحاديون عشوائياً واختير الثنائيون بطريقة غير عشوائية، فهذا أيضاً سيؤدي إلى خلل في البحث وقد يكون ذلك لصالح فئة دون أخرى. لابد من الحيطة في اختيار العينة ولابد من استخدام أسلوب واحد في تكوين العينة، لأن التحيز في اختيار العينة يهدم الدراسة منذ بدايتها. وهذا هو الخطأ الذي وقعت فيه بعض الدراسات، إذا اختارت البارزين الثنائيين أحياناً واختارت عينة عشوائية من الأحاديين، أي استخدمت طريقتان في اختيار العينتين في الدراسة ذاتها.

(٨) حجم العينة. بعض الدراسات استخدمت عينة محدودة الحجم، مثلاً عينة من فردين أو أربعة أو ستة: مثل هذه العينات لا تقدم نتائج عالية الثبات، ويصعب الورق بنتيجة اعتمدت على عدد محدود من الأفراد. كلما زاد عدد أفراد العينة، زاد وزن الدراسة وزاد الوثوق بنتائجها بشرط السيطرة على العوامل ذات العلاقة، والاهتمام بشروط البحث الأخرى. ولهذا كانت نتائج بعض الدراسات تختلف عن نتائج دراسات أخرى، ربما بسبب الاختلاف الواضح في حجم العينات: دراسة تعمل على فردين ودراسة تعمل على ألف فرد. من المتوقع اختلاف النتائج إذا كانت دراسة ذات عينة صغيرة جداً ودراسة أخرى ذات عينة كبيرة جداً.

(٩) الإفراط في التعميم. بعض الدراسات على الثنائية كانت على ثنائيين من النوع التزامني، فجاءت الدراسة تعمم الاستنتاجات على جميع أنواع الثنائية. وبعضها كان على ثنائيين من النوع المتوازن، فعمم الاستنتاج. على النوع غير المتوازن. وبعضها كان على النوع غير الطلق، فعمم الاستنتاج على الطلق وغير الطلق. وبعض الدراسات لم تتجاوز في التعميم حدود الدراسة. وهذا أمر هام، إذ لابد أن تلتزم الدراسة حدودها والإفراط في التعميم يخرج الدراسة من دائرة الدقة إلى دائرة التخمين. لابد من توخي الحذر في تحديد دائرة التعميم وفقاً لمواصفات العينة التي أجريت عليها الدراسة. فما ينطبق على الأطفال قد لا ينطبق على البالغين. وما ينطبق على نوع من الثنائيين قد لا ينطبق على نوع آخر. وكان هذا الإفراط في التعميم في بعض الدراسات سبباً في تناقض النتائج مع

دراسات التزمت جانب الحذر في التعميم.

(١٠) صدق أدوات القياس. لقياس معامل الذكاء مثلاً لابد من استخدام أداة مقننة ثبت صدقها وثباتها. فإذا استخدمت أداة غير مقننة ولم يثبت أنها صادقة ثابتة، كان ذلك مصدر خلل كبير في الدراسة. ولقياس القدرة اللغوية، لابد من استخدام أداة صادقة ثابتة. ولقد عانت بعض الدراسات على الثنائية من استخدام أدوات قياس لم تكن قد قننت ولم يكن قد تيقن من صدقها وثباتها. مثل هذه الاستخدامات تلقي شكاً على نتائج الدراسات وتفسر سبب اختلاف نتائج دراسة عن نتائج أخرى في بعض الحالات.

(١١) المعالجة الإحصائية. بعض الدراسات على الثنائية، وخاصة بين سنة ١٩٢٠ وسنة ١٩٥٠، لم تستخدم أساليب المعالجة الإحصائية الفعالة. فقد كانت ترى أي فرق في التحصيل الدراسي أو معاملات الذكاء أو الدرجات فرقاً هاماً وكانت تبني على أساسه أن الأحادي أفضل أو الثنائي أفضل. ولقد تبين في بعض الحالات أن مراجعة الدراسات السابقة إحصائياً تعطي نتائج معاكسة لما كانت تلك التجارب قد توصلت إليه. فلقد توصلت إحدى الدراسات إلى أن الأحادي أفضل من الثنائي، ولدى إخضاع الدرجات لمعادلات الكشف عن الدلالة الإحصائية للفرق تبين أن الفرق ليس ذا دلالة إحصائية، أي أنه فرق غير هام. عدم إخضاع الفروق بين الأحاديين والثنائيين لاختبارات الدلالة الإحصائية قد أعطى نتائج غير صحيحة في بعض الحالات.

وهكذا نرى أن اختلاف نتائج الدراسات على الثنائية يرجع إلى عدة أسباب. منها عدم ضبط العوامل في بعض الدراسات، وعدم تحديد أنواع الثنائية موضع الدراسة، وتحيز أدوات القياس للأحاديين أو الثنائيين، والتفسير الخاطئ للنتائج، واختلاف الدراسات في الطول الزمني للتجارب أحياناً، وإهمال الاختبارات القبلية غالباً، والتحيز في اختيار الأحاديين أو الثنائيين، وصغر حجم العينة أحياناً، والإفراط في التعميم، واستخدام أدوات قياس لم يتأكد صدقها، وعدم استخدام المعالجات الإحصائية المناسبة.

المراجع

1- adler, m. collective and individual bilingualism. Hamburg: helmut buske verlag, 1977.

2- Alkhuli, m. ali. Eaglish as English as aforeign language. Riyad: riyad univ. press, 1976.

3- Beardsmore, h. b. bilingualism: basic principles. G. b.. clevedon: tieto ltd,. 1982.

4- Dulay, h., et al. language two. N. y. : oxford univ. press. 1982.

5- Grosjean, f. life with two languages. Ma, Cambridge: Harvard univ. press. 1982.

6- Gumperz, j. language in social groups. Stanford: Stanford univ. press, 1971.

7- Hoffman, m. n. the measurement of bilingual background. N. y. : Columbia univ., 1934.

8- Huagen, e. bilingualism in the Americas. Alabama: univ. of Alabama press. 1956.

9- Hymes, d. langusge in culture and society. N. y. : harper and row, 1964.

10- Lado, r. linguistics across cultures. Ann arbor: univ. of Michigan, 1957.

11- Lambert, w. e. and tucker, g. r. bilingual education of children. Ma: Newbury house, 1972.

12- Mackey, w. bilingual education is abinational school. Rowley, mass.: newbury house, 1972.

13- Macnamara, j. bilingualism and primary education. Edinburgh: Edinburgh univ. press, 1966.

14- Maltitz, f. living and learning in two languages. N. y. : mc graw- hill book co,. 1975.

15- Mclaughlin, b. second- language acquisition in childhood. N. j. : Lawrence Erlbaum associates, 1978.

16- Pialorsi, f. (ed.) frontiers of bilingual education. Ma: newbury house, 1977.

17- Spolsky, b. and cooper, r. (ed.) frontiers of bilingual education . ma: newbury house, 1977.

18- Valencia, a. bilingual- bicultural education. Albuquerque: southwestern cooperative educational laboratory inc,. 1969.

19- Vildonec, v. multilingualism. Lyden: a. w. sythoff, 1971.

كشاف الأعلام

كشاف الموضوعات

(مع مقابلاتها باللغة الإنجليزية)

(أ)

Measurement of bilingualism	قياس الثنائية اللغوية ١٢٥- ١٤٨
Measurement of individual bilingualism	قياس الثنائية اللغوية الفردية ١٣٠- ١٤٧
Measurement of societal bilingualism	قياس الثنائية اللغوية المجتمعية ١٢٩- ١٣٠
Attitude measurement	قياس الموقف ١٠٩- ١١٠

(ك)

Borrowed word	كلمة مقترضة ٩٦

(ل)

Alingualism	اللالغوية ٢٣
Foreign language (fl)	لغة أجنبية ٥٣- ٥٤
Weaker l	لغة أضعف ٩٢
Minority l	لغة الأقلية ٢٩
Majority l	لغة الأكثرية ٢٩
First L (LI)	لغة أولى ١٢٨
Medium of instruction	لغة التعليم ٦٥
Second L (L2)	لغة ثانية ٨٥
Interfering L	لغة متدخلة ٩٢
Prestigious L	لغة مرموقة ١٠٢- ١٠٣
Recipient L	لغة مستقبلة ٩٢
Source L	لغة المصدر ٩٢
Donor L	لغة معطية ٩٢
Preferred L	لغة مفضلة ١٢٨
Dominant L	لغة مهيمنة ١٢٨
Zero – lingualism	لغوية صفرية ٢٣
Local dialect	لهجة محلية ٩٤

(م)

Factors influencing attitude	مؤثرات على الموقف ١١٠

كتب المؤلف

1. a dictionary of Islamic terms: English – Arabic & Arabic- English
2. simplified English grammar
3. aditionary of education: English- Arabic
4. adictionary of theoretical linguistics: English – Arabic
5. adictionary of applied linguisties: English – Arabic
6. teaching English to arab students
7. aworkbook for English teaching practice
8. programmed tefl methodology
9. the teacher of English
10. improve your English
11. aworkbook for English
12. advance your English
13. an introduction to linguistics
14. comparative linguistics: English and Arabic
15. acontrastive transformational grammar: English- Arabic
16. the lighy of islam
17. the need for islam
18. traditions of prophet Muhammad b1
19. traditions of prophet Muhammad b2
20. the thruch about jesus Christ
21. islam and Christianity
22. questions and answers about islam
23. learn Arabic by your self
24. the blessing of islam
25. why have they chosen islam?
26. the crisis of western civilization
27. a comparison between the four gospels
28. methods of teaching English at the elementary stage
29. methods of teaching English
30. teaching English as a foreign language
31. Islamic faith
32. human rights in islam
33. penal codes in islam

34. the pillars of islam
35. morality in islam
36. the woman in islam
37. the only right choice: islam
38. what do you know about islam?
39. the straight path: islam
40. legal translation: from English into Arabic
41. humanities translatin: from English into Arabic
42. science translation: from English into Arabic
43. general translation: from English into Arabic
44. literary translation: from English into Arabic
45. mass- media translation: from English into Arabic
46. administration and finance translation translation: from English into Arabic

٤٧. دليل الطالب في التربية العملية
٤٨. الأصوات اللغوية
٤٩. تعليم اللغة
٥٠. الحياة مع لغتين
٥١. تعلم الإملاء بنفسك
٥٢. المهارات الدراسية
٥٣. أساليب تدريس اللغة العربية
٥٤. دراسات لغوية
٥٥. معجم علم الأصوات (عربي - عربي)
٥٦. التراكيب الشائعة في اللغة العربية
٥٧. قواعد تحويلية للغة العربية
٥٨. مدخل إلى علم اللغة
٥٩. كيف تكتب بحثاً
٦٠. الاختبارات التحصيلية
٦١. حقيقة عيسى المسيح
٦٢. مقارنة بين الأناجيل الأربعة
٦٣. البريق الزائف للحضارة الغربية
٦٤. التحريف في التوراة
٦٥. اليهود من كتابهم
٦٦. الإسلام والنصرانية: دراسة مقارنة
٦٧. الاختبارات اللغوية
٦٨. أساليب التدريس العامة
٧٩. علم الدلالة (علم المعنى)
٨٠. الإسلام والحضارة الغربية